Cinquante nuances de bleu

CAMILLE LACOURT

Avec la collaboration de Jean-François Kervéan

Cinquante nuances de bleu

Michel Lafon

118, avenue Achille-Peretti – CS 70024
92521 Neuilly-sur-Seine Cedex
www.michel-lafon.com

À Jazz et à mes futurs petits-enfants
qui pourront lire mon histoire...

– I –

Cinq ans, 50 mètres

Je suis devenu champion du monde grâce aux acariens. C'est vrai, au début, d'un côté il y a les acariens, et de l'autre moi, un petit garçon asthmatique qui tousse et se mouche au milieu des Kleenex sous le regard inquiet de ses parents. Ma fragilité les a poussés à fuir la région parisienne pour l'air pur. Tous les deux travaillaient aux PTT – qu'ils n'ont jamais quittés. M. et Mme Lacourt ont demandé leur mutation en province, vers la mer ou la montagne, et c'est comme ça que nous sommes arrivés à La Cabanasse, village perdu dans la banlieue de Font-Romeu, domaine skiable pyrénéen cerné de montagnes, à cent kilomètres de la mer. L'idéal pour un enfant asthmatique. Le paradis pour tous. La beauté de la nature est gratuite douze mois par an, on trouve toujours à se distraire, s'émerveiller entre mer et montagne.

Ma mère a obtenu la première une affectation, en attendant la sienne, mon père est devenu homme au foyer. Je n'ai jamais eu à souffrir de graves crises d'asthme. On pourrait s'imaginer qu'un asthmatique est peu apte à devenir champion sportif, la preuve que non ! Mais cette maladie oblige à poser un regard différent sur la réalité, à prendre quelques précautions, savoir s'écouter et faire attention où l'on va. Elle génère aussi une forme de solitude, comme toutes les maladies congénitales. Je n'en parle jamais, sans que ce soit un secret. Mais aujourd'hui encore, je ne pars pas en voyage sans mes deux bombes de Ventoline, l'une ouverte, l'autre fermée.

Mon père aimait aller pêcher sur les lacs environnants. Très tôt, j'ai voulu l'accompagner, mais tant que je n'ai pas su nager, papa a refusé de prendre le risque de m'emmener en bateau. Sa prudence n'est pourtant pas la raison pour laquelle je suis entré la première fois dans une piscine. Je n'en ai d'ailleurs aucun souvenir, mais ce baptême est resté gravé dans les annales familiales. À La Cabanasse, notre voisine conduisait régulièrement son fils à la piscine. Un jour que ma mère avait du temps libre, elle a décidé de l'accompagner.

Je suis devenu champion du monde grâce aux acariens et à la voisine.

Maman et moi sommes restés au bord du bassin à regarder mon petit voisin s'amuser avec d'autres enfants. Au bout d'un moment, fatalement, j'ai commencé à m'agiter.

– Je veux y aller !

Le maître-nageur m'a entendu, il a fait signe à ma mère.

– Mais Camille n'a pas de maillot !

Elle m'a mis en slip et j'ai plongé, d'un coup. Splasshh… Ça m'a tout de suite beaucoup plu. En me séchant, maman m'a prévenu qu'il allait malheureusement falloir patienter un peu pour m'inscrire parce que le club ne prenait pas de petits avant l'âge de cinq ans. J'en avais trois et demi. Le maître-nageur s'est approché…

– Ce n'est pas grave, votre fiston, on va le prendre quand même… Il est doué.

Depuis lors et pendant longtemps, chaque mercredi, j'ai eu piscine. Je suis donc devenu champion du monde grâce aux acariens, à la voisine et à un maître-nageur visionnaire et transgressif, qui fut mon premier entraîneur, M. Martinez.

Mon premier souvenir n'est pas l'eau mais le ciel – ce qui est assez naturel pour un nageur de dos. La Cabanasse et Font-Romeu sont des villes d'altitude, je me suis toujours senti proche du ciel. Les montagnes se dressaient autour de la maison, blanches ou grises, fleuries ou glacées. Devant chez nous, j'aimais grimper une colline pour dominer la vallée ; les nuages semblaient arriver sur moi, j'aurais pu les toucher. La Cabanasse est un si petit village qu'on n'en a jamais compté le nombre d'habitants, quelques centaines, un millier, dans la chaleur et la tendresse d'une grosse famille, tout le monde s'y connaît et se respecte. J'ai grandi dans un HLM qui appartenait aux douanes. Lorsque mon frère Thomas est né, ma mère a pris un congé maternité et mon père a repris sa tournée, aux Angles. C'est lui qui venait nous porter le courrier. Lorsque maman a recommencé à travailler, elle a fait Bolquères, une municipalité limitrophe. Mes parents partaient aux aurores et finissaient vers 13 heures. Nous avions du temps pour nous voir, partager des activités, notamment le sport dont mon père est un fervent pratiquant, excellent joueur amateur de handball. C'était une belle vie. Nous étions heureux de ces bonheurs calmes qui font les bonnes enfances.

Font-Romeu est une station de ski à taille humaine. Malgré cette proximité des sommets, je n'aurais jamais pu devenir un très bon skieur. Je n'étais pas toujours partant pour chausser les planches, en revanche je ne rechignais jamais à enfiler mon maillot de bain pour aller à la pistache, même si la peinture de celle de Font-Romeu s'écaillait. C'était excitant de plonger au fond du grand bassin pour aller gratter quelques éclats de cette vieille peinture, comme les perles d'un trésor. Sans être nul en ski, j'y avais vécu un sale moment. Un jour, sur une piste bordée d'un ravin, avec mon père, subitement, un type a perdu le contrôle et changé de trajectoire. Pour éviter de le percuter à grande vitesse, j'ai dévié pour foncer dans les filets qui m'ont miraculeusement retenu, à moitié dans le vide. Je n'ai pas eu le temps d'avoir peur. Mon père, si. Il est arrivé sur moi, livide. Lui, d'ordinaire si maître de lui, a ramassé un paquet de neige et me l'a jeté, de rage. Ça m'a refroidi. Pour être bon skieur, j'ai pensé qu'il fallait être un peu cinglé. La piscine était plus cool, avec son bleu, ses bruits, ses jeux, sa bonne odeur de chlore.

Nager n'a rien à voir avec skier. Je sais ce dont je parle, j'ai pratiqué un entraînement intensif sur les pistes. En natation, faut être… aquatique. Effectivement, vous me direz, c'est logique… « Aquatique » signifie attraper l'eau, y trouver ses appuis, saisir l'élément liquide pour avancer. Sans doute est-ce difficilement compréhensible pour quelqu'un qui ne nage pas, mais tous les nageurs le savent. Avant toute considération de force ou de vitesse, être aquatique, ce truc en plus qu'on a ou pas, qui ne s'explique pas, comme la photogénie ou le sens du rythme, s'avère fondamental.

Tout naît d'un geste. Le corps entier avance. Comme sur un vélo, la propulsion vient du pédalier, mais ce véhicule, c'est toi, c'est ton corps. Le mouvement de bras est beaucoup plus important que celui des jambes. Mon moteur, ma vitesse sont d'abord mes bras. Dans ma spécialité, le dos, je peux faire 100 mètres en moins de 57 secondes sans me servir des jambes. Sans les bras, je mettrais 1'05", en brûlant bien plus d'énergie. Engager sa main, ses doigts, le bout de son doigt, son poignet, la finesse du plus petit muscle au service de la nage, nécessite moins d'effort que d'harmonie. C'est merveilleux de se sentir apprivoiser l'eau, l'attraper, en faire son amie. Ce plaisir s'accompagne de très belles sensations étranges sans équivalent sur le plancher des vaches, surtout le silence et l'apesanteur. Ce que j'appelle Silence, celui qui donne l'impression d'évoluer dans un monde parallèle, seul, où l'on n'entend plus personne, rien… Seul avec ton corps et ton esprit à tenter de dompter l'espace et la densité de l'eau. Tenter d'y trouver des appuis durs, créer quelque chose qui n'existe pas. Découvrir le point, le truc et s'en servir, sans brutaliser l'eau sinon « on passe à travers ». Un nageur utilise entre 30 et 50 % de sa puissance en piscine, s'il force trop, il passe à travers, selon l'expression consacrée – c'est tout à fait ça, tu la crèves et tu te crèves. Il faut poser sa main, transformer une résistance en poussée, l'adversaire liquide en complice. Le frein devient l'accélérateur. C'est une sacrée aventure que de maîtriser un élément à la seule force de ses membres, rien d'autre que soi. Quand ton bras mouline sans que tu avances, c'est foutu, c'est mort. Si tu ne sais que foncer, obsédé par l'idée d'aller vite, trop vite, si tu te précipites, tu risques de tourner à vide. L'eau te lâche, elle n'est plus ton amie.

J'ai gagné ma première course à cinq ans. À l'instant du signal du départ, je garde cette vision démente de voir soudain tous les autres, plus vieux, plus grands, partir à toute blinde. Ils étaient trop forts pour que je me précipite aussi. Du coup, il n'y a pas eu match, mon challenge à moi signifiait juste parcourir les cinquante mètres du bassin sans m'arrêter, de bout en bout, jusqu'au bout, finir. Et j'ai fini. J'ai atteint la fin de cette toute première course qui n'a eu lieu contre personne, que moi. On m'a remis une coupe comme à un premier. À la vérité, je crois même avoir été bon dernier, mais puisque j'étais le plus petit, inclassable, l'entraîneur a voulu me féliciter. Il avait même prévu une coupe pour moi – une coupette disons, qui trône encore chez ma grand-mère, avec mon minidiplôme, un certificat et un temps. Le premier temps, à cinq ans, d'une existence de compétition sous d'implacables chronos.

Je me souviens de cette fierté. Ma mère n'avait pas pu être présente, elle gardait mon frère malade. Je suis rentré à toute vitesse à la maison, aussi heureux qu'un gosse de cinq ans peut l'être de montrer à sa mère le trophée qu'il vient de remporter.

Première course, première coupe. Peut-être que ce jour-là, jour J, la joie de gagner a imprégné mon cerveau d'enfant.

C'est beau de gagner. La joie, c'est beau.

À travers le scintillement des éclaboussures dans la cohue du départ, pas une seconde je n'ai pensé à les rattraper, non, je me souviens seulement d'avoir fait ce que j'avais à faire, dedans et avec l'eau. L'entraîneur avait vraiment pensé à tout, il y avait aussi un podium pour moi, un petit banc peint en blanc.

Camille Lacourt

Ma plus grande joie de gosse n'est pas d'avoir eu un chien ou un joujou à mon anniversaire ni d'avoir rencontré le Père Noël, c'est d'avoir parcouru ma première longueur olympique, le 50 mètres, à cinq ans. Les très grandes joies, plus que les grands chagrins, ne s'oublient pas.

– II –

MILLE BALLES ET DEUX PLAQUES

À Marseille, le ciel est bleu, la mer aussi. J'aimerai toujours cette ville, je l'aimerai toujours, je retournerai y vivre. À cause des Marseillais aussi, je les trouve beaux, aimables, bien dans leur peau, leurs pompes, comme on ne l'est plus à Paris – j'habite aujourd'hui la capitale. La cité phocéenne n'est pas aussi chaude qu'on le dit ; en dehors des quartiers où l'on ne va pas, c'est une ville tranquille, *bonne mère*. La mer embellit le quotidien, elle stimule le corps comme les montagnes de mon enfance. Marseille est le lieu où mon existence a pris un sens. J'ai toujours pensé que c'était un peu grâce à Marseille, aussi, que je suis devenu champion du monde. La mer est là, au bout des rues, tu ne la devines pas et soudain, tu te retrouves face à la Méditerranée… Tu vis avec.

Je ne gardais pourtant pas un bon souvenir de Marseille pour y être venu une fois, étant gosse.

Mon père conduisait, ma mère était à l'avant, mon frère, à côté de moi sur la banquette arrière. C'était le soir, il faisait nuit. Nous n'avions pas l'habitude des métropoles. Je me souviens d'avoir vu à travers la vitre une avenue pleine de feux rouges ou verts et d'avoir pensé : c'est l'enfer, comment peut-on passer son temps entre tous ces feux rouges et verts ?

Moi, au fond, je suis un rat des champs.

À la mi-juin 2008, à deux mois des Jeux de Pékin, je suis revenu. Soleil, ciel bleu, comme d'habitude. C'est ce jour-là que ça a commencé. Que tout a commencé. J'ai traversé le Vieux-Port en direction du Pharo, sur la corniche. J'avais rendez-vous.

La barrière du parking était cassée. Je me suis demandé pourquoi ils ne la réparaient pas, ça la foutait mal. Après avoir garé ma Punto rouge, je me suis présenté à l'accueil dans le hall.

– Bonjour, Camille Lacourt… Je suis attendu.

J'accompagne ma petite amie au bar pour faire un tour, seul. J'ai vingt-trois ans, j'ai eu des aventures, mais pas encore de grand amour. Parfois, je me dis que ce n'est pas en partageant des vestiaires et un bassin avec des mecs que je le trouverai. Mesurer deux mètres ne donne ni de la hauteur ni aucune certitude, plutôt une sensation d'être à part. Les filles ne me cavalent pas après, ce n'est pas pratique de devoir se casser en deux pour rouler un patin en dansant un slow. Vingt-trois ans, c'est à la fois jeune et déjà vieux pour une carrière sportive. Comme nageur, je ne suis pas mauvais, je serais même plutôt bon – j'ai à mon palmarès deux titres de champion de France et suis détenteur du 50 mètres dos – mais pas particulièrement ambitieux. Je n'ai jamais désiré être célèbre, riche pourquoi pas, qui dirait non ? Mais nager est un sport pauvre où tu ne finis pas millionnaire. Être champion ne m'effleure pas non plus – ça viendra.

Sur la terrasse, j'ai pris l'air, le vent du large. Je viens d'entrer au Cercle des nageurs de Marseille. Sur leur sigle bleu et blanc figure une mouette.

Le Cercle était depuis longtemps un lieu mythique, en 2008, à cause des bassins en extérieur surplombant la mer. Dans mon club du Canet-en-Roussillon, nous nous entraînions déjà en extérieur, rien n'est plus agréable que de nager à l'air libre. Mais le Cercle des nageurs de Marseille, c'est le Cercle des nageurs de Marseille. 360 degrés sur la mer, à la pointe du Portugal. Ce lieu « habité » a été pensé, bâti pour et par des nageurs à partir de rien, un rocher. Dans les années trente, les premiers membres ont creusé, terrassé eux-mêmes le bassin d'eau de mer. Toute la ville s'y est mise, bonshommes, femmes et enfants, à coups de pelles, de pioches, chaque dimanche et pendant leurs congés. Sur de vieilles photos en noir et blanc, on voit des gamins transporter fièrement un caillou, accrochés aux jupes de leurs mères. Ces pionniers ont laissé un esprit, comme les grands champions – Alex Jany, Frédéric Delcourt, Alain Mosconi – qui s'y sont succédé ont gravé leurs noms en lettres d'or sur fond tricolore. Depuis, les aménagements n'ont pas cessé de moderniser le site. Aujourd'hui, le Cercle donne l'impression d'un immense paquebot à quai avec ses terrasses en teck qui ressemblent à des ponts, ses gradins, ses escaliers, ses recoins, ses élégantes coursives de cabines numérotées.

En attendant 18 heures, l'heure de mon rendez-vous avec le directeur Jean-François Salessy, j'ai regardé les îles du Frioul avec les ruines du château d'If. Je suis monté au sommet du complexe observer discrètement l'équipe qui s'entraînait dans le bassin olympique, partageant la piscine avec des scolaires. Je les ai entendus rire. Pas les élèves, les pros… Je me souviens de ce rire, qui m'a étonné. On ne rigole pas aux entraînements, d'habitude. Eux se balançaient des vannes en touchant les plots. L'ambiance avait quelque chose de bon enfant, une gaieté motivée. Le plaisir d'être là. La direction a toujours veillé à maintenir un équilibre entre professionnels et amateurs, sans snobisme. L'exigence et la simplicité l'emportent sur le luxe. Le Cercle des nageurs n'est jamais devenu une tour d'ivoire ni un Club Med malgré les promoteurs aux aguets d'un site exceptionnel. Cet établissement reste voué à la performance autant qu'à l'éducation, tout en permettant à des Marseillais de venir prendre le soleil en lisant un bouquin. Chaque après-midi, de vieux habitués y tapent le carton ou jouent au Scrabble.

C'était beau, doux, j'étais bien. Je suis redescendu au bar rejoindre ma copine.

Marseille était un club réputé, à la hauteur de Paris, Nice ou Amiens. L'expérience qui s'y développait faisait jaser. On admire et on jalouse ce club, dont se dégage un petit parfum de soufre. Philippe Lucas, mon entraîneur précédent, travaillait exclusivement « le foncier », c'est-à-dire aligner les bornes et les bornes jusqu'à 9 kilomètres par entraînement, soit presque 100 kilomètres par semaine – distance énorme. Ici, la stratégie est différente.

18 heures. Toujours pas de directeur en vue, son bureau est vide.

Ma copine est sous le charme :

– Vraiment super, cet endroit.

– Oui, le top.

Là-bas, au loin, des citadins bronzent sur la plage des Catalans. Les plus courageux crawlent et font le tour de la digue, formant de minuscules points noirs sur les flots. En sortant du bar, je suis tombé sur Jean-François Salessy.

– Ho, tu es Camille Lacourt, viens !

Il n'a pas l'allure d'un directeur, avec son Perfecto. Très brun, un peu rond, jovial avec une ironie au coin des lèvres et dans les yeux. Salessy ressemble à un personnage de cinéma, un dandy rocker, un *bad boy* attachant, mal rasé, avé l'accent. D'origine corse. Jean-François Salessy aime les gens, les femmes, la table, la nuit, la musique, les enfants, les voitures de collection, tout sauf le sport, il n'en pratique aucun, faute de temps. D'une tape dans le dos, sa main m'invite à entrer dans son bureau, meublé d'un salon Chesterfield. Les stores sont à moitié baissés. Jean-François Salessy n'y va pas par quatre chemins.

– Désolé, j'ai bouclé le budget natation.

Façon de dire, d'emblée, « nous n'avons pas de fric pour toi ». Ils n'ont jamais de fric pour nous dans les clubs, budgets bouclés ou non. Après ma conversation téléphonique avec Romain Barnier, le manager-entraîneur, je sais pourtant qu'ils ont une offre à me faire, sinon je ne serais pas là.

– Qu'est-ce que tu veux ?

– Qu'est-ce que vous proposez ?

À Paris, le centre Lagardère vient de me faire une belle proposition à 3 000 euros mensuels – salaire inespéré dans la natation. Et puis Paris, c'est Paris. Cependant, la méthode chez Lagardère ressemble beaucoup à celle de Philippe Lucas. Elle repose sur du foncier, toujours du foncier : avaler des kilomètres. Sans savoir exactement quoi, j'aimerais autre chose. Le directeur insiste sur le fait que son budget est bouclé. Ils ont déjà beaucoup recruté, fait le plein, désolé. Un engagement supplémentaire représente une dépense annuelle, le logement, les frais… Nous nous regardons sans lâcher le morceau.

– 500, fait-il soudain.

– Quoi ? 500 ! J'ai passé l'âge de recevoir de l'argent de poche.

500, une vie de McDo, d'ado, de quoi payer l'essence et un ciné par semaine. Je balance mon argument-choc : la proposition de Lagardère.

Salessy lève les bras au ciel, fataliste.

– Ha, c'est beau Paris !

– Ici aussi, c'est beau. Combien vous me proposez, sérieux ?

– Bon, 1 000, plus ton logement. J'irai pas plus loin, je préfère être franc, je te le dis, je ne peux malheureusement pas plus.

Je grimace. Même pas un SMIC.

– Alors, je dois réfléchir...

Le directeur éclate de rire.

– Je ne reprocherai jamais à quelqu'un de vouloir réfléchir.

D'une nouvelle tape dans le dos, il m'entraîne vers l'extérieur.

– Une visite guidée t'aidera sans doute...

Le vent est tiède. Derrière les îles du Frioul, un tanker traverse l'horizon. Jean-François Salessy connaît cette baie par cœur, mais il m'en parle comme s'il y venait pour la première fois – ou la dernière.

– Tu sais qui est Romain Barnier ?

Bien sûr que je sais qui est Romain Barnier, le manager, l'autre élément du binôme. Ce bon nageur arrive des USA avec des idées neuves plein la tête. Salessy l'a recruté au Cercle pour orchestrer le dispositif sportif. L'équipe a connu des tensions, à la suite des départs d'Alain Bernard et de Denis Augain. Barnier et Salessy se posaient un problème moral. Pour entraîner ce grand champion qu'était Alain Bernard, le coach Denis Augain lui octroyait des *sparring partners*, des compagnons de bassin, de challenges. Ces jeunes gens qui sacrifiaient leur vie à ce programme intensif ne deviendraient jamais de grands compétiteurs. Pourtant, leurs entraînements au Cercle les absorbaient entièrement, provoquant leur déscolarisation. Barnier et Salessy s'inquiétaient de cette façon abusive de les utiliser. Augain et son champion ont fini par partir. Désormais, Romain Barnier est entraîneur avec les pleins pouvoirs pour développer sa conception de la natation de haut niveau basée sur l'esprit de groupe. La fédération se méfie de la nouveauté en général et de ces deux hommes-là en particulier. Leur concept se résume en quelques mots : transformer un sport individuel en sport collectif. Sans que je le comprenne très bien, ce programme annonce autre chose que d'aligner encore et encore des longueurs, 365 jours que Dieu fait. Travailler un ensemble d'interactions, d'affections et de compétences pour motiver une équipe autour d'un « Tous pour un, un pour tous », c'est tentant, mais flou, vu que dans la ligne d'eau on est seul, sans rien percevoir du reste du monde. En fait, le duo Salessy/Barnier est un triumvirat, incarné par une troisième figure, un autre Corse, le président Paul Leccia. À la fois bienveillant, exigeant et sympathique, respecté de tous, le président a aussi sa formule : « Être sérieux, sans se prendre au sérieux. »

Jean-François Salessy ne cause pas boulot. À contre-jour, il évoque sa ville, la vue, la vie. À l'entendre, il va bientôt me refiler sa recette de la bouillabaisse. Ses yeux sombres brillent sur moi. Il m'évalue. Les

Marseillais sont des malins, ceux qui viennent de Corse sont rusés comme des renards.

– Tout le monde m'est sympathique a priori, c'est mon principe numéro un dans l'existence.

L'air de rien, il me vend un climat qui ne se résume pas à la météo. Une promesse, un désir… Jean-François Salessy vendrait des lentilles de contact à un aveugle, d'ailleurs il a dû le faire dans une de ses vies antérieures lorsqu'il travaillait dans l'import-export sur les docks ou en politique, au cabinet du maire – autant dire qu'il en a vu. Sa main balaye le large.

– T'en connais beaucoup des endroits pareils, toi ?

– Non.

Putain. Mille euros, c'est trois fois moins qu'à Paris-sur-Seine. Ça fait cher le panorama.

– Bon, allons voir les bassins.

Trois bassins. Le premier, historique, a été creusé en 1929, 25 mètres, couvert, réservé aux scolaires et aux cours de nage. Ensuite, au bout d'une première terrasse qui ressemble au pont du *Titanic*, s'est ajouté le bassin d'été, une piscine d'eau salée. Le sel te porte mais irrite la peau. L'eau de mer n'a rien à voir avec celle d'une piscine. Ce lieu est vraiment dingue. Une vingtaine de marches plus haut, tu déboules sur le bassin olympique – vue à 360 degrés à couper le souffle. Une cathédrale de verre et de béton. Les gradins s'échelonnent jusqu'à une large coursive qui sert de salle de musculation, au sommet, sous le toit. Une telle piscine entre ciel et mer donne envie d'accomplir des miracles.

Je suis sur le belvédère de la pointe du Portugal, un soir de septembre avec un visionnaire… La soirée qui commence semble ne jamais devoir finir, on n'a pas envie de quitter cette terrasse alors les contingences ne tiennent pas longtemps. Je ne dis pas oui, je ne dis pas non. Je ne dis rien. Jean-François Salessy n'insiste pas, le deal financier ne constitue pas non plus pour lui l'essentiel. Il est sympathique, bordel, ce qu'il est sympathique. Nous continuons à parler, enfin, surtout lui. Barnier et Salessy posent de nouveaux jalons, accueillant autant des nageurs chevronnés que des espoirs. Un jeune est même venu de l'arrière-pays à vélo, 20 bornes aller, 20 bornes retour dans les vignes, parce qu'il n'avait pas de voiture ni personne pour l'accompagner. Quand ils l'ont su, Salessy et Barnier l'ont embauché.

– Nous sommes à la fois ouverts et déterminés.

Ce cycliste venu des vignobles s'appelle Maxime Bussière. Il a commencé à s'entraîner réellement à quatorze ans. Maintenant, il est là, avec l'équipe, pour poursuivre son entraînement avec deux prétendants aux titres olympiques, Fred Bousquet et Fabien Gilot, les deux capitaines[1]. Maxime deviendra mon meilleur ami.

L'heure est grave. Les Jeux débutent dans quatre semaines. Romain Barnier se détache du bassin pour

1. Il y avait deux capitaines, l'un comme modèle, la référence pour les membres du groupe, l'autre davantage tourné vers l'échange entre nageurs.

venir me saluer. J'en suis touché. Beau mec, tee-shirt de marque, pas du tout la dégaine de l'entraîneur tradi, ce côté vieux gendarme, en claquettes avec son sifflet autour du cou. C'est une tête, qui a lâché un MBA aux USA pour accepter la proposition de Salessy. Lui aussi a dû s'asseoir sur un paquet, en préférant l'Aventure. Son caractère bien trempé, sa carrière de nageur professionnel aux USA et son anticonformisme lui donnent une aura. Le Cercle est bien un clan, animé d'une certaine révolte contre les traditions.

Je connais Romain Barnier. Je l'ai croisé à Canet-en-Roussillon lors du Mare Nostrum, un meeting international prestigieux de printemps. Je venais d'arrêter ma collaboration avec Philippe Lucas. Barnier le savait. Sa préparation pour les Jeux le préoccupait, il s'en voulait d'avoir trop poussé son équipe, alors il a innové.

– On est allé en soirée, comme ça, au moins, les gars se sont détendus. Depuis, ça marche vachement mieux.

J'ai roulé des yeux ahuris ; qu'un coach puisse dire un truc pareil était vraiment hors norme.

– Bah j'imagine, ouais…

– Écoute… Quand tu désires une jolie fille, tu vas au restau, tu l'emmènes au ciné. La performance, c'est pareil, faut savoir l'attirer par le plaisir aussi…

La performance par le plaisir, je n'avais jamais entendu parler d'une théorie si révolutionnaire qu'elle faisait sérieusement tiquer certains entraîneurs à l'ancienne. Pour eux, finir la soirée dans un troquet à boire des coups avec les athlètes tenait du suicide. Au fond, Romain Barnier était en train de me recruter.

– Après avoir bu quelques verres, nous sommes tous rentrés vers 2 heures du mat', ça les a décontractés, ça a fait déclic…

Pince-moi, je rêve. Tu parles d'un déclic. Quand je pense que Richard Martinez m'a pourri la vie au prétexte que j'avais bu quelques coupes pour fêter mes vingt ans. Philippe Lucas savait se montrer plus festif, à condition de ne pas sortir des rails. Il lui arrivait de me laisser la salle de muscu pour m'entraîner quinze à vingt minutes de « plus » avec une fille… mais à la moindre faille à l'entraînement, carton rouge. S'amuser, voire plus si affinités, OK, à condition d'assurer la suite.

La décontraction qui émane du Cercle de Marseille m'attire. Aux yeux de la fédération, ils payent cette attitude. Les apparatchiks aimeraient bien leur rabattre le caquet, aux Marseillais. La corsitude du duo de direction, Leccia et Salessy, leur démontrera vite que rébellion et indépendance ne sont pas des vains mots. Une guerre couve déjà avec les instances.

Certains gars sortent de l'eau et viennent me dire bonjour, d'autres me jettent un regard en coin. Nous convenons que je reviendrai demain passer mon test d'admission, une semaine d'entraînement pendant laquelle je nagerai avec les autres nageurs pour voir si je m'intègre au groupe.

La vie est bizarre. Elle t'ouvre les bras et d'un coup elle les referme avant que tu aies pu l'embrasser. Parce que le lendemain, au moment de sortir du lit, je ne peux pas. Mon dos est bloqué. Les gens n'imaginent pas combien un sportif est fragile, surtout un sportif de haut niveau. Le corps devient cassable quand tu t'en sers comme d'un outil. Raison pour laquelle nos carrières sont si courtes. Vingt-cinq ans, après deux mois de vacances, une vie devant soi en bleu piscine et paf ! le dos bloqué. Ce n'était même pas de la somatisation, plutôt une galipette trop « galipée », pour être franc, avec la petite amie qui m'accompagnait. Elle retourne à Cannes, et moi, au Cercle des nageurs en me traînant comme un vieillard.

J'arrive à l'entraînement HS. Inutile de nager dans cet état, tout le monde rigole. Je note le numéro de téléphone de l'ostéopathe de l'équipe et je repars en ville. Après une longue séance de manipulation, en fin d'après-midi, débloqué, je suis apte au test. Il ne s'agit pas d'une évaluation draconienne, Romain Barnier a déjà son idée pour m'avoir vu concourir. Plutôt un test d'intégration avec le groupe, dans l'eau, sans trop se concentrer sur la nage. Un groupe joueur, rieur, taquin ; ça me plaît. Les mecs se chambrent facilement, mais chacun accepte la réplique, sans rapport de force pénible. Râleurs, moqueurs et indubitablement talentueux. Je le remarque à leur faculté de concentration au moment d'agir, leur rapidité à passer de la plaisanterie à l'engagement et vice versa. Ça bosse et ça rigole, mon impression de la veille se confirme. Vu cette ambiance, l'argent ne m'est plus essentiel. Je n'y pense plus. Au bout de vingt-quatre heures, malgré le passage chez l'ostéopathe, je me sens déjà chez moi.

En s'éloignant, Jean-François Salessy lève le bras et me salue, rieur.

Mille balles, mon gars. Perdu, gagné. Ça m'a toujours emmerdé, le Monopoly. J'achèterai la rue de la Paix une autre fois.

Après l'entraînement, nous redescendons au bar, le soleil couchant depuis la terrasse te donne l'impression d'avoir la belle vie. Cette existence pourrait être la mienne, soir après soir. En cas de coup dur, ce paysage doit te consoler. Pas bégueules, plusieurs équipiers viennent discuter, cherchent à me convaincre. Ici, on fait ci, on fait ça… Fred Bousquet, le capitaine, est l'ambassadeur du nouveau concept marseillais, le premier à s'être engagé sous la bannière de Romain et Jean-François. Fred Bousquet me trouve maigrichon.

– Franchement, mon gars, t'es pas épais non plus…

Je n'ai jamais été une baraque, je manque de puissance dans les bras. Fabien Gilot, l'autre capitaine, évoque le travail de préparation physique hors de l'eau (musculation, gainage) qui fera de moi ici un athlète accompli avant de perfectionner le nageur. J'en souris, comme s'il parlait de transformer ma Punto en Ferrari. Biceps et pectoraux ne sont vraiment pas mon point fort. Mes bras sont trop longs, légèrement mous – un rapport de cause à effet, sans doute. Je suis un peu comme un poulpe. Leur projet athlétique m'attire autant que l'aspect familial qui règne, comme si le Cercle formait un abri, ta maison. J'écoute, une bière à la main, un œil sur l'horizon, mes futurs coéquipiers. Ces types préparent les Jeux et ils sont là, à se taper des coups, en bavardant comme s'ils planifiaient une rando le week-end prochain. Tous les visiteurs, les minots, les femmes, les filles, les seniors, saluent chacun avec un respect chaleureux. Cette aura me fait envie. Je ne l'ai jamais constatée ailleurs. Les nageurs du Cercle de Marseille sont les enfants et la fierté de leur ville.

La journée a été bonne, au final. Je n'ai plus mal. Avant de me mettre au lit, seul et sage, je regarde briller les collines derrière la fenêtre de mon studio. C'est beau. Demain, je peux reprendre ma semaine test avec eux.

En approchant de ma voiture pour me rendre à l'entraînement, je sens un truc bizarre sur ma caisse. Je n'en reviens pas, on m'a volé mes plaques d'immatriculation, les deux ! Je file au commissariat, vite fait, le flic qui prend les plaintes n'est pas là, j'attends… Personne – nous sommes bien à Marseille-sur-Mer. Je repars dare-dare me présenter au Cercle avec une demi-heure de retard. Le groupe est déjà à l'eau et l'entraîneur, sur le bord. En natation, un retard est aussi répréhensible qu'à la caserne, surtout un premier jour.

– Désolé, on m'a volé mes plaques d'immatriculation !

Romain fronce les sourcils avant de soupirer, excédé. Il arrête net tous ses nageurs dans le bassin.

– Ho, les gars ! Il n'est pas encore admis que vous le bizutiez, rendez-lui tout de suite ses plaques !

Je l'ai mauvaise, quand même, on ne se connaît pas assez pour qu'ils me braquent. Et puis, la bagnole, c'est sacré. Ne respectent-ils donc rien ? Dans le bassin, pas de réaction. Une douzaine de têtes de gland s'agitent en ronchonnant, sans voir du tout ce dont parle Romain Barnier.

– On n'y est pour rien !

Ils ont l'air sincère. Je n'en reviens pas. En pleine préparation olympique, Romain Barnier a interrompu l'entraînement parce qu'il estime que ses gars sont assez fadas pour m'avoir piqué mes plaques. Ils se croient à « Intervilles » ou quoi ? Le plus étrange est qu'une petite voix, à cet instant-là, même si je suis furax, continue de chuchoter dans ma conscience : « Reste ici, surtout reste ici. » Oui. C'est bon, c'est sûr, je veux en être.

Me revoilà chez les flics où j'ai le plaisir de constater que le policier a pris son poste. Après avoir enfin déposé plainte, traversant Marseille, je me demande tout à coup pourquoi notre hymne national s'appelle *La Marseillaise* – je me promets de regarder sur Internet.

L'aventure vient de commencer entre une bande de baigneurs rigolards que leur entraîneur soupçonne capable de tout et un commissariat où le flic chargé d'enregistrer les plaintes ne se pointe pas avant 11 heures.

Assis sur un fauteuil Chesterfield, j'ai signé mon contrat à 1 000 euros avec studio au onzième étage dans le VIIe arrondissement, super vue – au taf comme à la maison, je ne toucherai plus terre dans les mois qui viennent. Salessy, dans son Perfecto, discutait au téléphone tout en se dandinant comme naturellement connecté à un air de mambo.

– Bienvenue chez toi, Camille !

Il avait l'air heureux.

– Merci. Content d'être là.

Moi aussi, j'étais enthousiaste, même sans mes plaques.

Nous étions tous sincères. Des boss jusqu'à la dernière recrue, jusqu'aux dames de service et au personnel du bar qui sert de self au déjeuner.

Bien plus tard, j'ai appris que, malgré la fin de saison et la clôture des budgets, Romain Barnier avait glissé au directeur : « Faut absolument prendre Lacourt, démerde-toi… Lui, on va en faire un champion du monde de dos ! »

Putain de Corse.

Aujourd'hui, Jean-François Salessy est mon agent et mon ami. Depuis plus de dix ans, mes coéquipiers n'ont jamais cessé de me jurer qu'ils n'avaient pas touché aux plaques de ma Punto et je veux bien les croire.

Faut toujours y croire.

– III –

Centimètre par centimètre

J'ai grandi, comme tout le monde. Le caractère tranquille de mes parents ne les empêchait pas d'avoir des idées bien arrêtées, personne ne les a jamais forcés à faire ce dont ils n'avaient pas envie. J'ai bénéficié de cette enfance heureuse qui laisse peu de traces sinon l'empreinte du bonheur. Contrairement à bien des couples de notre époque, mon père et ma mère ne se sont jamais lassés l'un de l'autre jusqu'à divorcer. J'ai toujours pensé que leurs valeurs, leurs activités ont bâti notre famille comme un abri qu'ils préféraient à tout. Ils nous ont élevés mon frère et moi sans peser sur nous. Sans être riches, nous ne manquions de rien. Je ne suis pas certain aujourd'hui que les foyers modestes puissent avoir la même tranquillité sociale.

Les copains avaient le ballon, le vélo, les arts martiaux, moi, c'était mon rendez-vous du mercredi à la piscine. J'ai évolué dans ce cadre, changeant de club au fur et à mesure des échelons : école de nage, premier groupe, deuxième groupe… J'étais bon, ce qui encourage à persévérer.

Vers sept-huit ans, en groupe de compétition, je suis tombé sur une prof – une sévère. À partir de là, en trois semaines, mon plaisir a disparu. Du coup, ça m'a saoulé. J'ai perdu l'envie. Subir ne me stimule pas et c'était malheureusement son unique méthode. Cette femme aurait dégoûté une otarie de sauter dans l'océan. Je n'étais pas compliqué et je suis resté basique, en termes relationnels : si je n'apprécie pas quelqu'un, je fais en sorte qu'il le comprenne et cette femme a reçu le message cinq sur cinq.

Tant et si bien que quelques années plus tard, lorsque mon petit frère a voulu entrer en 5e section sportive, catégorie natation, elle et un autre entraîneur l'ont refusé sans l'évaluer ni même chercher à le connaître. Sous prétexte de s'être déjà farci un Lacourt, elle n'en voulait pas un second. Mon frère l'a mal vécu. Nager était sa passion à lui aussi, on n'en a pas toujours une autre de rechange. Je pourrais m'en vouloir, compte tenu de ce qui s'est passé par la suite. C'est moi l'aîné, lui, le cadet. Mon parcours dans la natation a d'emblée disqualifié le sien. À cet âge-là, sans doute avons-nous commencé de nous éloigner sans nous en rendre compte. Lorsqu'on s'en aperçoit, il est trop tard : on est séparés. Les familles sont également constituées de douleurs non dites, de questions sans réponse, de regrets. Il faut s'aimer assez pour ne pas les laisser gâcher notre lien.

La piscine résonnait des exigences de cette prof, de ses colères. Une piscine n'est pas faite pour hurler, ça résonne, je trouve ça moche, déplacé, comme dans une église – mais bon, on n'est pas des curés non plus.

– Vous n'êtes pas là pour rigoler !

Merci, nous avions compris. Le plaisir n'était pas dans sa pédagogie, peut-être n'était-il pas dans sa vie. Alors que moi, à sept-huit ans, j'y trouvais l'évasion et le rire – je ne suis pas certain d'avoir changé depuis. Le jeu est le premier attrait du sport. On peut parler de « compétition olympique », « course olympique », mais le premier terme, le plus ancien est « jeux Olympiques ». Il y a une raison : c'est le mot juste.

Mes parents ont constaté ma démotivation et sont tombés d'accord avec moi. Si m'entraîner tournait à la corvée, si je n'avais plus envie, eh bien nous verrions plus tard. Nous pousser comme des forcenés n'était pas leur genre – mes parents aiment trop le sport. Je n'ai pas eu à souffrir de cela, vraiment pas. L'important pour eux était que leurs deux garçons soient heureux, équilibrés. Jamais leur ambition ne dicterait notre avenir. Je suis allé à la pêche avec mon père. Sans abandonner mon sport, je me suis dirigé – et mon frère m'a suivi – vers le modeste club des Angles, aux résultats bien moins brillants, mais plus ludique. Tout de suite, je me suis senti mieux, le plaisir du mercredi est revenu et sans m'en apercevoir, au fil des mois, j'ai continué à progresser. Je suis devenu parmi les meilleurs espoirs du département grâce à Denis et François, que je fréquente toujours. Ils sont de ces éducateurs inventifs qui transforment les loisirs d'un gamin en bons souvenirs à perpétuité. Je comprends qu'on puisse alors considérer qu'enseigner est le plus beau métier du monde. Avec eux, à chaque séance, une trouvaille, un minichallenge inculquaient le goût de la compète. Denis et François m'ont préparé à l'aventure du Cercle des nageurs de Marseille, d'une certaine façon ils m'ont familiarisé avec la méthode Barnier. Nous ne sortions pas d'une séance uniquement épuisés comme à Font-Romeu, nous sortions aussi lessivés que joyeux. Lorsque nous avions terminé une bonne séance, Denis et François nous accordaient le droit de jouer avec les cordes. Je me souviendrai toute ma vie de ces cordes, de la joie de pouvoir les sortir – pas chaque fois. Soit nous fixions la plus grosse au plafond de la piscine avant de s'y balancer comme Tarzan, soit nous nous l'accrochions en ceinture avec un seau au bout pour nous freiner. C'était marrant, c'était dur, mais surtout marrant. J'adorais ça. Pas ma grand-mère qui m'accompagnait. Depuis les gradins, elle se rongeait les sangs, soupirait, râlait… À la fin, elle venait carrément engueuler les coaches. Non, franchement, elle ne comprenait pas, nager avec un seau n'est pas humain, pourquoi en rajouter, n'est-ce pas déjà assez difficile comme ça pour des petits ? Je ne disais rien, son intervention prouvait qu'elle m'aimait, me protégeait. L'amour sans protection, c'est du courant d'air. En sortant des cabines, je la consolais.

– Ho, c'est rien, mamie, c'était dur, mais ça va, je t'assure, ça va.

Du coup, elle m'achetait deux pains au chocolat au lieu d'un, des fois.

Alors, la corde, franchement, à tous points de vue, c'était super.

À partir de huit ans, mes entraînements sont passés à deux-trois par semaine. De passe-temps, la natation est devenue un des quatre piliers de mon quotidien : l'école, la maison, la famille… et le bassin. Son écho sonore, ses sensations ont pénétré profondément ma réalité. Ce monde à part est devenu le mien, je suis fait de bleu piscine. J'y ai donc connu de ces grands moments qui marquent l'existence, de ceux où l'on se rend compte que le temps a passé, et que nous ne sommes déjà plus celui que l'on était. Régulièrement, mon père nageait en même temps que notre cours, avec un groupe adulte. La moitié de la piscine pour eux, l'autre pour nous. À chaque fin de séance, lui et moi faisions la course, un petit 25 mètres. Mon père était plus rapide, mais de vacances en rentrées, l'écart se rétrécissait entre nous, je le grignotais, je le grignotais… Je paumais mes lunettes, sans nager droit, je m'accrochais, persuadé que je pouvais le rattraper, que ce jour finirait par arriver si je mettais la gomme. Je mettais la gomme et je l'entendais rigoler, devant, comme s'il ne s'apercevait pas que la distance entre nous allait diminuant. Une fois, j'ai gardé mes lunettes sur mon nez, j'ai nagé bien droit, je me suis donné à fond et j'ai tapé avant lui. J'ai battu papa. Il en a ri, fier et content pour moi. Nous sommes rentrés à la maison pour dîner.

– Ça va ? a fait maman depuis la cuisine. Ça s'est bien passé ?

– Camille a gagné ! Nous avons fait la course et c'est lui qui a gagné.

Mon père en a encore rigolé. Mais plus tard, ma mère m'a confié, après nous avoir mis au lit, qu'il en avait reparlé sur un ton différent. L'air un peu triste, subitement, mon père a déclaré :

– Camille n'est plus mon bébé.

Bien sûr que je n'étais plus son bébé. J'ai cru qu'il était triste d'avoir perdu la course, mais ce n'était pas du chagrin, plutôt une gravité, une nostalgie que je ne comprenais pas. Je ne savais pas que le temps passe et qu'il nous change.

Ce que je ne lui ai jamais dit, moi, ou pas assez, c'est que cet homme d'1 mètre 90 a toujours été un modèle pour moi. Même s'il n'avait pas été mon père, je l'aurais admiré, lui, le handballeur à la belle carrure. Le soir de ma victoire à la piscine, j'étais moins fier d'avoir battu mon père que l'homme le plus fort du monde.

D'ailleurs, après, il m'a souvent battu de nouveau. Les choses ne se font pas en une fois, comme vous savez. Mais j'avais pris le pli, mon esprit de compétition est né là, probablement et secrètement. Une fois que j'ai eu battu mon père, que je me suis prouvé que c'était possible, plus question que je passe la main.

Voilà… Des acariens, un tour à la piscine avec la voisine, un entraîneur qui a du nez, quelques cordes qui font ma joie, ou des parents hyper sportifs, ces petites choses-là ont fait ce que je suis. Des miettes, des hasards, des coups de bol, des attentions… Le premier adversaire que j'ai vraiment eu la sensation de battre était papa. Il en a été touché parce que c'est un beau joueur et un bon père. S'il a éprouvé un peu de peine, c'est de me voir grandir et cesser d'être un enfant, son petit.

J'ai continué à nager beaucoup, comme d'autres passent du temps à leurs hobbies. Avec toutefois une différence : je n'amenais pas ma vie dans la piscine, lieu différent, clos, séparé du réel. Autre part. Le contact avec l'élément liquide, chaque fois, me donnait l'impression de retrouver un autre monde personnel. Si tu n'es pas concentré ou si tu es trop soucieux, tu peux penser à ta semaine, aux événements de la journée en même temps que tu nages, comme tu gamberges lorsque tu cours un footing. Mais lorsque l'enjeu devient sérieux, tu ne penses plus à rien. « Rien » n'est pas le bon terme. Ton esprit change et produit une autre forme de pensée, séparée du reste, la pensée de l'eau et du mouvement. Ce mystère, si j'en ai un, est celui de ma vie.

En classe de 6e, avec trois-quatre entraînements hebdomadaires au niveau départemental, j'ai commencé à me maintenir parmi les meilleurs. Mais je n'ai pas été foutu de me qualifier pour une compétition aux Angles, le grand centre nautique de Montpellier. Tout le club est allé encourager notre représentant dont la sélection couronnait une année d'efforts. Nous avons réuni de quoi payer un minibus et une nuit d'hôtel pour soutenir le meilleur d'entre nous. Dans les tribunes, nous étions une minorité à arborer un tee-shirt Arena, super classe, blanc avec un logo doré. Je m'émancipais de ma famille en m'en trouvant une autre. Ce n'était pas un tee-shirt de marque, mais notre signe de ralliement, un label digne de nageurs pros, un maillot qui nous rendait fiers d'appartenir à un groupe, même si un seul d'entre nous concourait. Nous étions là pour lui et pour nous. Il s'appelait Sébastien, je l'admirais. Jamais il ne me serait venu à l'idée de le jalouser, car il avait cinq ou six ans de plus que moi et il était sympa. (Nous sommes toujours en contact grâce aux réseaux sociaux.) Le minibus a emporté cinq ou six jeunes gens avec les coaches pour le week-end, jusqu'à la piscine Antigone de Montpellier, à cinq heures de route. Belle sortie, grand voyage. En dehors des horaires de la compétition, nous visiterions Montpellier.

Sébastien n'a pas gagné, mais a réalisé son meilleur temps. J'ai adoré la virée, la vie en troupe, la route. Supporter notre champion. J'ai gueulé comme un putois depuis les gradins en agitant les bras dans mon maillot Arena, blanc et or.

Une petite année plus tard ; nouveau défi, championnat départemental, la coupe Alex-Jany, grand nageur multirecordman, issu des rangs du CN Marseille – Alex Jany était encore de ce monde, vétéran admiré que je salue. Chaque région y envoyait ses meilleurs éléments. Dont moi, à treize ans, grande tige avec des boutons d'acné et des cheveux brûlés par le chlore. Je me souviens de l'année, 1998, parce que nous avions regardé le quart de finale France-Croatie à la télévision, je devenais fan de tous les sports.

Cette fois, j'ai donné mon maximum pour participer, je voulais en être, avec ce parfum d'insouciance où s'achève l'enfance, sans grandes difficultés ni angoisse majeure. Je me suis entraîné avec rigueur, je m'avançais dans mes devoirs chaque week-end pour rester plus longtemps à nager durant la semaine. À chaque compétition, les deux premiers se trouvent qualifiés. Et je me suis qualifié. Camille Lacourt représentait les Pyrénées-Orientales. Je suis plus rapide en dos, je performerai donc en dos.

En voiture Simone, première fois, jour J et… débandade : disqualifié pour mauvais virage. Battre des jambes est interdit pendant la rotation, c'est la règle. J'arrive en dos, je passe sur le ventre, on ne peut pas faire autrement pour virer, je bats des jambes et je me fais sortir. Tut-tut, disqualification, mon con.

Moi qui suis plutôt flegmatique, ça m'a dévasté. Instantanément, j'ai éprouvé la haine de la défaite, viscérale, obsédante, affreuse, à en chialer de frustration, de rage. J'y croyais, je détenais les meilleurs temps. Disqualifié, Môa ! Du coup, j'avais ôté toute chance à mon équipe de repartir avec un titre. Pendant plusieurs jours, je suis resté fâché contre moi-même. Ma mère a vu que ça ne tournait pas rond.

– Camille, tu ne vas pas nous en faire une pendule ! Tu feras attention la prochaine fois.

Dans ces cas-là, parfois, les proches rajoutent de l'huile sur le feu en croyant t'aider. « Faire attention », quoi ? Comme si j'avais cassé une soucoupe à dessert !

– Si, j'en fais une pendule ! J'ai bien le droit d'en faire une pendule, non ?

En vérité, tu n'es plus abordable. Tu te pourris la vie et celle des autres. Le mieux consiste à faire l'autruche, le temps que ça passe.

Dans l'eau, on n'entend pas la disqualification, on ne se doute de rien, elle tombe souvent après la course lorsqu'elle n'est pas manifeste à l'œil nu. Je n'étais pas vainqueur, sans être mal placé – troisième, ce score aurait été une consolation pour mon département qui ne brillait pas au firmament natatoire.

Sans nager forcément pour gagner, de ce jour-là, j'ai compris que je ne supporte pas de perdre. Ma première compétition m'a infligé le dépit et la rage brûlante d'échouer. Par disqualification.

Mon père est pareil. Après ma victoire, nos courses ont continué, acharnées. Lorsqu'il a compris que je le battrais chaque fois, comme par hasard, monsieur n'a plus voulu concourir. C'est de famille, peut-être, ce dégoût de la défaite. Une colère rentrée, une boule au ventre pour plusieurs jours, un truc qui fait plus mal, je crois, qu'une victoire ne procure de bien, en tout cas chez moi. Gagner ou perdre, ce n'est pas contre les autres. Chacun peut trouver plus fort que soi de par le monde, quoi de plus naturel en somme, ne pas être le meilleur est envisageable, humain, mais perdre sur une faute, un geste qui a été répété mille fois s'avère le bilan le plus compliqué à gérer. Sur ce drame personnel, ma première compète s'est achevée. Mon coach m'a engueulé, l'entraîneur de la sélection m'a engueulé, moins longtemps, à voir la tronche que je tirais, je me punissais assez.

J'ai découvert le ressentiment envers soi dès ma première expérience officielle. Mais pas seulement, j'y ai découvert autre chose aussi : la piscine et le public, des gradins, des supporters, une ambiance d'arène. Le bassin était magnifique.

Car il y a de bonnes et de mauvaises piscines. Des pas cool, sombres où le plafond te tombe sur les épaules. C'est rare dans les grands meetings où les régions, les pays hôtes ont à cœur d'exploiter et présenter leurs plus beaux complexes. À Budapest, pays de bains, je me souviens que la piscine se trouvait carrément sur un stade et donnait l'impression d'être dans une arène sur l'Olympe. Budapest, ah, Budapest ! Les spectateurs hongrois en liesse. Les amoureux de ton sport. Les compatriotes qui t'aiment et veulent te voir gagner. On a beau dire, sans se prendre pour des stars, le public, c'est quelque chose. Ce n'est pas nous les fauves, souvent, c'est lui.

Si les temps, les sélections ne laissent aucune chance d'être vainqueur, pas la peine de vouloir triompher. Sinon, hors de question de perdre. Et puis, certains jours, il y a des cas, un état intérieur, un je-ne-sais-quoi qui rendent toutes les victoires possibles. Tu peux gagner, tu peux. Tu es là et tu te dis : bon, ça va, je suis prêt, c'est maintenant, c'est aujourd'hui que tu le fais, mon pote. À Barcelone, en 2013, où je suis pour la première fois devenu double champion du monde des 50 mètres dos et 4×100 mètres nage libre dans le même après-midi, peut-être le plus grand souvenir de ma vie, la moitié du public était français sur les vingt mille personnes dans les gradins, à croire que la moitié de mon pays avait passé la frontière. C'était dément. Une ferveur, un soutien phénoménal. À en avoir eu la chair de poule dès que je suis entré. Cette impression de jouer le grand jeu. D'être à la hauteur, d'atteindre exactement ce pour quoi nous sommes faits, sensation assez rare dans l'existence. La liberté et l'absolue maîtrise, pour la première fois. La natation était à la mode depuis les exploits de la reine des piscines bleu-blanc-rouge, Laure Manaudou. Des milliers de Français avaient bougé pour nous, avec nous, l'ambiance, le moment étaient sublimes. Dans l'eau, j'ai retrouvé la ferveur, j'ai nagé entre ciel et terre, accompagné. Accompagné par qui, par quoi ? Je ne sais pas.

En attendant, pour en revenir à mes débuts, je n'ai plus jamais, plus jamais battu des jambes pendant une rotation. J'ai commis d'autres fautes. Rester plus de 15 mètres sous l'eau, par exemple, la nage subaquatique étant plus rapide qu'en surface – on est moins freiné, les apnéistes gagneraient forcément. Donc dépasser quinze mètres sous l'eau est formellement interdit. J'ai dépassé plusieurs fois. Je peux rester jusqu'à 100 mètres, facile, en apnée, en ondulant comme une petite sirène à la con, je ressors la tête, je nage à fond, je tape, et j'apprends que je suis disqualifié. Je me dégoûte.

Je vivrai cet enfer-là, aussi. Le refus absolu des erreurs est devenu partie intégrante de mon caractère, mais le pire, le plus inexplicable, est que cette obsession n'empêche pas de commettre des fautes.

Pourquoi ? Je n'en sais rien.

C'est humain, paraît-il.

– IV –

Teuf, teuf, teuf !

À treize-quatorze ans, je suis sorti de mon trou douillet, j'ai commencé à quitter mes Pyrénées comme une marmotte s'élance à travers champs à la belle saison. Les rencontres sportives m'emmenaient jusqu'à Sète, Bastia… Par rapport à d'autres camarades, je bougeais. Ce petit plus m'était précieux ; j'aime partir, rouler, voir du pays. Un week-end à l'est, un autre au nord ou sur la côte, c'est chouette. Un club de natation est souvent une colonie de vacances en vadrouille. D'emblée, j'ai adoré ces premières escapades au goût de liberté et la vie en collectivité.

J'ai commis quelques bêtises, rien de méchant parce que j'ai toujours fait partie de bons groupes. Changer de chambre, faire les lits en portefeuille, jeter un cacheton d'aspirine dans une bouteille de Coca – le résultat spectaculaire ne te donne plus envie d'en boire mais tu continues quand même – avant de passer à une autre mousse[2]. Rien qui ne soit jamais allé plus loin que de voir voler les centaines de plumes de batailles de polochons acharnées.

J'avais intégré une 5e section sportive au lycée Pierre-de-Coubertin de Font-Romeu. Cette spécialisation n'a pas fait l'objet de négociations quant à mon cursus. Mes parents n'avaient plus besoin de me conduire trois ou quatre fois par semaine à l'entraînement. J'étais sur place. Dans cette filière, les programmes sont aménagés pour nager. Tout baigne, j'ai le niveau. Nous sommes six dans ma section, cinq potes extraordinaires – deux, Guillaume et Yannick, le sont encore. Je vais grandir avec eux comme avec des frères, partager des découvertes, des rigolades, des émotions, jusqu'à l'exploration de la planète Petites Copines, créatures à la fois si proches et pourtant martiennes. Nous nageons presque chaque jour, étudiant juste assez le reste pour passer dans la classe supérieure. Je tourne à 12 de moyenne dans chaque matière, toute l'année. En sport-études, nous côtoyons les grands, nos idoles. Pas parce qu'ils ont des titres, encore que Camille Augé soit champion, mais parce qu'ils mènent l'existence fabuleuse de gars de dix-sept ans, poil aux dents.

Traditionnellement, les aînés accueillent bien les petits, dans un rapport de fraternité et… de mentor. Les grands en jouent un peu, sans pour autant en

---

2. La bière !

abuser. De temps en temps, nous nagions avec eux, ils nous impressionnaient tellement. Et nous les craignions, comme tout ce qui impressionne. On partageait le vestiaire, et s'ils étaient là, nous ne mouftions pas. Un jour, ils ont déboulé sans prévenir. Surpris, nous nous sommes sauvés en courant, l'air d'avoir fait un mauvais coup.

– Holà, les nains, vous foutez quoi, là ?

– Vous avez des gâteaux ? !

Les grands avaient la sale manie de nous piquer nos Granola, mais cette fois ce n'étaient pas des Granola.

– Ce n'est pas de la bouffe qu'ils cachent…

– Moi je sais, a fait un autre. Vous avez un magazine porno, petits cochons, c'est ça, je parie que c'est ça ! Ils se rinçaient l'œil !

Nous en sommes restés sciés. En plus d'être vieux, forts et libres, ils étaient extralucides, comment avaient-ils deviné notre secret ? Les grands ont tout retourné, nos casiers, nos cachettes jusqu'à découvrir le livre « hot » – un simple magazine *Entrevue*. Une fois passée la gêne, le rouge aux joues, nous avons bien rigolé, nous, les petits pas si petits que ça.

Un de ces grands m'a surpris, une fois, dans la cour avec le pion, j'avais dû commettre je ne sais quelle boulette. Il est venu me trouver.

– Tu fais de la natation, toi…

– Voui, voui…

– Tu t'appelles Camille, non ?

– Oui, c'est moi, Camille Lacourt.

– Tu sais quoi ? Je vais te dire un truc, Camille, t'iras loin. Je t'ai vu nager, t'es un bon.

Et il est reparti. Ouaaaaahhh. J'étais trop fier. Un grand m'avait regardé nager. Nous avions l'impression d'être transparents pour eux, si absorbés par leur objectif qu'ils nous calculaient à peine, pourtant celui-là m'avait remarqué et était venu me dire que j'étais bon, c'était *trop bien* – mon expression fétiche, dont je ne me suis toujours pas vraiment débarrassé, j'ai peur de vous l'infliger souvent.

Nous avons découvert les filles, gros mystère, aventure collective et solitaire, tout en approche. *First kiss* dans un recoin derrière le lycée, le cou, la joue… Sa bouche ? C'était *trop bien*, malgré ma frousse de tenter le premier pas, l'angoisse d'embrasser comme un escargot visqueux.

Je suis une tige, maigrelet, j'ai des boutons plein la figure. Draguer ne m'est pas facile, les chéries ne se bousculent pas au portillon. Je suis timide, aussi… Les filles ont tendance à préférer les caïds, après, les mêmes se plaignent d'être maltraitées... Je pousse, je n'arrête pas, ma croissance devient aberante. Je ne passerai bientôt plus les portes – dans la hauteur, pour la largeur on verra plus tard. Mais j'ai tout de même deux-trois atouts, les bonnes épaules de papa, les yeux bleus de maman et je suis un gars bien élevé. Pas la peine de faire un dessin ni une psychanalyse, à treize, quatorze, quinze ans, la moindre différence est une tare, un trauma. Étant d'un tempérament plutôt effacé, ne pas être le point de mire de la classe me convient. Question *love*, comme dans toutes les matières, je me donne 12 sur 20, entre petite et bonne moyenne, régulière. Qui a oublié son premier râteau ? Celui d'une fille avec laquelle je rêvais de sortir, que je dévorais des yeux sans me trahir… et son prénom m'échappe aujourd'hui. Sa pratique du patinage artistique lui conférait à mes yeux une aura de reine des neiges. Je l'ai aimée pendant des mois. Manque de bol, je n'étais pas le seul à être ébloui, cette fille traînait avec les grands. Il m'a fallu du temps, des étapes pour me mettre au pied du mur. Si je voulais que mon rêve devienne réalité, fallait passer à l'action. Après plusieurs tentatives avortées, un midi, comme dans un film, j'ai traversé la cour pour me planter devant elle et lui proposer un rendez-vous. Je ne sais pas ce qui m'a pris, elle se l'est demandé aussi. Me calculant à peine, elle s'est détournée avec une moue comme si je puais la vase et j'ai retraversé la cour pour revenir là d'où j'étais parti. Cette sublime fille au cœur de pierre s'est plainte de mon toupet aux types de terminale qui se sont mis à me regarder de travers. La patineuse est notre chasse gardée, qui t'es, toi ? T'es rien, petit bouffon boutonneux. Je les voyais de loin se moquer de moi. Je me suis senti humilié. Je l'aimais. Pendant des nuits, j'avais attendu mon jour, mon heure, jusqu'à croire en ma chance. Mon courage a fait ma honte. Une princesse qui traînait avec des mecs plus âgés avait brisé mon cœur d'un regard cruel.

Mais la roue tourne, cocotte.

Dix ans plus tard, après mon titre de champion à Budapest, je l'ai retrouvée à une fête, par hasard, toujours canon, mais ce n'était plus pareil. Cette fois, c'est elle qui m'a chauffé toute la soirée et a fini par me proposer de rentrer avec elle. J'ai poliment décliné son offre et sa déception m'a, je l'avoue, vengé de ma blessure passée. Se souvenir de ses échecs peut rendre rancunier. Je l'ai « bashée » avant de la planter là. Je lui ai laissé un souvenir de moi comme je me souviendrai toujours d'elle, un midi, sous le préau du lycée Pierre-de-Coubertin.

En revanche, je progressais mieux au niveau natation départementale sans parvenir à atteindre le stade national. Mon coach, Richard Martinez, qui me suivait depuis tout petit, me faisait assez confiance pour ne pas me lâcher. Mais quelque chose manquait. Là encore, le destin tient à un fil, un autre entraîneur aurait pu me dissuader, j'aurais pu lâcher la carrière pro à cette époque-là. Je n'étais pas accro. Une forme de modestie ou d'indolence m'empêchait de me projeter sur les podiums, je n'avais pas cette volonté profonde de réussir. Je ne voyais ni pourquoi ni comment me surpasser, cette forme de vide me chagrinait, sans m'obséder. J'avais le pressentiment que, sans être parmi les derniers, ma place n'était pas dans le cercle des élus. J'étais le mec à 12 sur 20, fidèle à une moyenne correcte. Je dirais que j'attendais. Cette étrange posture de l'attente peut durer toute une existence, c'est une forme de sagesse aussi. Je ne m'en rendais pas vraiment compte. Lorsque je suis arrivé au Cercle des nageurs de Marseille, à vingt-trois ans, je touchais la limite. Un œil expert aurait pu voir en moi un nageur déjà vieux qui ne sortirait plus du peloton. Mais mon physique singulier retenait l'attention des cadres. Il y avait une carte à jouer avec moi, mais quoi ? Comment ? Au fond, je n'en pouvais plus d'attendre le sursaut, le déclic. Cependant, je ne me suis jamais fait un film en me lamentant de ne pas devenir l'as des as. Parce que j'étais heureux, en harmonie avec les valeurs de mes parents qui considèrent que la pratique d'un sport est une fin, un bonheur en soi.

En fin de 3e, je suis parvenu à un résultat avec un temps excellent. Cette distinction est tombée comme un cheveu sur la soupe, l'expression dit bien que je ne m'y attendais pas. Se qualifier au championnat par région, en dos, commençait à devenir du lourd. L'année suivante, je me suis qualifié au championnat de France, je progressais pas à pas. Certains sont des lièvres. Les Manaudou frère et sœur sont deux lièvres, des êtres d'exception, moi, sans être tortue, je suis d'une autre espèce animale, entre les deux, sur laquelle La Fontaine n'a jamais écrit de fable. Le goût du trophée n'était ni dans mon sang ni dans mes gènes, pas plus que la rage. Je préférais mes potes, tout en cherchant une belle qui ne me dirait pas « non, dégage ».

Nous nous marrons, bien dans nos corps, nos têtes, nos baskets, protégés par l'institution sportive. Les rois des soirées pyjama sans alcool, c'est nous ! Purs de vice, pas de clope, pas de beuverie. Des gamins sages qui n'ont d'éclats que leurs rires. Des sportifs provinciaux en herbe commençant à tendre leurs bras aux filles qui veulent bien s'y blottir.

J'étais content d'être qualifié, mais vu que je n'y avais pas investi grand-chose, je ne sautais pas au plafond. Une satisfaction plutôt qu'une joie. Mon temps, 1'3" sur 100 mètres dos, m'a permis d'accéder aux championnats de France cadets[3]. L'horizon chronométré se précisait. Tous mes adversaires étaient des espoirs qui avaient déjà participé aux sélections nationales. Moi, un nouveau venu. Mon avenir restait toutefois incertain. En section sportive autant que dans les autres branches, on te dit « Passe ton bac d'abord, on verra après ». Aimant nager, j'assurais mieux dans l'eau qu'en classe. Entendre un prof me dire la messe m'ennuyait. Avec les soirées pyjama, les filles qui te prennent la tête, les virées, les belotes, mon niveau scolaire a baissé, j'ai redoublé ma 3e. L'obtention d'un sport-études en internat se fait sur dossier, les candidats sont nombreux, le mien s'est avéré trop juste, la puberté ne fait pas de bons élèves. De 12, ma moyenne a dangereusement chuté à 10, note juste suffisante pour postuler en sport-études, mais pas en internat. Or, les bons passent par l'internat. J'ai préféré repiquer pour entrer par la bonne porte. L'idée d'être interne m'enthousiasmait.

3. Catégorie correspondant aux 15-16 ans.

Non pas que je sois mal chez mes parents, mais j'y sentais le parfum de l'aventure. J'ai bien fait. L'année suivante, j'ai décroché l'internat : deux entraînements quotidiens, cours allégés, en chambrées de quatre, quatre amis pour la vie.

L'internat à Font-Romeu a constitué une forme de paradis. Quand j'y repense, j'éprouve un pincement qui devient de la nostalgie. On te met sous cloche, entre jeunes passionnés. Qui s'en plaindrait ? Quatre lits, quatre pupitres, la montagne derrière le carreau, la piscine aussi. L'expérience de la vie commune vingt-quatre heures sur vingt-quatre s'avère aussi riche que celle des entraînements. Affronter en bande la routine, les efforts, te stimule. J'ai suivi ce cursus de seize à dix-neuf ans, en prenant mon temps. Bon, j'avoue, j'ai repiqué ma 2nde aussi, mais cette fois-là, je me suis fait saquer. Je voulais passer en 1re section tertiaire, économie et gestion, surnommée bac des branleurs ni littéraires ni scientifiques, tout à fait moi. Malheureusement, je ne m'entendais pas – doux euphémisme – avec ma prof principale qui me le rendait bien. Moi qui ne suis pourtant pas bagarreur, je m'étais cogné avec son fils à un anniversaire. Un sacré abruti, faut dire. Cet anniversaire tournait autour d'une course d'orientation qui devait durer tout l'après-midi. Nos hôtes s'étaient donné du mal, je me faisais une joie de ce moment, et lui, ce crétin, s'est amusé à enlever toutes les balises. La course est partie en sucette, moi j'aime jouer, j'aime les règles. Nous l'avons croisé, l'air content de lui, avec les pancartes dans les bras. Furieux, je lui ai collé un pain, qui a suffi à me brouiller avec sa mère, ma prof principale. En fin d'année, sur mon orientation scolaire, à son tour, elle m'a collé un pain. Normal, c'était sa reum.

Un sport-études est fun et dur à la fois. La journée et son minutage ne laissent que peu de temps à l'improvisation – mais pas mal de courbatures ! Quitter les chambres vers 7 heures, heure à laquelle les portes sont fermées. Petit déjeuner jusqu'à 8, t'as le temps de reprendre des Chocapic. Deux heures de cours, entraînement de 10 à 12 h 30, déjeuner jusqu'à 13 h 30, reprise des cours. À 16 heures, entraînement, piscine, muscu, PPG – sigle terrible : préparation physique généralisée, avec ses torrents de sueur, pompes, abdos, gainages… 19 heures, dîner. De 20 à 21 heures, soixante minutes d'étude pour s'avancer dans les devoirs. Une heure de quartier libre, pas de boucan, « Hé, Lacourt, t'es pas au cirque ! », extinction des feux à 22 heures… Mais taper le carton à la lampe torche est un incontournable du pensionnat. En une année de lycée, je suis devenu expert en belote contrée, y déployant une concentration de yogi. Pas étonnant que les appréciations sur mon bulletin scolaire se soient soldées par un : « Agréable fumiste, si Camille s'investissait autant dans les études qu'aux jeux de cartes, les félicitations seraient de mise. » Nos profs avaient du pif. Parties de belote comprises, nos journées étaient bien remplies, je jure par saint

Balthazar, patron des fabricants de cartes à jouer, à défaut de celui des nageurs, que nous ne faisions pas la java la nuit, endormis comme des anges que nous n'étions plus.

Question résultats scolaires, mes parents étaient coulants. En parcourant les appréciations de mon bulletin, papa commentait, complice : « C'est tout moi, chérie, j'avais exactement les mêmes ! » Sous les yeux noirs de ma mère, plus soucieuse que lui de voir ses garçons grandir avec un meilleur bagage qu'un bonnet de fumiste de père en fils. Ce mot, « fumiste », me plaisait. Ça avait de la classe, le genre qui pourrait, mais qui se la joue autrement. Je trouvais plus gratifiant d'être fumiste que fayot. Mon père me comprenait, même s'il me rappelait les limites, nos conversations pendant nos parties de pêche me l'ont souvent prouvé. Il était compréhensif sans tout me passer pour autant.

L'essentiel restait mes potes, pas mes notes. Je ne me trompais pas trop puisque la plupart d'entre eux le sont encore. De ces vingt premières années, depuis mon enfance, j'ai acquis la conviction que nous n'avons pas besoin de trente mille trucs pour être heureux. On croit le contraire, souvent, et on a tort. Ton amour, tes enfants, tes amis suffisent comme Éden. On vient à bout de tout dans cette configuration. Longtemps, j'ai même préféré mes potes à mes copines. Un jour, ça a changé et, de ce jour-là, je suis devenu adulte et j'ai souffert.

Je n'étais pas si fumiste que ça puisque j'ai fini par décrocher mon bac avec mention bien… Non, j'exagère… mention assez bien, ce qui est très honorable pour un sportif souvent jugé à peine plus intelligent qu'une roue de vélo. Sans les commentaires négatifs unanimes quant à mon je-m'en-foutisme, j'aurais décroché la mention bien. Malheureusement, je me suis embrouillé avec ma prof de géographie qui m'a saqué à l'oral. Cela avait d'emblée mal commencé, elle m'avait accueilli en levant les yeux au ciel lorsqu'elle avait repéré les traces de lunettes sur mon nez : ce qu'elle avait pris pour un flagrant délit de glande était en quelque sorte un incident de travail, car je m'entraînais alors beaucoup à l'extérieur. Pas le temps de lui expliquer, son idée était faite. Je suis tombé sur les USA, que je connaissais bien, coup de pot. Sans doute fatiguée par sa journée d'audition, l'examinatrice a cherché à m'embrouiller sur la côte Est et la côte Ouest des États-Unis. Ou plutôt elle s'est elle-même embrouillée entre les deux côtes. Au début, j'ai cru qu'elle me testait, mais j'ai vite compris qu'il n'en était rien et que cela risquait de se retourner contre moi. Pour le coup, je maîtrisais d'autant mieux mon sujet que je partais en compétition à Los Angeles dix jours plus tard. Je ne me suis pas démonté et ai risqué un périlleux :

– Vous ne confondriez pas la droite de la gauche ?

La réponse fut sans détour et d'une mauvaise foi incommensurable.

– Révisez la prochaine fois au lieu d'aller bronzer

et de confondre l'est et l'ouest.

Elle a à nouveau levé les yeux au ciel et m'a flanqué un 8 sur 20.

Je l'avais mal pris. J'avais tenu tête. Être cool ne signifie pas bonne poire, je peux devenir cassant et la hiérarchie ne m'impressionne pas. Je le reconnais d'autant plus volontiers que ce n'est pas une qualité. Et puis, quand je me plante, en général, ce n'est jamais ma faute. C'est le prof, l'entraîneur, la stratégie, le temps… Pas bibi. Derrière ce bouclier en forme de mauvaise foi, je fulmine. Mention bien ou assez bien, c'est voisin. J'avais cartonné à l'épreuve commerciale, je savais que j'aurais mon bac de toute façon.

Vivre à la coule continuait de me sourire, je conçois aujourd'hui que je pouvais être tête à claques. Je n'avais jamais vraiment bossé, pas encore vraiment aimé, je commençais à m'enfiler du Malibu noix de coco le samedi soir et je nageais, nageais, nageais sans que la natation soit mon sacerdoce. Un gars normal, quoi, comme François Hollande, en moins rond et moins brillant. Heu-reux. Mon existence tenait, primo, à mes copains, deuzio, aux fiestas, tertio, à la piscine. Ce bilan peut sembler un peu simple, mais mon éditrice m'a conseillé d'être franc, alors je le suis. Au fil des rentrées scolaires, autre aveu, notre bande de lurons ne s'est plus contentée du soda et du Champomy, le degré d'alcoolémie a grimpé au fur et à mesure que nos poils ont poussé – corrélation fréquente chez les garçons. Ne pas boire en soirée est aussi handicapant que de nager avec un seau accroché à la taille. Sur le *dance floor*, lorsque tu frôles les 190 centimètres à dix-sept ans pour t'éclater sur Louise Attaque, NTM ou IAM, mieux vaut être un peu bourré sinon tu gigotes comme un zombie. Je me couchais vers 3-4 heures uniquement le vendredi et le samedi, sinon, RAS, extinction des feux à 22 heures, belotes clando et dodo. La picole et la drague ne sont pas de mauvaises écoles pour la vie sociale où les ailes ne te poussent pas naturellement, un coup de pouce aide à quitter le sol. Hexomédine, crème antiacnéique, shampoing aux œufs ont amélioré mon look. Je ressemblais moins à un épouvantail avec une touffe de paille sur le crâne. Pour les cheveux, en fait, j'ai adopté un remède plus efficace qu'un long traitement capillaire. Avant, je refusais de porter un bonnet de bain, rien à faire, ça fait trop naze avec les lunettes, une tête de nœud, non merci. Maintenant, j'en mets un, comme tout le monde. Question tifs, ça a changé ma vie. Fort de ces améliorations, j'ai pu me consacrer au passe-temps principal de mes camarades : scorer. Entre nous, scorer signifie décrocher une fille, une autre fille, une autre fille encore, parce que nous sommes autant obsédés par elles que par le kif de se le raconter.

– Bénédicte, je l'ai scorée.

– Moi, j'ai scoré Christiane…

– Tu déconnes… Christiane Bellafont ?

– Si, je l'ai scorée samedi chez Juliette.

– Mais Juliette, alors ?

– Ça va… Elle s'est mise avec Denis, il l'a scorée à la patinoire.

Et cætera. Je passe les détails. Que le lycéen n'ayant pas fait pareil après une acné juvénile pénible et quelques handicaps me jette la première canette. Les filles, sous leurs airs de sainte-nitouche ou provoc, ne valaient pas mieux, à nous mater de loin en piquant leurs fous rires flippants. Mon goût des conquêtes réparait une puberté tristoune. Une nouvelle copine à chaque week-end me consolait du long tunnel où je n'en avais eu aucune alors que j'en rêvais. Et je me vengeais de celle qui un jour s'était détournée de moi comme d'un batracien puant la vase.

À cette époque, disons-le franchement, je me métamorphose. Mes boutons sèchent et mon physique évolue ; le sport épanouit mon torse, je m'étoffe – dans notre jargon, on dit « prendre de la viande ». Dernière petite transformation cruciale, le dentiste me débarrasse enfin de mes bagues. Bref, je sors d'un sous-sol et veux profiter du soleil. Avec de belles dents, plus charpenté, des cheveux brossés, débrossés, peignés, repeignés, dépeignés, une savante construction de flou et fixe à en vider le tube de gel, je plonge dans la fièvre du samedi soir. À seize, dix-sept, dix-huit ans, on pouvait me surnommer Teuf à Gogo, j'admets.

Dans le même temps tombent mes premières médailles au championnat de France toutes catégories. Faire la vie n'est pas contradictoire avec réaliser une performance, qui reste accessoire car je deviens un homme, un vrai, ailleurs que dans un bassin. Je fais troisième aux 50 et 100 mètres dos, je grimpe aussi sur la dernière marche de quelques podiums nationaux, à hauteur du vainqueur vu ma taille – ça fait bizarre sur la photo. Je suis surtout pressé de foncer fêter la nouvelle avec mes potes au Mayol et au Papagayo.

Je passe un bout de tong dans la cour des pros avec une certaine nonchalance. C'est rare qu'une boule de nerfs fasse 2 mètres, ça doit être morphologique. Et j'ai ma petite philosophie portative : on verra bien la suite, sans forcer, en mode détente. Bien avant d'atterrir à Marseille, j'ai eu ce fond méridional. Je vis en mode ado avec trente heures de cours d'éducation physique hebdomadaire, plus deux nuits blanches en fin de semaine. Petit con, vous me direz. Mouais, sûrement… Je vous répondrai que c'était vachement bien. Une belle façon de passer ses vingt ans, raison pour laquelle pas mal de garçons se sont collectionné de beaux souvenirs sur ce créneau.

Une semaine avant mes vingt ans, j'ai remporté ma première médaille à un championnat de France toutes catégories, je ne me souviens plus où. Ma mémoire est entièrement envahie par l'autre événement majeur qui a suivi, la méga grosse teuf que j'ai organisée à la rentrée en louant carrément un local à Font-Romeu, ce qui est autrement prestigieux que de se faire passer un ruban autour du cou. Pour boire, picoler, danser, faire les fous, entre chéris et chéries, jusqu'à l'aube.

C'était bien, c'était chouette chez Camille.

Le lundi, lorsque je me suis pointé à l'entraînement, à l'heure, même pas la tête dans le sac, pour ne pas dire ailleurs, mon coach Richard Martinez ne m'a pas dit bonjour. Direct, il m'a convoqué dans son bureau pour me pourrir, et que j'étais sorti, et que j'avais encore fait la fête, nanananère…

– T'es pas professionnel !

– Je fêtais mes vingt ans et je viens de décrocher ma première médaille au championnat de France, il y a de quoi faire une petite teuf !

Ce mot « professionnel », au lieu de me stimuler, commençait à rimer avec « galère ». Ça a vrillé. Furieux de mon comportement, Richard Martinez a convoqué mon père au bord du bassin et, la fois d'après, Lacourt Senior a débarqué.

Richard Martinez a été précieux dans la construction de mon identité, le premier aiguilleur ; c'est lui, lui qui m'a mis dans l'eau à quatre ans sans respecter la limite d'âge du règlement, lui sans qui je n'aurais jamais accompli mon parcours, lui qui a continué de m'entraîner quand je battais de l'aile au lieu de me dire « Laisse tomber ». Richard a toujours cru en moi plus que je n'y croyais moi-même, cadeau sans prix. Il m'a porté durant quinze ans. Si j'ai un père sur les bassins, il s'appelle Richard Martinez. Accords et désaccords profonds adviennent souvent sur un concours de circonstances, des humeurs. Dans le groupe, une fille venait de louper sa sélection au championnat du monde pour deux centièmes. Deux centièmes, même pas le temps de dire ouf. Richard en était vert, forcément. Il lui reprochait d'avoir raté sa sélection à cause d'un verre de vodka qu'elle aurait eu le malheur de boire avec ses amis à une soirée. Je gambergeais. Cette fille ne sortait jamais, je ne l'avais jamais vue prendre un verre, sans exagérer je ne l'avais jamais vue rire vraiment, c'était un bourreau de travail, un robot, exactement ce que je ne voulais pas devenir – non, pas ça. Et tout ça pour quoi ? Tant de sacrifices ne lui avaient pas permis de gagner ces deux foutus centièmes. Mon père connaissait mon opinion. Lorsqu'on s'approche de la performance, tout peut se mettre à tourner autour du résultat, à t'en rendre marteau.

– Je vous ai demandé de venir parce que Camille est sorti ce week-end…

– Je sais, c'est de son âge. Vous auriez voulu qu'on fasse quoi pour ses vingt ans, un goûter ?

– Il trouve toujours une raison pour faire la fête, mais il n'y en a aucune de valable chez un sportif de haut niveau. Maintenant, Camille se doit d'être optimal, vous comprenez, c'est une question de respect envers lui-même, envers son club et moi… Sinon, pourquoi se donner tant de mal puisqu'il n'arrivera à rien.

J'assistais à l'entretien. Mon entraîneur a évoqué sa nageuse qui avait loupé la sélection nationale et incriminé à nouveau l'alcool.

Son argument m'a affolé. Si Richard en venait à lui reprocher à elle aussi sa conduite, qui était parfaite, c'est que son obsession tournait à la paranoïa, cette bonne nageuse était mariée à la natation.

– Si elle avait bu un verre avec les autres, peut-être que ces deux centièmes auraient été de son côté !

Mon père venait de dire tout haut le fond de ma pensée. Nous avions la même philosophie du plaisir et de la conception du sport. Son soutien m'a regonflé. Si mon avenir signifiait devenir son propre flic, gérer une boîte noire intérieure pour se frustrer en permanence, je n'étais pas cet homme-là, tant pis pour le sport de haut niveau. Pour Richard, ce fut un choc. La réponse de mon père l'a douché. Ni papa ni moi ne le suivions. Si ma famille m'approuvait, Richard a compris qu'il ne parviendrait pas à me transformer. L'échange s'était déroulé en fin de séance d'entraînement au bord de la piscine, mon coach l'avait voulu public, un coup de semonce pour le groupe, une démonstration d'autorité, pour imposer son ambition draconienne. La rencontre s'est achevée sur un ton glacial.

Papa et moi sommes rentrés assez taciturnes. Je me trouvais face au mur que je redoutais. Je ne lui ai pas avoué ma pensée : Richard Martinez allait me virer.

Les quinze jours qui ont suivi furent plutôt tendus. Et puis, j'ai oublié. Mon coach aussi, c'est du moins ce que j'ai cru. L'année s'est achevée, j'ai fait une seconde partie de saison plutôt bonne, assez cool, deuxième temps aux sélections pour les championnats de France. Les vacances sont passées là-dessus.

Fin août, j'ai appelé mon entraîneur, que j'ai trouvé distant.

– Camille… Je ne pense pas monter mon groupe de rentrée avec toi, je veux une équipe motivée avec de véritables pros, sérieux, j'en ai marre des boulets…

Sans doute me provoquait-il, mais j'ai pris un uppercut au ventre en entendant le mot « boulet. »

– Ho bon… Ben, fais ta rentrée avec des gens sérieux, alors. Bonne chance.

Notre conversation s'est arrêtée là. Je ne m'y attendais pas du tout. Fédérer un groupe oblige quelquefois à trancher des têtes. Deux jours plus tard, je suis allé le trouver, nous marchions, nous nagions ensemble depuis quinze ans. Richard pensait effectivement me coller un électrochoc pour me booster à bloc. S'il avait souhaité réellement se débarrasser de moi, il m'aurait prévenu plus tôt, en juin. Mais je restais coincé sur son mot malheureux : « boulet. » En natation, nous avons l'orgueil à fleur de peau, je ne sais pas pourquoi. Ça nous sert et ça nous dessert. Richard m'aurait qualifié de fainéant, je ne me serais probablement pas braqué, j'étais tout ce qu'on voulait, mais pas un boulet. C'était allé trop loin. J'étais triste, déçu, sonné, mais je n'avais pas le choix.

– Je ne veux plus m'entraîner avec toi, je vais partir.

Me cogner n'est pas la bonne façon de s'y prendre avec moi. Je deviens de glace. Et la méthode des électrochocs n'existe plus faute de n'avoir jamais guéri personne. J'ai fait comme j'ai dit, je suis parti, sans trop savoir où aller.

J'étais lâché.

À cette époque-là, le célèbre Philippe Lucas venait d'arriver comme entraîneur à Canet-en-Roussillon. Pour un nageur qui souhaite échapper aux affres de la compétition, l'emblématique coach à la crinière blonde ne semblait pas l'interlocuteur idéal, mais performer à la coule n'existe pas. Richard Martinez y était peut-être allé trop fort, mais de mon côté, je prenais conscience que j'étais dans l'erreur. J'avais beau retourner le machin dans tous les sens, gagner du temps, au bout d'un moment au bord du bassin, de la piste, du ring, au bord de n'importe où dans ce monde, impossible d'échapper aux exigences de la performance, le ciel et l'enfer. Au fond de moi je le pressentais, Richard a tenté de m'avertir, Philippe Lucas va m'en donner la preuve. Mais je savais que je n'avais pas le choix.

– V –

Lucas et la Girafe

Après ma décision de ne plus m'entraîner avec Richard Martinez à Font-Romeu, à la fin de l'été 2006, le téléphone a sonné à la maison. Ma mère a décroché.

– Bonjour, Franck Esposito à l'appareil, je voudrais parler à Camille.

Ma mère s'est dit que ce devait être un canular, une blague d'un de mes potes. Franck Esposito, un grand nageur d'Antibes, étant une gloire de la natation, elle ne voyait pas pourquoi il aurait pu être au bout du fil[4].

– Ça va, Cuisto[5], je sais que c'est toi.

– Non… Je suis Franck Esposito et je voudrais parler à Camille, s'il vous plaît.

---

4. Célèbre manager du club d'Antibes, il décidait de la composition des équipes.

5. Un de mes meilleurs amis.

Ma mère s'est sentie bête, d'un coup. Elle a fini par me le passer.

– Si tu ne veux plus t'entraîner à Font-Romeu, viens chez nous, à Antibes, voilà ce que je tenais à te dire.

Je l'ai remercié pour sa proposition. Sincèrement touché et intéressé. Mais Richard y a mis son veto. Antibes étant un pôle espoir, un centre d'entraînement sponsorisé par la fédération, au même titre que Font-Romeu, il était hors de question pour lui, mon ex-coach, que je migre d'un pôle espoir – rival – à un autre et il n'était pas prêt à me laisser partir comme ça. C'était tout lui, ça, cette façon de toujours orchestrer en coulisses et de vouloir tout contrôler. Et c'est ainsi que, comme piqué au vif, je me suis retrouvé à aller passer deux jours avec Philippe Lucas, entraîneur charismatique du Canet, un club non sponsorisé par la fédé, qui m'avait également fait signe. Lorsque tu as la chance d'avoir plusieurs offres, la moindre des choses est de toutes les examiner soigneusement.

Par souci de l'argent autant que par peur d'en manquer toute ma vie, j'étais sensible à l'aspect financier. Je jugeais injuste les sous-salaires versés aux nageurs prometteurs. Je n'avais rien ou très peu, quelques sous de côté gagnés grâce aux médailles et aux sponsors, un mince matelas de 10 000 euros. Conséquent pour mon âge, néanmoins léger pour faire face aux dépenses qu'engendrerait une « mutation ». J'aime profiter de la vie, mais ne suis pas flambeur. Je suis plutôt du genre fourmi et ne jette pas mon argent par les fenêtres. Un montagnard doit prévoir l'hiver. En même temps, je ne pense pas qu'au fric puisque Philippe Lucas ne débordait pas de générosité en me proposant 500 euros mensuels, logement compris ! Condition préalable et sine qua non à ma prise de décision, car il était hors de question que mes parents aient à payer pour ma pension. Fort de leur soutien, j'ai foncé le voir au Canet.

Lucas était une star et mon défi. Dans tout l'Hexagone, on ne trouvait pas un entraîneur qui fasse nager davantage que lui, avec sa réputation de fer, tout en chaînes. Sa poigne m'intéressait, moi l'éternel dilettante, parce qu'elle pourrait faire jaillir ce que je comptais révéler. Et me prouver que moi aussi j'étais capable d'endurer un entraînement aussi intensif. Cet intérêt, qui allait devenir un choix pour Philippe Lucas, fut mon premier vrai déclic vers le haut niveau. Je voulais me mettre en danger, bien décidé à me lancer, à décoller... Notre rendez-vous m'a emballé. Avec sa réserve bourrue, Philippe Lucas parle peu et bien, il ne caporalise pas, ne copine pas non plus. Immédiatement, j'ai eu l'impression d'un homme réglo et bienveillant. J'aimais sa façon d'écouter, en te fixant, puis en regardant ailleurs, avant de te fixer à nouveau. Nous nous sommes choisis. J'allais donc commencer ma prochaine saison à Canet-en-Roussillon.

Une dernière fois, j'ai croisé Richard Martinez qui n'approuvait pas du tout mon choix surprenant. En me confiant à Lucas, selon Richard, je fonçais droit dans le mur. Avec un boulet, un flemmard comme moi, cette collaboration allait forcément mal tourner.

– Tu cours à la cata, je te le dis, la seule chose que tu vas y gagner, c'est de te blesser.

À tort ou à raison, toutes ses préventions étaient ce que je rêvais d'entendre pour me motiver. Elles me touchaient dans mon orgueil. Je n'étais quand même pas la Petite Sirène qui stresse de se casser une écaille… Je voulais du dur, marre de traîner – j'ai été servi. C'est comme ça que j'ai déboulé à Canet, de la montagne à la mer, parmi des nageurs réputés, le groupe le plus impressionnant de la natation française. Laure Manaudou était championne olympique, Esther Baron, championne d'Europe et médaillée aux mondiaux, Pierre Henri et Pierre Roger, tous deux médaillés au niveau européen.

Le premier trimestre a été l'enfer. Nager, manger, dormir, les trois-huit. Nager-manger-dormir non-stop. Extrêmement *hard* pour moi, mais je voulais aller au bout, m'éprouver. Pour savoir ce que j'avais dans le coffre, fallait en passer par là. Je mue, j'entre en métamorphose, je me crève avant la douillette coupure hivernale et sa vie sociale plus sympa. Mon tiercé a changé, mes potes ne sont plus prioritaires. Si je me sens trop fatigué, je reste chez moi. Encore six mois plus tôt, je serais sorti en me disant tant pis pour la séance de demain.

À l'horizon des championnats de France, je parle à Philippe Lucas. J'aime participer à la théorie, à la tactique parce que c'est mon corps et moi qui la concrétisons dans l'eau.

– Nous nageons trop, faut commencer à se reposer.

– Quoi, tu veux m'apprendre mon métier, toi ?

J'ai insisté, discuté. Le relâchement n'est pas de la fainéantise. Face à Lucas, nous étions parfois mécontents de notre condition dans l'eau. On nageait trop, les filles s'en plaignaient aussi. « Je sais ce que je fais, où nous allons et c'est moi le boss », rétorquait Philippe. Grâce à notre complicité, il a fini par me lâcher un peu les rênes avant les championnats de France : « Bon, écoute, la Girafe[6], je t'offre une ligne d'eau et fais comme tu voudras, pendant un mois. »

Et les autres en ont profité aussi. Trois semaines avant les championnats, nous avons établi avec Henri et Roger un rétroplanning en fonction des jours de compétition et un programme d'entraînement. Philippe Lucas ne s'est pas occupé de nous, nous avions bien bossé, il nous a laissés récupérer pendant l'affûtage. Mais il nous a tout de même confiés à Tolga, un autre coach qui nous aidait pendant les séances et prenait les chronos. Lucas, lui, était en plein grand chelem avec Laure Manaudou qui passait et repassait devant nos yeux telle une divinité d'un autre monde. Au début, je la trouvais bêcheuse sur son Olympe ; en réalité, Laure était simplement timide, aussi sauvage que son frère Florent. S'ils sont devenus des

---

6. Le surnom dont Philippe Lucas m'avait affublé, en référence à mon physique…

amis proches lorsqu'ils sont venus nager à Marseille, Laure et moi étions déjà copains à Canet. Pour me remercier des quelques services que je lui rendais en la véhiculant – elle n'avait pas encore le permis –, elle m'avait obtenu pour Noël, en tant qu'égérie Lancel, de très beaux sac et portefeuille que j'avais offerts à ma mère…

Mais revenons à notre entraînement « à la carte ». La stratégie a fonctionné du feu de Dieu, et pas que pour moi. Le résultat a dépassé toutes nos espérances. Avec trois autres nageurs, nous avons tout cassé au championnat. Mon pote Pierre Henri, camarade des pizzas à domicile, fait double champion de France sur 200 et 400 mètres quatre nages. Mon pote Pierre Roger fait troisième au 100 dos, deuxième au 200, et remporte le 200 papillon, et moi… je finis champion de France du 50 dos, avec un record de France, mon premier, à Saint-Raphaël en 2007, mais aussi champion de France du 100 dos et troisième du 200 dos.

J'entre dans la cour des champions nationaux aussi naturellement qu'un poisson dans l'eau, sans m'en étonner. Mon quotidien ne change pas. La natation ne passionne pas les foules, le dos encore moins. Je signe trois autographes et… grosse fiesta.

Le souci à présent, même si Philippe pouvait encore me permettre de progresser, c'est que je risquais d'arriver à saturation. Lorsqu'on pratique en force, on finit par buter sur un seuil où on reste collé, à se crever pour que dalle. Mais on ne change pas une équipe qui gagne. J'ai rempilé pour un an, sans tension avec Philippe Lucas. C'est étrange qu'il tienne autant à sa réputation de tyran, peut-être à cause de son look de *biker* rocker. En réalité, c'est un homme fin. Il ne m'a viré qu'une seule fois du bassin, un jour qu'une équipe télé était présente. Quand des caméras se pointaient, nous savions que nous allions passer une sale journée, le général Lucas veillerait à parfaire sa réputation.

– T'avances pas, t'es une tringle, Lacourt… Dégage !

Il était 7 h 30, les caméras tournaient. L'expulsion est une sanction rare et forte. M'en fous. Tant mieux, dans trente minutes je retournerai sous ma couette. Tranquille sous la douche, j'ai entendu claquer les portes battantes, super fort. Lucas a écarté les caméras.

– Restez dehors, je dois parler à mon nageur !

Il est entré dans les douches. Je l'ai regardé.

– T'as craqué, qu'est-ce qui t'a pris ? Pourquoi tu t'es énervé comme ça ?

– Attends, d'accord… Je n'ai pas été bon sur ce coup-là ?

– Comment ça, pas bon ?

– Bah tu sais dans le genre moi, je suis un méchant. Fallait que je vire quelqu'un. Je ne pouvais pas virer Laure, elle était en super forme, toi, t'es crevé depuis plusieurs jours, alors je t'ai viré toi.

J'en suis resté bouche bée, avec un sourire en coin.

– Tu m'as sorti pour faire ta com ? !

Il a grogné.

– Je dois rester méchant devant la presse, tu comprends, alors c'est toi qui passes pour le branleur.

J'aurais pu mal le prendre, mais j'étais encore plus bluffé que Philippe vienne me le dire. Avec lui, la situation est toujours limpide. Il a insisté.

– N'oublie pas, hein, si un journaliste t'interroge, je suis un vrai méchant, le coach super dur, OK ?

J'en ai ri, pas humilié. Laure Manaudou elle-même s'est fait virer cent fois devant les caméras. Je n'étais personne, je n'avais pas gagné grand-chose et j'avais bien envie d'aller me recoucher. Tout le monde était content, Lucas, moi… et les caméras.

J'ai quitté le vestiaire, les journalistes TV tournaient encore ; sur le seuil, Philippe m'entendait par la porte entrouverte.

– Aujourd'hui, c'est ma faute, je n'étais pas au niveau. Avec Philippe Lucas, vous savez, nous n'avons aucun droit à l'erreur. Il est sans pitié.

J'ai failli ajouter « c'est un psychopathe pour qui une torpille ne va pas assez vite ». Mais j'ai préféré arrêter là, sobre. Le baratin que Philippe voulait que je raconte. Par la vitre, je l'ai vu acquiescer. Il était satisfait, alors moi aussi. Ravi, je suis rentré chez moi pour une grasse mat'.

L'entraînement du soir est arrivé, je me sentais ramollo, pas envie. J'ai envoyé un texto : « Toujours fatigué, je reste au repos. »

J'étais en pleine pétanque-barbecue avec les potes. Mon entraîneur n'a pas répondu, qui ne dit mot consent. Le lendemain, idem, j'envoie un texto…

« Toujours fatigué, à ce soir. »

Réponse à 6 heures du mat – le rendez-vous du matin était à 6 h 45.

« T'as intérêt à être là ce soir, la Girafe, sinon je te casse une patte. »

J'y suis donc allé, sourire aux lèvres. Toi, Lucas, tu as tes journalistes, moi, Lacourt, j'ai mes copains-copines, t'as joué au con, j'ai joué au con, un point partout. Philippe m'a souri, on ne s'est rien dit. Nous nous étions compris. Les liens sont de cet ordre entre entraîneur et sportif, pas le fort contre le faible, le maître et l'élève, un lien équilibré, à la fois subtil et puissant, ludique et exigeant. Philippe Lucas est extrêmement intelligent, la relation avec lui s'élabore dans une véritable confiance, sans coup tordu ni hystérie. Nous ne rencontrions aucun problème majeur. Il faut juste savoir qu'entre lui et toi, la star, c'est lui.

La seconde année, j'ai nagé davantage. Je me donnais à fond, mais ma morphologie exigeait des pauses pour éviter la casse, contrairement à mes petits camarades de bassin beaucoup plus charpentés que moi. Je lui ai demandé le mercredi pour récupérer.

– Je ne peux pas te donner le mercredi matin, par rapport aux autres… Alors, prends-le.

Donc, chaque mercredi matin, j'étais malade. C'était notre petit accord entre Philippe Lucas et moi.

La première fois où j'ai sauté un mercredi matin, j'étais vraiment malade. La fin de semaine, exponentielle dans l'effort, ne m'avait rien apporté à part me laisser à plat, vidé. La seconde fois, j'ai prétendu que j'étais souffrant mais là, c'était faux… Et ma fin de semaine a été bien meilleure… J'ai préféré en parler franchement à Philippe.

– La première fois, j'étais malade, c'est vrai, tu l'as bien vu. Mais la deuxième, non, et pourtant j'ai fait des étincelles le vendredi.

– Donc, tu m'as pris pour un con. Mais tu as raison, je vois bien que tu es mieux en fin de semaine si tu sautes le mercredi.

À partir de là, la fin de saison s'est déroulée dans la concertation. Philippe Lucas est très à l'écoute de ses nageurs. Ma requête aurait pu passer pour celle d'un tire-au-flanc, mais il n'en était rien. Je visais la performance. La meilleure performance, ce qui impliquait de connaître mes besoins et mes limites. Philippe l'a compris et accepté. Si cet entraîneur légendaire a obtenu tant d'excellents résultats, c'est qu'il cherchait, entendait avant d'imposer. Sans voler sa réputation de dur à cuire, un tantinet m'as-tu-vu, Philippe est vraiment quelqu'un de génial. Et tout s'est donc passé comme sur des roulettes jusqu'à… ma blessure.

Je nage. Soudain, un coup de couteau entre les épaules. J'arrête net.

– Je viens de me faire mal.

– Tu peux continuer ?

J'essaye.

Je ne peux plus.

Il m'arrive d'être un peu flemmard, jamais simulateur. La preuve, les médecins ont diagnostiqué un nerf dorsal presque entièrement déchiré. Je n'avais pas besoin d'opération, mais d'une semaine de repos total, à deux des sélections, très mauvais timing au moment de « construire la performance », comme dit Philippe. Le repos s'avère la seule thérapie. Une semaine plus tard, j'éprouve toujours de la gêne. Ma nage change, quand je ramène le bras, je sors l'omoplate, j'invente un faux mouvement pour avoir moins mal. Philippe et moi comprenons le dilemme. Si je prends un mois, le temps de bien récupérer, je ne me sélectionnerai pas. Sans même en discuter, nous tombons d'accord sur le choix de concourir comme je peux. J'essaye tout : médecins, kinés, ostéos, jusqu'aux magnétiseurs, des types sérieux – Philippe me donne ses contacts. Le mal persiste, même si la douleur s'estompe. Je m'accommode vaille que vaille de mon mouvement de nage bizarroïde. Le handicap génère du stress à l'approche de la compétition. J'avais gagné l'année précédente, le champion en titre se doit d'être présent au championnat et c'était mon désir. Le stress, la fatigue, l'anxiété vont entraîner une complication. Je dors sans arrêt et maintenant je ressens des élancements, des coups d'épingle dans le bas-ventre. Au bout de deux jours, j'en discute avec Philippe. Je lui montre cette plaque entre mon nombril et mon pubis qui ressemble à des piqûres d'araignée. Une tache. Un rond. Verdict médical : zona. Je vais partir en sélection avec un zona et un nerf douloureux, double tuile. Manquer de confiance rend inquiet et l'inquiétude entame la confiance, spirale infernale.

J moins huit, Dunkerque en 2008, je sens que ça va capoter. Pour être sélectionné aux Jeux de Pékin, il faut être champion de France, rien de moins ! Il faudrait un miracle. Si tout s'était bien passé, sans le coup de poignard et les piqûres d'araignée, j'y aurais eu ma place selon le chrono. Je m'étais bien préparé, tout comme le groupe qui n'avait pas souffert du départ de Laure Manaudou quelques mois plus tôt. On s'y attendait, Philippe Lucas le premier, qui avait pressenti qu'elle aspirait à d'autres choses, s'épanouir ailleurs sans lui, et aussi rejoindre son amoureux en Italie. Mais coup du sort pour moi, mes astres ne sont pas alignés. J'y vais quand même, en conquérant, tout en sachant pertinemment que la victoire est compromise. L'heure exige d'être au sommet de sa forme, je suis au plus bas, mes adversaires sont à mon niveau. Il n'y a plus de favori. Un signal instinctif m'indique les mauvais jours : je sens l'eau plus froide. À Dunkerque, j'ai eu l'impression que le bassin était deux fois plus long dedans que dehors. Je me traînais, ma ligne d'eau n'en finissait plus. Mon plaisir est devenu corvée. Pendant que les autres concurrents s'échauffaient, juste avant la course, je me suis endormi dans les gradins. Le speaker m'a réveillé en sursaut. C'était perdu. Philippe Lucas se montrait plutôt indifférent à mon malheur, ce qui se comprend ; dans l'enjeu du moment, toute l'attention va aux espoirs de médaille. Une fois les championnats terminés, mon coach est redevenu plus attentionné.

Avec plus de 15 mètres de coulée, j'ai été disqualifié. Le vainqueur a joué sa carte, profitant de la brèche de ma faiblesse. C'est le jeu. J'ai déclaré forfait sur toutes les autres courses. À quoi bon. Le podium ne m'aurait pas consolé. Seul le titre m'importait, précieux sésame pour aller aux Jeux. Fin des championnats pour moi. L'urgence était de soigner mon dos et mon zona.

Mon dos, si je reste inactif, ne me provoque plus de douleur. Les pommades que m'appliquent mes parents font effet. Mais un zona se soigne par la patience. Une des amies de ma mère, Cathy, a le don de couper le feu. Et les zonas ? Sans être hostile, je suis sceptique. Cette femme m'a demandé de le photographier. Je l'ai donc fait, sans y croire. Un jour que je regardais la télé en famille, d'un coup, la douleur forte s'est réveillée, cette sensation de brûlure, de piqûre. Comme si on me plantait des aiguilles dans l'abdomen. La crise a duré une demi-heure. Pendant que j'allais boire un verre d'eau, le téléphone a sonné, l'amie de ma mère, la sorcière, était en ligne.

– Comment va-t-il ?

– Des hauts, des bas… Je te le passe…

– Camille, je travaille sur ton zona depuis une demi-heure.

– Pas possible, ça fait une demi-heure que je jongle !

– Je viens d'arrêter.
– La douleur aussi.
– Tu es réactif, bon signe.

C'était très troublant. Lorsque j'avais vraiment mal, en général, c'était qu'elle « travaillait » et elle me rappelait dans la demi-heure. Son traitement a duré une dizaine de jours, diminuant la souffrance par palier. Force est de constater qu'une télépathie s'est établie entre l'étrange amie de ma mère et mon corps, entre son don et mon mal. Deux semaines plus tard ne restaient plus sur mon ventre que des cicatrices mouchetées. Je n'ai plus jamais dit de mal des rebouteux et des sorcières.

Absent des bassins pendant un mois et demi, je n'étais pas certain de vouloir y retourner. Je ne savais plus où j'en étais. Ma seule certitude était que j'avais fini ma route avec Philippe Lucas. Les douleurs permettent souvent de tourner une page, au moins servent-elles à cela. Mon corps s'était requinqué, mais mon cœur ne voulait plus. Malgré toutes ses qualités, Philippe Lucas n'était plus l'entraîneur approprié. Je n'étais pas profilé pour sa méthode, trop fragile, trop singulier, aquatique. Jamais je n'ai vu dans l'élément liquide un ennemi, un mur, une guerre. C'est mon élément ami, comme un cheval à dompter avec amour. Si un jour j'y arrivais, je pressentais que j'exploserais. Tous les pros le devinaient en me voyant nager. Je soulevais plus de curiosités que de solutions. Mon sésame ne se trouvait pas dans la force brute. Cette clef qui m'aurait permis de me révéler, Philippe

Lucas ne l'a pas trouvée, moi non plus. Elle restait encore cachée entre l'eau et ma peau.

Je suis redescendu à Canet. J'ai parlé de mon départ à des copains nageurs, à un ami qui s'entraînait à Marseille, il en a parlé à Romain Barnier. C'est remonté aux oreilles des clubs de Nice, et d'Antibes. Fabrice Pellerin, le coach de Nice m'a appelé car il avait entendu dire que « je n'étais pas certain de mon futur ». C'était vrai. Je pensais sérieusement arrêter la natation. Trois années trop dures, une appendicite, un déchirement, un zona, je me blessais aux moments cruciaux. La douleur a le don de me déprimer. Soit le sort s'acharnait sur moi, soit je n'étais pas destiné au haut niveau. J'avais parfois l'impression que Lucas voulait ma peau. Nice était un excellent centre, avec Yannick Agnel et Camille Muffat, des nageurs prometteurs au fort potentiel. Leur projet me séduisait, les démarches avançaient. Je devais signer à Nice.

– Je vais avertir le coach que j'ai pris ma décision.

– Non, ne dis pas à Lucas que tu viens à Nice, m'a répondu le recruteur. C'est mieux. Je préfère que tu la joues relax.

En quoi l'hypocrisie serait relax ? Lorsque tu t'en vas, s'il y a bien une personne à informer rapidement, c'est l'entraîneur. J'ai trouvé cette manière de faire malsaine et ça m'a braqué. Craignaient-ils des tentatives de Lucas pour me récupérer ? Se plaisaient-ils à le rouler dans la farine ? Dans tous les cas, c'était indéfendable de ne pas le prévenir. Hors de question pour moi de partir sur une crasse. Si l'entraîneur de Nice voulait me voir faire un coup en douce à mon coach, il pourrait parfaitement, demain, me la faire à l'envers à moi aussi. Du coup, mon désir de travailler avec eux est retombé. Notre dernière conversation a été tendue et on a coupé les ponts.

Le lendemain, je suis retourné voir Philippe à l'entraînement pour parler. À la piscine de Canet, une baie vitrée à l'étage donnait sur le bassin. L'heure était matinale, mais à part les femmes de ménage, personne ne peut arriver avant Philippe Lucas, présent vingt-quatre heures sur vingt-quatre. Peut-être ne sort-il pas des piscines, peut-être ne dort-il jamais, le gourou de la natation ? En débardeur avec ses chaînes au cou et aux poignets, il se tenait droit sur la moquette, l'air ailleurs, contemplant la piscine comme un gros diamant.

– Je peux te voir cinq minutes ?

– Oui.

Philippe regarde toujours le bassin, sans un regard pour moi.

– Voilà, j'ai bien réfléchi… Les deux années qui viennent de s'écouler ont été une super expérience, mais cette fois mon corps m'a dit que ce que tu me proposais n'était pas bon pour moi. La déchirure, plus le zona m'incitent à m'arrêter de m'entraîner avec toi.

Philippe Lucas se retourne, prend un temps, très calme.

– Ça tombe bien, grand. (Il me met la main sur l'épaule, d'un geste paternel.) Je t'apprécie trop pour te garder l'an prochain.

Il sourit. Un sourire qui dit « je savais que tu ne resterais pas ». Lui aussi pressentait que nous devions avoir une explication, nous échangions beaucoup et j'aimais bien mettre de petits coups de pied dans la fourmilière. Je n'avais plus le choix : soit je lui demandais de nager différemment, ce qui lui aurait déplu, soit j'allais voir ailleurs. Quand j'ai demandé à lui parler cinq minutes, Philippe savait pourquoi.

– Où veux-tu aller ?

– J'ai des touches avec Nice, mais je n'ai pas apprécié leur approche.

– Ce ne serait pas la première fois qu'ils essayent de nous piquer des nageurs en mode vicieux.

– Du coup, je ne sais pas si je continue… J'ai des doutes.

– Réfléchis bien, conclut Philippe Lucas. Ce serait dommage, tu as encore de belles choses à faire dans une piscine. Maintenant, on fait comment ?

– Je finis la semaine et j'arrête de nager jusqu'à la saison prochaine, ensuite je verrai…

Sa main restait sur mon épaule en guise d'adieu, sans un mot de trop. L'estime de Philippe Lucas, elle compte énormément. Au fond, j'avais décidé, mais je restais dans le flou, à un cheveu de raccrocher. Une amie possédait une boutique de scooters ; en la voyant se démener, bosser, faire et refaire ses comptes, je l'enviais. Moi aussi, je songeais à un business, un chemin nouveau, avec un *food truck*. De nageur, je me voyais assez bien devenir autoentrepreneur.

À Canet, la dernière année, en classe avec Pierre Henri, ça nous pompait l'air de nous faire à manger... Souvent, en dehors du McDo, nous nous faisions livrer à domicile des pizzas, des plats préparés qui rentraient dans notre budget sous le SMIC – même si je touchais 1 000 euros, le double de la première année après avoir fait mes preuves.

Je gambergeais, je m'imaginais autrement. Vu le mode de vie moderne, ce serait cool de livrer une bonne bouffe, les restaurants coûtent trop cher, mais un bol de pâtes, un bout de viande... Je me serais bien vu prendre des cours de cuisine, apprendre à faire des pâtes à la bolognaise, des carbonaras, de bons plats simples pour ouvrir un fast-food de cuisine équilibrée. J'avais même un nom : Pastarocket – super comme nom, non ?

Je me suis renseigné, j'ai été voir quelques Italiens qui assuraient des livraisons à Canet-en-Roussillon. En été, la côte est noire de monde, j'étais certain que mon business marcherait. Prendre cinq livreurs, travailler avec cinq restaurants, cinq cartes, et garantir la livraison. Personne n'y pensait à l'époque ; aujourd'hui, la plupart des restaurants dans les grandes villes font livrer leurs plats – en fait, j'ai failli inventer Deliveroo ! L'été, je ferais Deliveroo sur la Riviera. L'hiver, au lieu de vendre des hamburgers-frites, ma caravane aurait proposé des pâtes extra. Mon business se serait développé, sans stress, sans zona ni déchirure.

Durant les deux premières semaines de ma convalescence à l'été 2008, j'ai eu un appel d'Antibes, de Paris, un troisième de Marseille, trois bons clubs. Antibes se montrait le plus empressé – ils me voulaient, selon l'expression consacrée. Mais leur proposition ne cassait pas des briques, contrat à 1 000 euros plus l'appartement, soit... la même chose qu'à Canet... Rien d'emballant. Marseille m'a contacté, aussi. Cette fois, avant de me parler sous, on m'a proposé de venir y passer quelques jours ; la proposition m'a plu. J'ai raconté le jour de cette première visite sous le ciel bleu de la Bonne Mère.

De par sa réputation, le Cercle des nageurs marseillais attirait et formait de grands nageurs avec une méthode originale – voire douteuse aux yeux de ses détracteurs – car très éloignée de la méthode dure, à la russe, en usage à l'époque dans la plupart des centres d'entraînement. J'aime ce qui est différent, novateur. Prendre les chemins de traverse rend la route plus belle que par l'autoroute. Un point cependant m'arrêtait, l'usage de la créatine au Cercle. Cette créatine, un cocktail de protéines, relevait selon moi du dopage autorisé. Sur cette question, j'étais *old school* et je n'étais pas le seul. Mal vue, obscure, la créatine inspirait la peur. J'en avais parlé aux nageurs du Cercle croisés lors des meetings. Tous avaient balayé mes angoisses d'un revers de main. « N'écoute pas les conneries, la créatine est conçue en laboratoire. »

Ils tenaient la forme, évitaient les coups de mou en sachant pertinemment ce qu'ils prenaient, leur argumentaire décomplexé semblait convaincant. Les Marseillais me parlaient surtout de cet esprit d'équipe que j'avais commencé à connaître à Canet.

La Team Spirit.

– VI –

Ma montagne

Devant ma montagne, les doigts de pied en éventail à taper une belote ou le nez dans un bouquin de cuisine italienne, la vraie question me taraude, intime, profonde : faut-il continuer ? Je pouvais me lancer dans les affaires, j'étais entreprenant, j'avais quelques idées. Certains jouent leur avenir sur un coup de tête, parfois un coup de dé, en y réfléchissant beaucoup ou sans penser à rien. Moi, je me suis dit que je trouverais la réponse là-haut, dans ma montagne. Parce qu'à force de se regarder depuis tant d'années, elle et moi, nous nous connaissions bien et on s'aimait.

À Font-Romeu, pendant que mes parents travaillaient, j'ai pris le temps, qui était si beau. J'aime être seul, je ne m'ennuie pas, même si je ne fiche pas grand-chose, je ne fais jamais rien. La palpitation de l'existence n'est jamais rien. J'aime vivre et laisser vivre. Je pressentais probablement que l'insouciance qui m'avait jusqu'alors caractérisé allait disparaître pour ne plus revenir. J'éprouvais comme un doute, une incertitude au fond, la nostalgie déjà de ce que j'allais perdre. La compétition était-elle bien ce dont je voulais nourrir les années à venir ? Étais-je vraiment profilé pour ses lois ? J'en connaissais le prix, souvent déchirant. L'endurance, la pugnacité, une forme de violence envers soi et les autres.

J'ai attrapé mon sac à dos et je suis allé grimper le sommet du Cambre d'Aze pour être tout petit, seul avec moi. Une fois là-haut, avec à mes pieds un monde où je distinguais encore mal ma route, j'ai allumé un joint d'herbe, une très mauvaise idée – je fumais rarement. J'ai inspiré, j'ai vacillé. C'est malin, me suis-je dit, si j'ai le vertige, comment je ferai pour redescendre maintenant ? Un rocher que je sautais d'habitude, j'y ai passé dix minutes. J'ai crapahuté longtemps, longtemps. Quand je suis arrivé en bas, la nuit tombait. Mes parents commençaient à s'inquiéter.

Mon escapade m'a aidé à réfléchir, je voulais envisager toutes les options, ouvrir chaque porte, choisir en connaissance de cause. La carrière d'un sportif de compétition est courte et ne débouche sur rien, sans rapporter beaucoup, la reconversion n'est pas toujours heureuse, les chances de laisser son nom dans les annales, minces… La liste des sacrifices est longue.

Avec ou sans joint, que faire exactement de moi et de ma vie ? Rien n'est sûr, aucun futur. Je ne voulais pas que mon choix se fasse par défaut, faute de ne savoir aller nulle part. Que se passe-t-il si je continue ? Que se passe-t-il si je jette l'éponge ?

Qu'est-ce que tu veux, Camille ?

Ces trois-quatre heures à monter et redescendre le Cambre d'Aze, à me retrouver seul, tout petit, ont été le vrai virage de mon existence. Cette montagne que j'ai toujours eue sous mes yeux, sous mon nez, m'a vu grandir. Elle me connaît mieux que moi.

J'ai randonné sous le soleil, rattrapé mon ombre en laissant tourner les aiguilles de ma montre. J'en garde le souvenir d'une journée initiatique sans aucun élément extérieur que le ciel et la terre.

Au pied du Cambre d'Aze, j'étais un jeune nageur. Quand j'en suis redescendu, j'étais plus vieux, toujours nageur et j'avais rendez-vous à Marseille.

– VII –

« Mille deux cents pompes, gros ! »

En juin, à la fin de ma semaine « test » à Marseille, l'entraîneur Romain Barnier me prévient d'une ultime mais traditionnelle épreuve : chaque nouveau venu doit être accepté par l'équipe. Pas une simple formalité. Les nageurs détiennent un réel pouvoir de décision. Si le groupe rejette un arrivant, s'il ne s'y reconnaît pas, le coach ne passe pas outre son veto. Une telle pratique en dit long sur la conception collective de la natation, cet esprit de cohésion que promeuvent Barnier & Salessy and Co. Leur rite de passage ne m'inquiète pas, j'ai commencé à nager avec eux et nous nous entendons bien, quoique je reste impressionné par des champions d'Europe, des balèzes aux parcours admirables, des espoirs attachants. Six ou sept sont en sélection olympique[7].

---

7. Frédérick Bousquet, Fabien Gilot, Greg Mallet et des nageurs et nageuses étrangers.

À la fin d'une séance, l'entraîneur s'éclipse, n'assistant pas à… l'entretien. Les gars s'étirent dans la coursive qui sert de gymnase, au sommet des gradins, avant de descendre un à un vers le bassin, devant la baie vitrée. Face à eux, le soleil me fait cligner.

Le candidat doit s'exprimer.

– Bon… Malgré quelques aléas, mon dos bloqué, le vol de mes plaques, je suis toujours aussi content d'être avec vous, il n'y a pas de raison pour que ça change brusquement. J'ai vraiment apprécié cette visite… Mais Romain m'a prévenu, encore faut-il que vous, vous m'acceptiez…

– Pourquoi tu veux venir à Marseille ? me demande leur capitaine, Fred Bousquet.

Un peu timidement, je m'entends répondre :

– Parce que je veux devenir le meilleur du monde.

Un ange passe, en slip de bain.

Qui a rempli presque deux saisons avec Philippe Lucas devient forcément un compétiteur, j'avais quelques titres, mais jamais je n'avais envisagé l'excellence aussi clairement que ce jour-là devant mes collègues marseillais. Je ne suis d'ailleurs pas certain de l'avoir formulé aussi nettement, mais dans ma tête désormais, c'est clair, face à la mer, face à la bande, oui, je veux être parmi les meilleurs, un numéro un. En les voyant, les fréquentant, ce défi s'est faufilé dans notre amitié naissante. La victoire s'inscrit au programme. Le rire, la déconne, la jeunesse n'empêchent pas l'ambition, au contraire. Si nous sommes ici, ensemble, au fond, c'est pour gagner les podiums, autant se l'avouer, quitte à passer pour un cador. Je me doutais que cette arrogance leur plairait.

Le soleil se couche avec cette beauté qui donne envie de se donner, de tout donner. Chez Lucas me manquait encore cette part mystérieuse de niaque qui tisse l'étoffe des champions. Ici, au milieu d'eux, elle m'enveloppe.

Assis sur ses chevilles, Fred Bousquet s'étire la cuisse tout en m'écoutant. Sans un mot, il se lève, un sourire éclaircit son visage tandis qu'il s'approche pour plonger vers moi, il me serre dans ses bras.

– Alors bienvenue.

J'aurais aussi bien pu déclarer « Je vous trouve cool » ou « J'aime bien la soupe de poisson », ils m'auraient accepté aussi, je crois. Mais tout de suite, il y eut ce plus, cet horizon, une belle cerise sur le gros gâteau : champion du monde, les mecs, nous ne sommes pas là pour boire du Banga à la paille.

Nous nous retrouverons donc à la rentrée officielle.

Un dernier point noir subsiste : la créatine, si décriée. Richard, mon premier entraîneur, y était farouchement hostile. Comme lui, je gardais cette méfiance des produits chimiques en circulation dans le sport de haut niveau. Les cas ne se comptent plus, vingt ans après la légitimation d'un produit par de savantes commissions où il s'avère que c'est une merde nuisible à la santé de grands sportifs bernés. De lui-même, Romain Barnier me donne le numéro du médecin de l'équipe de France et du centre antipoison.

– Appelle-les, tu verras ce qu'ils te disent, je ne veux pas t'influencer.

J'aime cette manière de responsabiliser les nageurs, de les concerner sans leur imposer quoi que ce soit. Barnier et Salessy, sous leurs allures décontractées, faisaient les choses bien, dans un esprit moderne. Je n'ai jamais appelé le médecin de l'équipe de France, mais le centre antidopage, oui, anonymement, pour m'informer.

– La créatine est parfaitement légale. Le vrai souci est qu'elle est souvent coupée avec des substances illicites. Si vous respectez les doses et les marques signataires de la charte des jeux Olympiques, ce n'est absolument pas du dopage, juste un bon complément.

J'ai également téléphoné à mon médecin du sport de Font-Romeu avec qui je m'entendais très bien, un chouette docteur qui m'a encore conforté sur la « créa ».

– Ne t'inquiète pas, Camille. Aucun danger en soi avec les bons fournisseurs, ce qui est le cas à Marseille.

L'horizon est donc dégagé, sinon le dernier petit nuage en forme de compte bancaire. Je réclame 1 500 euros mensuels à Jean-François Salessy… qui me file 1 200, en soupirant beaucoup. La greffe a pris. Je peux l'avouer, je serais venu même si le directeur en Perfecto m'avait laissé à 1 000. Comme quoi, on a toujours tort de ne pas essayer. Et je suis rentré chez papa-maman passer la fin de l'été.

Huit jours plus tard, publication du tableau des sélectionnés dans l'équipe olympique : sportifs, entraîneurs, staff médical… Le club de Marseille se trouve un peu en marge ; frondeur, c'est un club et non une fédération affiliée[8], or les instances dirigeantes préfèrent nettement que les grands nageurs soient issus des fédérations plutôt que des clubs. Raison pour laquelle Romain Barnier, malgré ses qualités, ne se trouve pas du voyage en tant qu'entraîneur cadre aux Jeux de Pékin. C'est un choc, pour lui autant que pour nous et toute la natation honnête. Sa valeur est incontestable. Mais je suis cette affaire de trop loin, moi le bizut, pour me manifester.

Romain entraînait Fred Bousquet, Fabien Gilot et Grégory Mallet, trois des six qualifiés du relais 4×100 nage libre. L'équipe française partait favorite. Alain Bernard en était la seule figure à ne pas s'entraîner à Marseille mais à Amiens – grand club. L'injustice était flagrante de ne pas emmener l'entraîneur des trois nageurs favoris, cette bassesse révélait un froid entre Romain Barnier et le DTN (directeur technique national), un froid quasi polaire. On lui faisait payer de ne pas être conventionnel, de ne pas se plier à tout, d'avoir du caractère, une intelligence moderne. Est-ce un crime ? À suivre aveuglément les habitudes, bonnes ou mauvaises, au bout d'un moment on ne

8. Les clubs, contrairement aux centres d'entraînement affiliés à la fédération, ne touchent pas de subventions.

va plus bien loin. Barnier était un mouton noir pour une direction sectaire, sclérosée… Mais l'Innovateur obtenait des performances. À l'époque, la natation tricolore tournait au ralenti, sans passionner le public qui adore les podiums et les lauriers. Percevant cette pesanteur, ce ronron, je préférais rallier le clan des moutons noirs plutôt que celui des Panurge. J'avais donc toutes les raisons de juger scandaleux que mon nouveau coach n'aille pas à Pékin.

Quelques jours plus tard, arrive le meeting EDF. Finale individuelle du 100 mètres, les concurrents sont en combinaison, prêts à la course. Le *start* est donné et… quatre partants restent sur les plots, bras croisés. Une image pareille ne s'est quasiment jamais vue et elle a de la gueule.

– Nous ne nageons pas parce que vous ne nous respectez pas, affirment les révoltés du meeting EDF.

Si tu respectes la performance, les compétiteurs, tu emmènes aux championnats l'entraîneur qui aligne le plus de membres piliers dans l'équipe partante. CQFD. J'ai été soufflé de découvrir leur révolte à la télé. Mon sport se réveillait par la contestation, ça a fait un foin du diable. Les gars qui refusaient la course avaient raison. Alors, j'ai bondi sur mon téléphone pour appeler Jean-François et Romain, excité comme un Che Guevara en fin de vacances.

– Je suis avec vous à fond !

Être mouton noir, je trouvais ça beau et distrayant. Le chronomètre est roi, nul ne peut nier ni te voler la performance. Au fond, c'est ce que cherchaient à faire les apparatchiks. Romain n'est pas parti à Pékin, mais il a été toléré au stage de l'équipe de France, la fédé a emmené un autre entraîneur marseillais en Chine. Elle a plié sans céder, Romain a dû à la fois sourire et serrer les dents. La guerre ne se gagne pas en une bataille, celle entre Marseille et les instances était loin d'être terminée. Cette rivalité ajoutait du poivre au moulin. Si la fédération faisait de nous des parias de la natation de papa, les parias allaient mettre un point d'honneur à s'illustrer. Un désir de revanche n'est pas l'ennemi du succès. Les combats de Romain Barnier, de Jean-François Salessy, du président Paul Leccia, de tout le Cercle des nageurs sont tout de suite devenus les miens.

Pendant les Jeux de Pékin, ma vie est belle et un peu amère, par procuration en décalage horaire. L'équipe olympique nage vers 4 heures du matin, en direct à la télévision. Je fais la fête jusqu'au milieu de la nuit et on rentre en bande se coller devant la télé. Quinze jours plein pot entre la France et la Chine.

Si je n'avais pas eu un zona, avec un peu de chance j'en aurais été. C'est moche. Mais les voir concourir, c'est grand. Je me vois en eux sur l'écran. Ma frustration renforce mon admiration. Heureusement que nous regardons les Jeux en bande et un peu bourrés. Si j'avais été seul, une araignée aurait pu me traverser le plafond. Parfois, tu peux légitimement considérer que les autres sont casse-couilles, n'empêche, pour se motiver ou se consoler, leur compagnie est douce. Une équipe soudée est à la fois un filet et un trampoline.

Quand un mec se fait sortir du 100 dos à Pékin, facile de se dire, sur son canapé, qu'on aurait pu faire mieux avec une bonne étoile. Facile et inutile, à quoi bon, puisqu'on n'y est pas et qu'on reprend une Pelforth. Pareil au relais 4×100 quatre nages : le dos, la brasse, le papillon, le crawl. Malgré trois bons nageurs, l'équipe de France ne monte pas en finale à cause d'une faiblesse… du dossiste. Caramba, ma spécialité… Moi, j'aurais pu… Bon, j'aurais pu me planter aussi, mais au moins j'aurais vu Pékin sous un ciel d'adrénaline. Si le dossiste de l'équipe de France est faiblard, c'est qu'il y a une place à prendre. Cette place est la mienne.

À dans quatre ans, M. de Coubertin !

Fin d'été entre les copains, la famille, ma petite amie du moment. J'arrive à Marseille quelques jours en avance avec mon père pour aménager mon appartement. Deux pièces, pas de coloc. Me voilà chez moi au onzième étage d'un immeuble qui surplombe la grande bleue, une vue de rêve sans terrasse ni balcon – dommage. Je serai bien ici. En attendant, j'y serais encore mieux si l'armoire passait dans l'ascenseur. Mon père et moi nous tapons les onze étages avec le meuble à bout de bras. Sinon, tout baigne. Le farniente m'incline à rejouer mon tiercé annuel : potes, fiesta, natation… La suite ne va pas du tout se dérouler dans cet ordre. Mais vous savez quoi ? La rareté a ses vertus.

En allant moins aux fêtes, je les ai trouvées encore meilleures. Certains samedis soir, nous sommes sortis danser comme des évadés d'Alcatraz retrouvant la liberté. Et putain que c'était bon !

Rendez-vous un vendredi soir de septembre au Cercle en tenue de sport libre, short et tee-shirt, pour le footing d'ouverture de saison, à la fraîche, entre nouveaux amis. Les équipes au complet, soit une trentaine de nageurs avec trois coaches, plus la quarantaine de juniors et leurs entraîneurs. Prise de contact tout en courant, direction Notre-Dame de la Garde, en pleine ville, tout là-haut. Je n'ai pas eu le temps d'y faire un saut, l'exercice sera l'occasion d'un tour-operator.

J'ai vite oublié le tourisme. Tu ne vois plus rien, tant ça chauffe et ça grimpe sur 2-3 bornes. Arrivés à Notre-Dame de la Garde, le rituel : joli speech de Romain Barnier – Romain adore les speechs – puis chacun se présente, déclinant son prénom et sa spécialité. L'aventure d'une saison démarre, aux perspectives aussi ouvertes que le panorama. Les promeneurs souriants nous croisent en nous prenant pour une brigade de pompiers à l'exercice. Derniers mots de Romain Barnier :

– Vous allez représenter cette ville en dessous de nous. Notre Cercle est beaucoup plus qu'un club, un peu nonchalant, observé, jalousé, peu importe, on s'en fout, à partir d'ici, maintenant nous créons une unité, notre unité !

Unité d'élite, pensait Barnier, vocabulaire qui aurait dû m'alerter sur combien j'allais en chier. Le tandem directorial a décidé de passer à la vitesse supérieure. En short, nez au vent, nous nous sentons prêts. Les anciens donnent le signal de la dispersion.

– On va se boire une petite mousse !

Nous voilà une bonne douzaine à partir boire un coup, qui en amène un deuxième, un troisième… C'est le principe des coups, tous les mecs vous le diront. Aurions-nous dû dès le premier soir prolonger cet apéritif par une nuit blanche en boîte ? Rétrospectivement, je répondrai non. Disons qu'il fallait enterrer notre vie de garçon, des garçons d'avant la guerre. Demain, le rendez-vous était à 9 h 30 pour une nage en mer – remise en forme peu éprouvante. Nous sommes donc rentrés vers 5 heures. Petite nuit, bonne sieste, qui suffiraient bien.

Je ne suis jamais arrivé à ce premier entraînement solennel.

Mon téléphone me servait de réveil, il n'avait plus de batterie, mais même à 5 heures du mat', on ne me la fait pas, je suis maniaque, je suis Robocop, je l'ai évidemment branché avant de sombrer.

Je me réveille, grand beau, normal ; ici, à toute heure, le soleil donne, mais il est bien haut quand même. Je saute sur mon téléphone, éteint, la prise sur laquelle je l'ai branché était coupée par l'interrupteur.

10 h 34.

Non.

Si. 10 h 34. Non ! La fin du monde. Un tsunami en Méditerranée ne m'aurait pas fait plus d'effet. Je suis sidéré.

10 h 35. Tu as raté ton premier entraînement au Cercle, bonhomme. Tu as raté ton rendez-vous avec ta vraie vie, connard. C'est la faute à la prise électrique. Doucement, comme s'il était piégé, j'allume mon téléphone, j'ose à peine déchiffrer l'écran, plusieurs appels en absence d'autres nageurs. Chaque message – « Magne ! » « T'es où ? » « Qu'est-ce que tu fous ? » – me colle une balle. J'ai loupé la première séance. C'est pas vrai, mais c'est pas vrai ! Je prends mon portable et mon courage à deux mains, j'appelle Romain Barnier après avoir inspiré/expiré cinq-six fois, m'être éclairci la gorge. Romain Barnier ne répond pas.

Romain Barnier ne rappelle pas.

T'es mort. *Finito*, ça aura été l'embauche la plus courte de l'histoire nautique.

Je me lamente, parti à la renverse sur mon pieu en me couvrant le visage des deux mains. Je vais me faire virer, certain. Pour l'affront, pour l'exemple, le je-m'en-foutisme, tout le tintouin, dès le premier rendez-vous, une nouvelle recrue qui ne se présente pas, faut pas pousser pépé. Pour qui je me prends… 10 h 49. Inutile d'y aller, ce n'est plus la peine. Les deux heures d'entraînement vont se terminer. Le temps de m'habiller, descendre et filer, je ne trouverai personne. C'est moins un retard qu'une provoc, une désertion.

– Qu'est-ce que tu foutais ?

– Ben, je dormais.

Je pourrais inventer que ma voisine de palier s'est suicidée en se jetant sur ma Punto du onzième étage, mais je ne suis pas comme ça et Jean-François Salessy, ce renard, est du genre à vérifier. Même quand on lui dit la vérité, Jeff croit qu'on ment. Je rappelle Romain Barnier, en vain. Midi, rien. 13 heures, rien. Silence de mort. Je n'existe déjà plus, rayé des listes. On ne prononcera plus jamais mon nom au Cercle.

Je renvoie un texto à Romain : « Je n'ai pas réussi à t'avoir… » Tu m'étonnes.

« J'ai pas assuré. »

Tu m'étonnes.

Je lui avoue être sorti en boîte. Il doit le savoir, une bonne partie du groupe est sortie.

14 h 30. Désespéré par ma vacuité, je ramasse mon sac pour me précipiter à la plage sans passer par le Cercle et nager comme un dératé jusqu'à la digue. Je reviens. Tout mouillé, sur le sable, sans prendre le temps de m'essuyer, je renvoie un texto comme quoi je viens de faire 3 bornes en mer pour assurer mon entraînement, seul.

Aucune réponse.

Rien. RAS. Ni le soir, la nuit, le lendemain matin. Un dimanche de solitude, le plus blanc de ma vie, à regarder la mer comme une épave échouée au onzième étage où je commence à ranger mes frusques. Je n'appelle pas mon père, même lui ne me soutiendra pas sur ce coup-là. Soudain, enfin, vers 16 heures, ding ding, texto de Romain Barnier : « Rendez-vous lundi à l'entraînement. »

Ça fout les jetons, en même temps ce sont les plus beaux mots du monde parce qu'ils signifient que le Cercle me garde. Peut-être.

« Cette fois, j'y serai. »

Ding ding : « Vaut mieux. »

Je ne suis pas viré ! Je ne suis pas viré… Je ne suis pas viré ? Trois alarmes. Mon téléphone, mon réveil et un second que je viens d'acheter, avec trois horaires en rafales, et volume à fond : 7 h 30/7 h 35/7 h 40. Pour réveiller un mort.

Éveil, douche, café, clefs de bagnole, soleil, boule au ventre, Marseillais et Marseillaises fadas du volant, parking, tourniquet… Vestiaires. Plus à l'heure que moi, tu ne peux pas. Toute l'équipe me chambre, je rigole jaune. En arrivant au bord du bassin, un instant, j'ai le rêve fou que ça va passer, on n'en parlera pas, on n'en parlera plus, hop, à l'eau… Rêve toujours. Romain Barnier me fixe, aussi impénétrable et inexpressif que Ken, le mec de la poupée Barbie.

– Alors ?

Comme un gamin, je lui balance ma pauvre petite vérité.

– Mon réveil n'a pas sonné, je suis désolé, je l'ai branché sur une prise défectueuse, j'ai pas l'habitude de l'appartement, je ne suis pas encore chez moi, mais je suis allé nager tout l'après-midi à la…

– On s'en fout de tes problèmes ménagers, gros. Ici, nous avons une règle. Une minute de retard, 10 pompes. Tu as loupé un entraînement entier, soit deux heures, soit 120 minutes, soit 1 200 pompes, ça va, tu m'as suivi ?

– …

– Donc, tu nous dois 1 200 pompes, gros, avant de réintégrer le groupe.

Oui, tout ce que tu veux, coach-Barnier-chef, mais cela n'a aucun sens, j'ai le physique du Marsupilami, des bras comme des cuisses de grenouille et je ne suis pas « gros ». Romain Barnier le sait bien, il peut le constater encore mieux que moi en me fixant de son regard glacé. Je suis mauvais pour tout ce qui est gymnastique. Nous ne faisions pas beaucoup de gymnastique, chez Lucas, nous ne faisions que nager. De toute ma vie, je n'ai jamais pu qu'enchaîner 20 pompes – même pas, 15. Pour finir laminé, apoplectique. Et Jean-Claude Van Damme lui-même n'alignerait pas 1 200 pompes comme ça. Mais je ne dis rien. Je me sens faible, au bord de chialer comme un enfant unijambiste devant l'Everest. Qu'est-ce que tu me racontes, Romain Barnier ?

– Tu as une semaine pour régler tes 1 200 pompes, en plus des séances avec nous. Un coach les comptabilisera. 1 200 pompes, OK ?

– Heuu… OK.

Je réponds « OK » dans un brouillard, je ne réalise absolument pas ce que c'est plus d'un millier de pompes. Qui le pourrait, franchement ?

L'échauffement se termine, je vais me coller dans un coin, direct, en position pompe. Et là, au bout de quatre, je comprends que l'épreuve va être longue, très longue, dure, très dure. J'en aligne 15, mon record personnel, et je n'en peux plus. Je me mets en position d'en refaire dix. En même temps, je gamberge, je calcule tandis que le sang bat mes tempes. Sur sept jours, 1 200 pompes, ça nous fait dans les 200 quotidiennes, en se gardant le dimanche de repos.

Le lundi soir, je reste sur place après la séance. Toute la nuit, je souffre de courbatures, un lit de douleurs – je suis un gars fragile. Le mardi matin, j'ai déjà 50 pompes de retard.

Un des coaches me surveille.

– Dépasse-toi, mets le booster, Romain te fera pas de cadeau. Vas-y, fonce, Camille ! Donne tout ce que tu as sinon ça va mal tourner.

Je suis arraché. Le mardi soir, j'en suis à 280, sur… Combien manquent ? Je ne sais pas, je ne veux pas voir mon retard, seulement un chiffre, le solde, 920, qui va diminuant sans diminuer vraiment, l'Everest est devenu le mont Blanc. Je les enquille cinq par cinq. Interdiction d'accomplir la punition à domicile, bien sûr, le calvaire s'endure à la piscine en présence d'un coach ou d'un nageur, comptables.

Mercredi matin ; même faute, même punition, j'arrive à en aligner 50 avant la séance. Je peux à peine boire un diabolo, mon bras n'obéit plus, j'ai du mal à pincer le verre. Mercredi après-midi, repos, l'entraîneur s'occupe des jeunes, je peux venir creuser mon tas de pompes, je passe le mercredi au bord du bassin à enchaîner les séries de cinq. J'ai l'impression d'être en corde à nœuds. Le coach, sympa, Mathieu Bourban, m'observe, l'air songeur.

– Prends une cadence, Camille. Trois pompes toutes les trente secondes, tu peux ! En deux heures, ça fait 240.

– Tu crois ?

– Sans t'arrêter, juste un repos de trente secondes entre, chaque fois.

– Tu crois ?

Mathieu me surveille du coin de l'œil en animant les jeunes.

– Vas-y, Camille, la cadence, garde le tempo !

Trois pompes. Une/deux/trois. Uuune… Dddddeux… Tr… Tr… Troiiiiiiiis. Je ne suis plus Robocop, bordel. Je vais exploser comme un sac en papier. Je vais crever. J'ai l'impression d'en tomber cent pour chaque, à l'ombre sur les planches du belvédère, les yeux exorbités sur le chrono que m'a laissé Mathieu avec une sonnerie toutes les demi-minutes. C'est atroce, l'enfer sans fin, je sue, j'en bave, je souffle, je souffre, j'en chie, j'ai tellement mal, mal aux abdos, au cou, aux cuisses, à l'amour-propre. La facture diminue. Jeudi, vendredi…

Le jour J, le samedi, dernier round, il me reste 200 pompes, challenge possible avant l'entraînement. Possible objectivement, mais pour moi ? J'étais loin d'être un athlète en ce temps-là, toutefois, 200 pompes restaient faisables en une matinée, je devrais avoir réglé ma dette avant la fin de l'échauffement, huit jours après ma faute. Je ne suis que courbatures, une loque, mais je n'ai pas triché, pas menti d'une pompe, prêt à mourir dans l'honneur. Les nageurs, qui arrivent un à un, me posent tous la même question.

– Combien il t'en reste ?

– Cramponne-toi, ça ne rigole pas.

Romain Barnier fait comme si je n'étais pas là. Je me mets en position. Série de dix. Je tremble de tous mes membres, il faut que j'y arrive, je n'ai pas le choix. Voilà comment jouer sa vie pour un interrupteur. J'en fais quatre. J'en fais deux, sans rythme, sans corps, mes bras sont de la guimauve. Continue… Une ombre s'approche. Fred Bousquet s'allonge à mes côtés.

– Tiens, blond, je t'en prends dix.

Couché, Bousquet enchaîne une série de dix, dans la foulée, dix fois plus vite que moi. Avant ce dernier jour, personne ne me l'avait proposé. Je ne savais même pas qu'un gars pouvait prendre en charge une part de la punition d'un autre.

– Combien il t'en reste ? me demande Barnier, d'un ton neutre.

Je ne sais pas quoi répondre. J'entends des voix.

– On lui en prend, Romain !

Fabien Gilot se lance à son tour. Les deux capitaines m'accompagnent et me soulagent. À son tour, Nabil

Kebbab[9] vient à ma rescousse. Après les trois meneurs, tous les autres s'y collent, chacun m'en prend dix.

Il se passe quelque chose, là, je ne suis plus en état de sentir mon cœur, ni rien, sinon qu'il se passe quelque chose, au bout du bout, ensemble.

– Combien il t'en reste ? me demande encore Romain.

– Soixante.

– Je te propose de les faire sans t'arrêter.

Ce type est dingue. C'est impossible pour moi, morphologiquement impossible, soixante fois sans les genoux. Je suis déjà sur les rotules. C'est comme monter l'Everest en tong. Pourtant je m'entends dire :

– OK.

Nous sommes toujours à l'intérieur de la piscine olympique, au dernier niveau. À travers la baie, la mer brille, le soleil donne. Dans quel bagne me suis-je fourré ? 12, 13, 14. Barnier. Barnum. Babar. N'importe quoi, je divague… Je suis dans mon coin avec ma souffrance, mais pas un instant, en huit jours jusqu'à aujourd'hui, je n'ai pensé refuser l'épreuve ou abandonner, m'insurger, je ne me suis pas posé la question de savoir ce qui se passerait si je ne réussissais pas. J'avais fait une connerie, je devais l'assumer. Je me tétanise entièrement. 18, 23, 25, vingt te faire foutre, 27…

J'ignore où je suis allé chercher cette force, par quoi elle était constituée, j'ai enchaîné mes 60 pompes sans

9. Nageur très charismatique du groupe, devenu capitaine.

poser les genoux. Aujourd'hui, plus aguerri, entraîné, plus fort, je ne le ferais sans doute pas. J'ai fini au milieu du cercle de tous les nageurs debout autour de moi, à m'encourager. Je n'étais plus rien qu'un ultime effort, désespéré, je devais vraiment avoir l'air d'une loque, mais je n'y pensais plus. Les 20 dernières, les gars les ont faites avec moi, doucement, à mon rythme, 41… 42… 43… Personne ne s'est relevé avant moi, aucun n'est parti avant que je ne sois au bout du bout de mes dernières pompes sur 1 200.

Team Spirit.

– 60.

C'est fini. Fini, derrière moi. On s'est tapé dans les mains.

– Bienvenue dans le groupe, a fait Romain en s'éloignant vers son bureau.

C'est fini et ça commence.

– Ce soir, on va aller boire des bières, a crié Nabil.

– Sans moi.

Nous sommes quand même allés en boire une, quelques-unes.

J'ai vécu cette semaine-là une expérience sans précédent, celle de la certitude du progrès. En huit jours, mon métabolisme a déjà changé, réagi, muté, mon corps s'est chargé, mon corps peut aligner 200 pompes par jour, grosso modo. L'impossible a été possible. Des portes fermées se sont ouvertes. Déjà, j'en voulais davantage. J'étais pris, mordu.

Ce jour-là, un miracle s'est produit qui dure encore.

Team Spirit.

– VIII –

MAINTENANT

Septembre 2008, sous le soleil de Marseille, l'entraînement se passe bien, même s'il signifie pour moi une dure épreuve d'initiation, avec mon niveau de fille en muscu – et encore, pas parmi les meilleures. La transformation de mon corps s'accélère sous cette cadence intensive. Dans l'eau, tu ne parles pas, l'aquatique est le monde du silence, tandis qu'une salle de sport ressemble à un dancing. Tout le monde se stimule en se tirant la bourre vers le haut, je suis le premier à en avoir besoin.

Le trimestre est consacré à la musculation et au cardio en circuit-training, j'ai le palpitant qui bat à 180 – dès que j'entends le mot « circuit-training », la sueur me revient aux tempes. L'effort collectif soude un groupe. Les compétitions ne révèlent que la face émergée de l'iceberg, sous la surface, la réalité d'une équipe, sa force motrice se forgent dans ces moments d'entraide, à se pousser au maximum.

Une bonne séance de circuit-training dure plus de deux heures. De quoi s'agit-il ? Tu deviens du feu. Vingt athlètes, vingt exercices, trente secondes d'effort, vingt secondes de repos, en mode douche écossaise… Personne ne lâche, ni aux barres ni aux pompes ni aux squats. Jamais une faiblesse personnelle, sinon toute l'équipe recule. Le plus fort va soutenir celui qui galère, les plus vaillants servent d'appuis aux traînards. Abdos, squats, pompes, les jambes bien verticales, par séries de trente, un tel régime métamorphoserait une baleine en dauphin. On en bave, mais on suit. Cette dépense hyperphysique se déroule trois ou quatre fois par semaine, et chaque samedi le coach me prend personnellement pour un 100 mètres dos. Si je fais moins de la minute, personne ne s'entraînera, relâche pour tout le groupe. Je suis le seul à relever un défi de Romain Barnier, moi qui n'ai jamais, jamais nagé 100 mètres en moins d'une minute.

Alors quoi ? Alors, je me donne. Je rêve d'offrir la quille aux camarades. Je ne prends pas cette attention pour une marque de faveur. Je suis loin de me douter que, dès notre première rencontre, Romain a capté mes aptitudes en dos puisqu'il a glissé à Salessy, le directeur : « Nous allons en faire un champion du monde dos. » Ni l'un ni l'autre ne me l'ont dit, et je l'apprendrai bien plus tard ; je suis loin d'incarner leur promesse. Donc, Romain Barnier me pousse à mort. J'ignore jusqu'où je peux aller. Sans doute le sait-il mieux que moi – c'est le propre d'un grand coach. Chaque samedi, je prends son intérêt singulier envers mes performances plutôt comme un bizutage qui s'éternise.

Jamais je n'ai réussi à faire le 100 en moins d'une minute. Mon score va de 1'05", 1'06" dans les meilleurs jours à 1'10", voire 1'30" les jours sans. Pas une fois sous la barre des soixante secondes. Autant demander à la baleine de se faufiler par le trou d'une aiguille. Et pourtant, chaque samedi, rebelote... Et l'équipe est bonne pour s'entraîner – moi aussi – après mon échec épuisant.

Vingt types qui te regardent te défoncer en espérant le repos du week-end est une méthode féroce, mais efficace. Et aucun ne m'en veut en se dirigeant avec des soupirs vers la salle de gym. Ce ne sera pas encore pour cette fois, le samedi au soleil.

Un beau matin, le champion du monde en titre de dos vient s'entraîner quelque temps avec nous. Le samedi, Romain Barnier nous défie tous les deux, l'as britannique et moi, bibi l'enclume.

L'Anglais nage en 59'80", je frôle de peu *the minute*.

Malgré la fatigue accumulée, je me rapproche, pas si loin du meilleur. Ôtant mes lunettes, écoutant mon temps sous le regard appuyé de Romain Barnier, je touche d'un doigt de pied cette frontière qui me sépare du royaume. Mon père m'a fait le coup, jadis, et puis un jour, je l'ai emporté sur lui... Aussi sérieux soient-ils, les challenges de Barnier me rappellent mes entraînements de gosse dans mon petit club. Sous la pression, l'esprit ludique qui fait de l'innocence la plus puissante des fusées. Un pompon, une carotte à jouer, à gagner… Pile poil comme j'envisage ma vie ; s'amuser en se dépassant, se surpasser en se distrayant.

En même temps, mes sorties nocturnes se sont réduites à une seule par mois. Sans regret. Ma tête est ailleurs, mon attitude a évolué. Sans me forcer, je suis en train de devenir ce que mon premier entraîneur voulait que je sois : un sportif de haut niveau.

Par bonheur, ici, on dort, on dort beaucoup – ce n'était pas le cas avec Philippe Lucas. À Marseille, 5 000 mètres de nage hebdomadaire suffisent, éprouvants mais différents, plus durs par certains aspects que les 10 bornes ordinaires du Canet. Avec Philippe Lucas, la fatigue finissait par se cristalliser, semblable à celle de n'avoir pas dormi, un épuisement général. À Marseille, aller au bout des possibilités du corps se fait sans usure, sans dégoût. C'est leur principe et ça marche.

J'aime le dialogue avec Romain Barnier. Lorsque je sens que quelque chose cloche, si je souhaite éclaircir un point, une explication franche avec lui n'ouvre aucun conflit. Je m'explique. Romain m'écoute. Nous discutons. Nous nous concentrons sur le travail technique. Rentre-t-on dans l'onde par le petit doigt ou le pouce ? Quelle position de la tête, du ventre ? Nous étudions chaque possibilité d'accrocher l'eau. J'ai l'impression de régler ma nage comme le moteur d'une formule 1. Je réfléchis également avec Mathieu Burban, l'entraîneur des jeunes qui avait généreusement tenté de me soutenir lors de mon calvaire de 1 200 pompes. Ensemble, nous visionnons de nombreuses vidéos de champions, d'autres dossistes. Comment font-ils pour aller si vite ? Comment pourrais-je aller plus vite qu'eux ? Deux heures par semaine d'observations méticuleuses, en plus des entraînements, renforcent cette impression de me construire, me ciseler, me réinventer en allant chercher des exercices spécifiques, quitte à se tromper, revenir à la case départ, innover et progresser autrement qu'en force, dans un bleu piscine qui ne devient jamais méchamment gris.

Arrive ma première compétition sous les couleurs de Marseille, aux championnats de France en petit bassin. Trois semaines avant cette échéance, nous avons favorisé le repos – la période d'« affûtage ». Dans l'idéal, après t'être bien entraîné, avoir tout donné, tu te sens prêt. Il faut savoir jouir d'une préparation parfaite, la sentir rouler sous la peau, avec tes muscles, dans tes articulations, susceptibles de rendre le meilleur pour la course attendue.

À ces championnats, je remporte les 50 et 100 mètres dos en petit bassin, moins renommé que le grand, bien sûr, un championnat en classe B, mais je suis heureux d'obtenir mes meilleurs temps aux 50 et 100. J'ai écrasé la concurrence. Le travail physique lié à la technique, l'esprit d'équipe autant que l'effort individuel, toute la stratégie marseillaise paye. Un premier frisson de gagne parcourt le Cercle. À force de chercher, nous avons trouvé. Pendant ma course, instinctivement, je me suis légèrement assis dans l'eau. Romain l'a remarqué.

– Tu t'es un peu plié dans l'eau, hein…

– Oui, je me suis senti mieux.

– Nous allons approfondir cette position de baquet qui te fait aller vite, très vite.

L'intérêt général pour mes performances a été constant, le regard des coaches est resté le même avant et après la victoire. Nous sommes en mouvement. Une possibilité de succès commence de s'incarner aux championnats en petit bassin. Plus ça marche, plus l'attention grandit. Ces championnats n'ont pas été favorables qu'à moi, mais aussi à toute l'équipe.

Après nos bons résultats, nous partons en stage à La Réunion.

Même avec quelques compétitions et un suivi des entraînements, le stage est un temps de relaxation, d'évasion, pour le dire dans un langage moins officiel, l'occasion de bonnes teufs en fin d'année… La preuve, à peine arrivons-nous là-bas qu'il est de nouveau question de mon bizutage.

– Quoi, encore ? Quel bizutage ? C'est bon, non, 1 200 pompes !

– Rien à voir, gros ! Ne confonds pas tes conneries personnelles avec le bizutage. Pour t'intégrer, faut te bizuter, c'est comme ça.

Nous sommes trois bizuts anxieux, à nous demander à quelle sauce, forcément épicée, nous allons être « intégrés ». Rafael Muñoz, papillonneur espagnol, recordman du monde qui séjourne à Marseille, et un collègue français.

Avec Rafael, nous glandons dans la chambre à la fraîche de la clim, quand nous recevons un texto comminatoire.

« Rendez-vous à 14 h 50, bizuts ! »

On y va, on n'y va pas ?

– Faut y aller, non ?

– Tu crois ?

Vers 15 heures, nous finissons par nous diriger vers la chambre des grands, Fabien et Nabil. La porte s'ouvre et nous voyons sortir Gargamel, le méchant sorcier des Schtroumpfs. Notre collègue, premier bizut, méconnaissable, ridicule, pathétique, le crâne rasé, un mix de Gargamel et du curé des boîtes de fromage Chaussée aux Moines. Rafael et moi hésitons entre « courage fuyons », « courage restons », panique et fou rire. Trop tard. Les grands nous font entrer. Fabien Gilot, l'air vicelard, tient un bol à la main.

– On vous attendait, bizuts !

Ils ont coupé tout ce qui dépassait. À moi, fier de mes cheveux longs, ils ont laissé des mèches de 10 à 15 centimètres sur le sommet du crâne, tout le reste ras, à blanc. Quant à Rafael, ils l'ont tondu façon balle de tennis – enfin, on aurait plutôt cru une pelade. En me voyant passer dans le miroir du hall, j'ai eu un sursaut d'épouvante devant ce psychopathe mi-punk mi-yorkshire.

Ce n'est pas tout. À cette coupe lamentable que nous devons garder trois jours – nous sommes le 28 décembre, donc jusqu'au 31 – s'ajoute une épreuve : séduire une fille durant ce délai, et ce en dépit de notre handicap capillaire. Avec une prime : si on gagne, les anciens nous appelleront Maître jusqu'à la fin du stage. Et tout le monde joue le jeu, mort de rire.

Au bar de l'hôtel, j'entreprends une jolie demoiselle. Au bout d'un court moment, intriguée, elle me demande :

– Pourquoi t'as des cheveux comme ça ?

– Je fais de la moto, c'est *freestyle*, non ?

N'importe quoi. Par une chance inouïe ou parce que ce ne sont pas les cheveux qui font l'homme, la demoiselle a trouvé ça « sympa ». Et c'est ainsi que j'ai remporté l'ultime défi de mon bizutage.

Le soir du 31, comme prévu, armés d'une tondeuse, les anciens m'ont rasé en m'appelant Maître. Pendant tout le repas du réveillon, j'ai pris un certain plaisir à leur demander « Tu me passes du pain, s'il te plaît ? » ou « Ça va, tu te sens bien ? »… Si l'un d'eux oublie mon titre en me répondant, je le reprends.

– Oui, qui ?

– Oui… Maîîître.

Ça m'a bien plu. Pour un peu, j'y aurais pris goût.

Dans l'eau, mon crâne rasé rend une sensation délicieuse, géniale même. J'en ai carrément été stimulé sportivement tout en ayant hâte de voir repousser mes cheveux et de remettre un bonnet.

Nous faisons la fête avec la bénédiction des autorités. Se divertir fait partie des principes du stage, surtout sous climat exotique. Le soir offre de longues détentes qui se prolongent dans la nuit chaude. Mais pas que. Ce serait oublier le staff des coaches, toujours soucieux d'allier pédagogie et performance même au bout du monde à l'approche de la Saint-Sylvestre. Un des entraîneurs a donc émis l'idée lumineuse de partir en randonnée sur un volcan à Pétaouchnok pour voir se lever le premier soleil de l'année 2009.

– Ho, lui, il nous prend pour des pépés et des mamies en voyage avec Selectour !

L'excursion ne nous emballe pas du tout, avec un réveil à l'aube et trois heures de route pour rallier le site. Mais bon, pas le choix, nous sommes leurs esclaves.

Nous voilà donc partis, ensommeillés et mal lunés, serrés dans plusieurs voitures, vers un « spot magnifique ». À l'arrivée, nous marchons un bon quart d'heure pour atteindre une falaise et admirer… Que dalle, une épaisse brume matinale, partout. Sans mauvais esprit ni chauvinisme, mes montagnes pyrénéennes sont dix fois mieux. Le coach s'excuse.

– Mince, normalement, le paysage est super beau ici.

Comme tour operator, il peut aller se rhabiller.

– Continuons, ça va se lever.

Retour aux voitures pour plusieurs heures de route, à s'emmerder comme des rats morts, trimbalés en caisse dans une brume qui poisse l'altitude. La haine, soudain, nous vient. Plutôt que de suivre les véhicules qui brinquebalent devant, on ralentit, on musarde, on traîne au point… de les perdre. Ha dis donc, c'est bête, on a perdu la colonne et les portables ne passent pas. Quel dommage. Fabien, Nabil, William, Esther Baron – une des filles – et bibi plantons l'équipée pour une échappée balnéaire. À La Réunion, il suffit de descendre pour tomber sur une plage avec cocotiers et buvette.

Une fois tous rentrés à l'hôtel, Romain Barnier commence par en rire… Seulement voilà, le préparateur physique (coach muscu) qui a initié ce périple, Patrick Hospitalier, estime qu'il s'agit d'un manque de respect inadmissible envers Le Groupe, notion sacrée. Nous devons présenter des excuses. Du coup, Romain Barnier change de ton.

– Sérieux, les gars, c'est vrai, vous avez abusé.

– Romain, six heures de rando, non !

– Si, vous avez abusé de ne pas me prendre dans votre voiture !

Patrick Hospitalier déclare solennellement que tout acte engendre une conséquence. Mauvais présage. Le lendemain, puisque nous aimons tant les plages, il nous récupère sur le sable, en jour off pourtant, pour une matinée training où il nous en met plein la tronche. Exercices en cercle, très cardio, très durs, avant de partir courir, s'arrêter, repartir, cinq, six, sept tours, sous 40 degrés à 180 pulsations. T'as la tête comme un chaudron.

Patrick-Tour Operator s'est vengé et nous avons assumé notre faute. Faire faux bond n'est pas dans nos habitudes. Ses entraînements demeurent d'une rudesse inhabituelle en stage. Grosse séquence dans l'eau de mer, aquagym, battements de jambes, chaque matin, à en avoir des crampes comme au sale temps des prépas. On grimpe jusqu'à 800 mètres, La Réunion, ce n'est pas l'île de Ré. La moyenne générale doit être inférieure au temps donné, si tu dépasses cette moyenne, tu écopes de dix squats par seconde de pénalité. Tout le monde mouille le maillot sauf Laure Manaudou, furieuse. Il faut dire, pas de chance, qu'elle était du groupe qui s'est tapé l'interminable rando, la double peine est d'autant plus injuste.

À cette époque, une sorte de *bashing* se mettait en place contre Laure, victime de sa nature farouche et de son statut de star. Nous lui reprochions de ne pas être très drôle. Elle ne trouvait aucun plaisir à charrier qui que ce soit et n'appréciait pas plus de l'être. Sa gloire, malgré elle et malgré nous, lui conférait une place à part. Plutôt réservée, énigmatique, presque inatteignable, elle était la seule à ne pas jouer le jeu de la décontraction et de la rigolade au grand soleil.

Le soir, nous nous retrouvons pour un jeu de ballon dans la piscine. Ça tourne vinaigre entre elle et un nageur, pour rien.

– Joue, quoi !

Laure se bloque – Laure sait très bien tirer la tronche.

– Bon, si t'as plus envie, vas-y, tire-toi ! C'est toi qui plombes l'ambiance, là !

Laure se met à pleurer et s'en va. Nous restons interdits, il est rare qu'une embrouille tourne à la crise. Au fond, nous respectons tous Laure Manaudou dont la renommée auréole Marseille et qui a tant contribué au regain de la natation en France.

Nous ne l'avons pas revue de la soirée, elle ne s'est pas présentée à la séance suivante ; elle avait tout simplement quitté le stage. À peine rentrée en France, Laure a annoncé son départ. C'était fini. Elle avait décidé d'arrêter de nager[10].

À part cette bévue, la cohésion du groupe l'emporte sur chaque individualité. Si Laure échappait à cette empathie, c'est qu'à ce moment-là elle souhaitait s'arrêter. Après avoir tout gagné, elle avait perdu cette petite étincelle qui galvanise… Sa maturité, ses aspirations ne se satisfaisaient plus de notre compagnie potache. Rétrospectivement, je la comprends.

---

10. Elle reviendra au sein du Cercle pour les jeux de 2012, après une pause de deux ans et la naissance de sa petite fille avec Fred Bousquet. Et elle réussira à se requalifier. Laure Manaudou est la plus grande nageuse française de tous les temps.

Filles ou garçons, anciens et nouveaux venus, nous ne sommes pas rancuniers. Un nuage passe de temps en temps entre nous, sans jamais se transformer en ouragan. Il suffit d'assumer une connerie pour l'effacer. À quoi bon perdre du temps avec ça ? Ce mode de vie, à se chambrer continuellement, nous a préservés des rivalités. Comment une bande qui rigole, qui délire ensemble, pourrait-elle en venir à se tirer dans les pattes ?

La nuit du réveillon, nous sommes rentrés à 8 heures du matin. Le soleil brillait déjà fort.

Dès janvier, nous retournons dans les bassins. Cette époque marque le début des fameuses combinaisons polyuréthane. Évidemment, nous les avons essayées à l'entraînement, comment y échapper ? D'année en année, les combis font des adeptes au point de devenir incontournables. Leur effet est indéniable. Ce n'est plus tout à fait de la natation, cet art du gainage, tout en jeux subtils… Les combis diminuent l'enjeu sportif en assurant un gainage dans l'eau. De fait, elles transforment les nageurs puissants en fusée, privilégiant excessivement les gros gabarits qui deviennent de véritables missiles. Au détriment des stylistes et des techniciens. Chacun s'aperçoit, pensif, que ces nouvelles tenues changent considérablement la donne. Ceux qui préfèrent garder le maillot se trouvent distanciés. Compte tenu de mon gabarit, je ne fais pas partie des plus favorisés. Je ne suis pas loin de penser que cette pratique gâche mon sport. Mais le polyuréthane s'impose, aucune équipe ne peut passer à côté d'une telle évolution, voire révolution technologique. Le seul à la refuser est Michael Phelps, le grand Phelps que j'admire tant, mais il est bien seul[11].

En combinaison polyuréthane, tout le monde va plus vite, la hiérarchie de la natation s'en trouve profondément bouleversée. Une pagaille monstre. Des parfaits inconnus s'annoncent subitement leaders, de grands nageurs sont largués. Personnellement, je trouve la nage en combi moins belle, moins difficile. Je suis contre, mais je l'enfile quand même.

Avril 2009, championnat de France qualificatif pour les championnats de Rome. Je nage les séries et les demi-finales, qualifié parmi les trois premiers en finale sans être satisfait, gêné par la combi. Manifestement, elle favorise la nage de sprint, j'en conviens avec Romain Barnier. Nous discutons avant la finale du 100 mètres.

– Je vais partir vite, très vite, c'est la seule façon de me sentir bien.

– Avec les combis, c'est jouable.

---

11. Aux championnats de Rome, il va remporter le 100 papillon, catégorie dont il est le roi absolu, mais pas son crawl, contre un Allemand quasi inconnu qui n'avait jamais obtenu de temps stratosphériques.

J'avale les cinquante premiers mètres en trombe, battant le record du 50 au passage du 100. Je me mets sur le ventre pour virer, repars à fond la caisse, la combi me porte, je le sens, elle forme un aéroglisseur entre l'eau et mon corps, mais arrivé aux 75 mètres, la combi devient soudain lourde, je prends le bambou, un méga coup de pompe… Je finis quatrième des championnats de France sans pouvoir me qualifier aux 100 mètres mondiaux. Mais le dernier jour, aux 50 mètres, je me qualifie avec le troisième score européen de tous les temps. Déçu pour le 100, heureux pour le 50.

En guise de consolation, il me sera plus simple de m'entraîner uniquement sur le 50 en prévision des championnats du monde, à Rome. Les trois mois suivants sont donc agréables, sans intense travail d'endurance, et m'amènent vite à Rome.

Ces championnats se déroulent dans une ambiance à l'italienne et une chaleur à crever. Le site du Foro Italico offre une allure glamour, *dolce vita*. La piscine se trouve au milieu d'un complexe olympique aussi arboré que féerique. Je ne sais si Foro signifie « four », mais enfiler nos fameuses combinaisons en polyuréthane est un long et douloureux cérémonial qui peut durer jusqu'à une demi-heure. Nous avons l'impression de nous harnacher comme des scaphandriers ou des chevaliers pour un tournoi du Moyen Âge. Dans cette piscine à ciel ouvert, chacun cherche l'ombre. Le zénith est redoutable. C'est pourtant durant ces championnats caniculaires que je vais capter un peu de cette lumière qui me fera connaître pour la première fois du grand public.

Je me souviens avoir croisé, dans les gradins, le regard de Florent Manaudou qui avait accompagné, en spectateur, sa sœur Laure aux championnats de Rome. Qui aurait pu se douter que cet adolescent baraqué et timide deviendrait un jour à son tour un grand champion ?

Après les séries, les demi-finales, je m'engage pour mon 50 mètres, bien décidé à vider ce que j'ai dans les tripes. Je gagne et rentre avec le troisième temps en finale. Pas mal du tout. Il y a peut-être moyen d'aller chercher une troisième place sur le podium même contre un nageur plus fort que moi.

Juste avant la course, Romain Barnier me persuade d'une tactique.

– Faut tenter un coup de poker… Ce serait vraiment bien que tu battes des jambes en accélérant le rythme à 10 mètres de la ligne.

Me concentrer, accélérer sur le dernier quart. OK, va pour le poker.

Je me présente donc à la finale avec cette idée fixe. À vos marques, prêt, partez. À 10 mètres de l'arrivée, je pense à la recommandation de mon entraîneur. Et ça tue ma nage, je n'avance plus. Dans l'eau, en général, tu ne perçois rien, mais quelquefois, durant une fraction de seconde surnaturelle, tu devines tout, ta victoire ou ta chute, le trop-plein ou le vide. Une sorte de point mort où tu n'es qu'une mouche qui gigote à la surface de l'eau. Cette poussée décoordonnée me freine. Le coup de poker se retourne en coup de massue et je touche cinquième quand j'ambitionnais la médaille de bronze. Nous avons essayé, nous avons perdu : fin de partie.

À ma sortie de la piscine, Nelson Monfort m'interviewe, au débotté.

– Ha là là, cinquième ! Alors, Camille, c'était bien vos premiers championnats du monde ?

– Aujourd'hui, mon adversaire était plus fort que moi, mais je vous promets, l'an prochain, je serai là, je vais travailler pour m'imposer.

– Vous êtes déjà parmi les meilleurs. Bravo ! Cinquième, c'est pas si mal !

Je le regarde. Cinquième, septième ou dernier, tout le monde s'en fiche, sur un podium, on se souvient à peine du deuxième et plus du tout du troisième, alors…

– Je ne suis pas au bout de la route, il y a encore du travail, quelques centièmes à aller chercher, je garde une marge de progression.

Après Nelson Monfort, je vais illico attraper Barnier. Sans en vouloir à Romain, une défaite, faut savoir la partager autant qu'une victoire !

– Ben bravo et merci, chapeau ton coup de poker ! C'était horrible, Romain, ce que tu m'as fait faire sur les jambes.

– Camille, ça passe ou ça casse, nous le savions. Mais on se revoit en septembre et l'an prochain nous gagnerons le 50 et 100 dos au championnat du monde.

Avant mon épreuve sur 50, la finale du 100 dos venait d'avoir lieu. Les analyses de la course des champions nous ont été transmises et Romain avait demandé de sortir celles de mes courses où j'étais parti en trombe.

– Sur les analyses de ces courses, il nous manque 15 mètres, tu es champion du monde jusqu'à 85 mètres, il te manque 15 mètres, tu comprends ?

– Quoi, qu'est-ce que je dois comprendre ? J'ai la combi et je viens de finir cinquième.

– Tout le monde est en combi, laisse tomber, regarde, regarde… Sur le 100, tu es parmi les meilleurs du monde jusqu'à 85 mètres.

Ça me fait une belle jambe. Au départ, sur le plot, tiens, on est même tous à égalité ! Romain insiste. Il déchire un voile. J'observe les courbes. Et ça vient, d'un coup, malgré l'échec, la défaite, je comprends, je pressens que je PEUX être champion du monde. Tout va très vite, sous le brouhaha du public, l'annonce métallique du speaker, les mots de Romain résonnent dans ma bulle, soudain une autre voix, la mienne, me souffle : « Je VEUX être champion du monde. » Avant cet instant, je ne savais pas jusqu'où je voulais aller. À partir de maintenant, la porte s'ouvre, je peux être parmi les meilleurs mondiaux. Mieux : je le veux.

Pendant ces championnats de Rome, je partage une chambre avec Nicolas Rostoucher, un nageur très expérimenté de Marseille qui, après avoir remporté une quarantaine de titres, médaillé d'Europe, est en fin de parcours. Je commence, lui achève ces championnats moyennement, sans parvenir à rentrer dans les finales. Après mon classement aux séries et demi-finales avec le troisième temps, je reviens dans la chambre, tout joyeux.

– Bien joué, grand !

– Je ne m'attendais pas à ce que ce soit si facile de rentrer en finale des mondiaux.

À la seconde où je prononce ces mots, je me mords la langue. Trop tard.

– Excuse-moi, désolé.

– Ben, tu sais, quand j'ai fait mes premiers championnats de France, c'est ce que j'ai dit à mon coach. Toi, c'est au niveau des championnats du monde. Tu as le potentiel pour devenir un très grand.

Il m'a conforté dans l'idée que, sans être encore quelqu'un, j'avais quelque chose à défendre.

À Rome, en 2009, j'ai vingt-quatre ans. Je regarde toute cette période et les années qui précèdent comme une succession de déclics qui, un à un, ont poussé, entrouvert et enfin ouvert la porte vers les podiums. Une logique à peine perceptible m'a aidé à faire d'un chemin mon destin. Il faut du temps, accepter les creux, les découragements, quelques rendez-vous ratés, ces moments de doute qui te font baisser la tête, seul dans ton coin, mais qui s'avèrent avoir aussi pavé ta route vers la réussite.

Sans jamais avoir été mauvais, maintenant que je suis bon, est-ce que je peux devenir grand ?

Romain me l'a soufflé, calme, sans effusion, en m'alertant sur mes analyses du 100 dos.

J'étais le troisième Européen le plus rapide de tous les temps au passage du 50 mètres lors du 100 dos. Un instant avant que Romain ne me révèle cette prouesse discrète, je n'aurais pas pu l'envisager. Je ne me situais pas à ce niveau-là, je ne mesurais pas toutes les étapes franchies. Être le deuxième Européen de tous les temps, c'est du solide.

Après les championnats de Rome, l'interdiction des combinaisons en polyuréthane a finalement été promulguée. Une trentaine de records étaient tombés, comme neige au soleil, lors de ce seul événement. C'était aberrant. Depuis, la règle est stricte : un nageur doit concourir dans une tenue qui ne peut aller sous le genou ni au-dessus du nombril. Tout le monde allait rétrograder, question vitesse.

De Rome me restent trois moments, trois pierres blanches. Celui où Romain m'annonce ses projections, la courbe des temps à la main. Celui où, dans notre chambre, mon partenaire vieillissant m'encourage vers le sommet avec une certitude bienveillante. Et le « bravo » un peu incongru de Nelson Monfort, qui sonnait aussi comme une promesse. Mon potentiel devient un horizon, mon horizon, un enjeu concret, à portée de main. Si je n'ai jamais été du genre à me bercer de rêves de grandeur, je suis un gars sensible aux objectifs. Depuis des années, j'ai construit mon arc, ma flèche, ma cible… À présent, n'aurais-je plus qu'à viser ?

L'an prochain, c'est demain.

– IX –

2010, L'ANNÉE PRESQUE PARFAITE

Plus un seul accroc, tout est facile et donc parfait. Je nage. Je ne fume plus que trois cigarettes quotidiennes dont je savoure chaque bouffée. Je me transforme, j'évolue, naturellement tourné vers la « performance », ce mot qui me faisait peur. Dans le corps et le mental, mon souhait est bien calé : projet natation à plein temps. Par son aspect obsessionnel, l'objectif chasse les difficultés, la discipline tourne au hobby. Ne pas se coucher tard, rester sobre, prendre de bonnes nuits de sommeil – sans être moine, j'ai épousé l'eau, pas Dieu. Une vie fluide au carré. Je nage. Je nage, attentif à l'accumulation de détails ; mes entraînements de plus en plus précis, moins de jours sans, même mes exercices de prévention des blessures – essentiellement des abdos – sont faits. J'avale mes protéines après chaque séance, pas plus, pas moins. La dose. Propre. Cette hygiène, cette philosophie procurent du plaisir. Mon début de saison est très bon. Je progresse. Je deviens fort.

Depuis cet été, je suis avec la même fille. En janvier, elle m'incite à l'école buissonnière pour passer le week-end à Disneyland, quitte à louper le vendredi et le samedi.

– Tu n'as qu'à dire que t'es souffrant.

Je lui réponds d'accord, avant de me porter malade.

Pendant tout le week-end, les copains me font signe : « Ça va, Camille, rien de grave ? » « Bonjour champion, tu te sens bien ? » Je laisse sonner mon portable sans répondre. Devant le château de la Belle au bois dormant, Mickey et Minnie me saluent de leurs grosses paluches. Ma copine, ma princesse, est aux anges, heureuse que nous soyons ensemble dans un autre monde. Dans le mien, je n'ai pas assez de temps pour elle, plus de disponibilité pour rien ni personne. Fred, Nabil, Fabien me laissent des textos : « Gros, t'es pas au bout de ta vie ? » « Si t'as besoin d'un verre d'eau, j'arrive ! »

J'ai l'impression désagréable de les trahir. Et le pressentiment de m'être fait griller.

De retour le lundi, je reprends l'entraînement, nickel. Romain s'approche de moi en souriant.

– Ça va, t'as été malade mais ça a été furtif… Tu reviens dans l'eau en forme.

– Ouais, ouais…

– Au fait… Quelqu'un du Cercle t'a vu à la gare de Marseille, tu n'avais pas l'air trop mal.

Je me sens bête, à rire jaune. Quand t'es con, sans savoir quoi dire, tu rigoles comme ça.

– Je me suis permis… Sinon ce ne serait pas passé.

– Oui mais c'est maladroit. Tu peux faire autrement que mentir.

À ma grande surprise, Romain en est resté là. Pas de blâme, de blème, mille pompes et mille gueulantes… Rien, que son sourire froid. C'est passé comme une lettre à la poste qui m'est restée en travers de la gorge. *Tu peux faire autrement que mentir.*

Un mois plus tard, ma petite amie me demande de passer un week-end à Marrakech.

– Non, pas question.

Illico, elle monte dans les tours. Je ne cède pas.

– Écoute, bébé, je suis au top de mes possibilités, face à un challenge tellement important…

– Peut-être, mais moi ? Ma vie à moi, notre vie à nous ?… Puisque c'est ça, je préfère autant qu'on en reste là.

Et ma copine s'est envolée de ma cage.

Je nage, je nage. Elle était mignonne. Elle était cool, parfois je ressentais des papillons dans le ventre en la voyant apparaître. Je nage. Piscine, piscine. Le plus étrange, c'est que du jour où elle a mis fin à notre relation, je me suis senti soulagé, avec certes un regret. Je nage, je nage. J'ai d'autres rencontres, rien de sérieux. Un soir, une nuit, huit jours… Piscine, piscine, piscine.

Le terme approche. Bientôt avril, les sélections de printemps.

Avec William Meynard, spécialiste des nages libres, nous sommes dans le même mood. Sérieux, nous nous contentons de quelques soirées, animés par la même envie de parvenir au top.

Les championnats de France se tiennent à Saint-Raphaël. Nous arrivons devant la piscine en même temps qu'Amaury Leveaux, grand sprinter, qui s'entraîne à Paris chez Lagardère. Amaury n'a pas son passe. Le vigile le stoppe.

– Monsieur ! Vous avez votre badge ?

– Non… Mais enfin, t'es con ou quoi, je suis sur l'affiche, regarde !

Sur le coup, son attitude nous a paru grotesque, mais au fond, William et moi aurions bien voulu voir nos têtes sur l'affiche. Nous nous promettons d'y être l'année prochaine. Et nous filons retrouver Romain Barnier pour lui chanter, à tue-tête, du Charles Aznavour :

« Je m'voyais déjà
En haut de l'affiche
En dix fois plus gros
Que n'importe qui
Mon nom s'étalait… »

Amaury Leveaux a été un grand champion, un peu mythomane pour cacher ses faiblesses. Je l'appréciais, pour son humour et sa grande gueule, comme nous, les Marseillais.

Les championnats de France se passent au mieux, j'y réalise mes meilleurs temps sur toutes les épreuves.

Champion de France sur 50 dos, 100 dos et… vice-champion de France sur 200, le dernier jour ! La fête au chrono. Si d'habitude la fatigue de la semaine altère les résultats, et dans la mesure où le 200 n'est pas mon épreuve, le bilan est excellent. Juste après avoir concouru au relais 4×100 quatre nages, le délai de récupération n'était vraiment pas long. Par peur d'une blessure, Romain m'avait recommandé de ne pas forcer, mais je n'ai pas pu me freiner, m'empêcher de tout donner. Résultat : un mégaticket pour les championnats d'Europe.

– Je suis en forme, Romain, je suis en super forme !

– Je sais, je le vois.

– Je suis en forme, là !

– Ouais, j'ai compris, gros, tu l'as déjà dit…

Je veux tout casser. Cette saison sera ma saison.

En route pour les championnats d'Europe de Budapest avec le but de nager 53" au 100 mètres, ce qui m'assurerait la première place au championnat d'Europe. Avant les combis, le record était de 52'80". Mon score me classe de fait parmi les meilleurs mondiaux.

À la fin d'un entraînement, une nageuse me demande :

– Comment ça s'annonce pour toi ?

Je hoche du chef, très confiant.

– De toute façon, Camille, cette année, tout roule pour toi !

Fabien Gilot est juste à côté de nous.

– Lui, il est jeune… Camille ne sait pas encore l'effet que ça fait de réussir toute sa préparation et de se rater à la compète.

Dans les gradins, je suis en train d'enlever ma combinaison. Je ne m'attendais pas du tout à ce genre de réflexion de sa part, preuve d'une jalousie qui ne lui ressemble pas. Cette hostilité soudaine, venant d'un ami, me blesse comme un coup de poignard. Aussitôt, je me retourne, sans pouvoir me contenir…

– Si *toi*, t'as déjà connu des préparations parfaites et que tu n'as pas été foutu de conclure, c'est parce que *toi*, il te manque une paire de couilles.

Même soudés, blagueurs, nous vivons sous haute pression. La colère ne se situe jamais loin de l'effort ni de l'espoir. La machine bien huilée d'une équipe, d'un mot, d'un geste, d'un grain de sable peut se détraquer. Je sens Fabien se braquer et nous en restons là, froissés après cet échange sur un ton létal que nous n'avions jamais employé. Fabien s'en va de son côté, moi du mien. Nous prenons le bus sans reparler. S'il m'approche, je bouge. Quand je le frôle, il s'écarte. Notre camarade féminine a été témoin de notre rupture et Fred Bousquet, plus bas sur les gradins, a probablement entendu la scène. Peut-être prévenu, dans le bus, Romain Barnier perçoit immédiatement un trou d'air.

– Quoi, qu'est-ce qui se passe ? Y a un souci ?

– Ça va, t'inquiète, murmure sèchement Fabien.

– Dans quinze minutes, réunion de l'équipe de France, en bas. Pas vingt, pas dix-huit, quinze minutes !

Nous partagions la même chambre, Fabien et moi. Nous ne pouvions pas ne pas nous expliquer. Tendu, j'ai la gorge nouée. Fabien est un ami précieux. Le silence devient polaire entre nous. Nous étendons nos affaires à sécher, la combi, le maillot… C'est trop naze. Soudain, je lâche :

– Qu'est-ce qui t'a pris de me dire ça !

– Non mais ho, ta réaction a été super dure !

– Oui, désolé.

Me sentant attaqué, j'ai cogné de toute ma force sur la faille de Fabien, son énigme, cette fragilité qui l'honore. Fabien Gilot était extrêmement fort en relais, mais ce relayeur d'exception ne manifestait pas la même valeur en individuel, comme s'il ne disposait pas pour lui-même de la niaque qu'il mettait au service de l'équipe. Gilot était ataviquement collectif. Et sa passion, son génie du relais n'empêchaient pas sa déception de ne pas performer en solo.

– J'y suis allé fort parce que je n'ai pas compris ta méchante réflexion. De quoi tu m'en veux ?

Nous commençons à discuter, à remettre tous les points sur les i. Fabien se plaint de mon arrogance, soûlante, pénible. Paraître excessivement sûr de soi peut constituer une agression envers autrui, en tout cas envers lui. Ado, j'ai été un petit con, après j'ai été tête à claques. Aujourd'hui, obsédé par l'idée de gagner, aurais-je pris le melon ?

– OK… Mais je veux tellement réussir ces championnats d'Europe.

– OK, je comprends… Je me mets à ta place, alors mets-toi un peu à la mienne.

Le souci, c'est que nous ne faisons pas face au même horizon, qui s'est rétréci dès les sélections pour Fabien. Mon ami les a en partie loupées. Il s'est relâché en demi-finale, sur une erreur de débutant qui l'a exclu des critères. Lui, champion de France du 100 mètres nage libre, vient à Budapest défendre le 50 mètres en crawl quand sa distance de prédilection est le 100. Sa frustration égale mon ambition, d'où la friction. Dans l'amitié, la place de l'autre compte autant que la tienne. Pendant une bonne demi-heure, nous vidons notre sac avant de descendre en retard. Ce que les cadres nous font remarquer avec leur formalisme coutumier. Je les coupe, direct.

– Toutes nos excuses, nous avions un truc à régler.

L'assistance a dû se demander ce qui avait bien pu se passer entre nous. Notre différend était réglé et notre relation n'a plus souffert d'accroc. Romain nous a sondés de ses gros yeux. Les auspices ne pouvaient nous être plus favorables, le coach sait qu'un grain de sable, une zizanie peuvent altérer n'importe quelle aventure humaine. Pendant un moment, Romain a dû redouter que Fabien et moi ne partions en vrille. Ce n'était pas le cas. Nous l'avons rassuré d'un hochement de tête et d'un sourire communs.

Les championnats d'Europe vont commencer.

Nous arrivons à Budapest fin juillet, deux semaines avant l'événement. Le complexe est splendide, deux piscines extérieures, ce qui est rare en compétition internationale – les Hongrois aiment les jeux d'eau en plein air, leurs bains thermaux de Széchenyi sont fameux. Le site se trouve sur une petite île avec d'immenses gradins à gauche, des tribunes plus petites à droite et la liesse d'une population très amatrice de natation, sous un beau soleil estival.

Le coin France, sur le bassin de récupération, près des terrasses d'échauffement, bénéficie d'une place à l'ombre. Nous sommes bien traités.

Peu de temps auparavant, les joueurs de l'équipe de foot tricolore avaient fait parler d'eux en refusant de descendre de leur bus pour un entraînement. Des polémiques, des discordes, jugées par la presse comme des caprices de gosses gâtés, gâchaient le sport français. L'opinion se posait des questions, irritée, déçue, elle se détournait du ballon rond, cherchant à suivre d'autres sports. Les championnats d'athlétisme venaient de rencontrer un franc succès. Nous avions tous suivi avec des frissons cette équipe qui avait fini au sommet. Eux, ils donnaient envie. Plutôt que le fric, la célébrité, le bling-bling, nous voulions les suivre dans cet idéal. Les athlètes français, modestes et brillants, s'imposaient en modèles d'autant plus valeureux que les footeux multimillionnaires ne gagnaient plus rien. Notre vœu secret était de ramener plus de médailles en natation que la France en athlétisme. Au début, nous évoquions ce défi sur le ton de la rigolade, mais petit à petit, ça a fait son chemin. Un désir d'excellence nous tenaillait, moi le premier, le fumiste du lycée, le « boulet » de M. Martinez de mes débuts, l'ex-dilettante… J'étais mordu. Plus que tout, nous espérions poursuivre le grand chelem de la France. Le bleu-blanc-rouge au son de *La Marseillaise* commençait à doper l'équipe nationale de natation. Nous voulions tous monter d'un cran, en mettre plein les yeux au monde entier. Et chacun voulait être acteur de cet enjeu.

Au premier jour des compétitions de Budapest, Yannick Agnel, aux 400 mètres, se mesure au recordman, un Allemand, qui venait de pulvériser deux records du monde en combi polyuréthane. En 2010, il se présente sans cette tenue, prohibée. Vive l'égalité en maillot ! Il allait y avoir bagarre. Avec ou sans combinaison, l'Allemand Biedermann demeure favori et Yannick n'a que dix-huit ans.

Le coup d'envoi de la course est donné.

D'habitude, les spectateurs observent les premières longueurs sans manifester beaucoup de réactions, distraits par la durée d'une épreuve avoisinant les quatre minutes. À Budapest, dès cette première finale et dès les 50 mètres, l'accélération emporte la course et le public. Avec son bonnet blanc, ligne 2, Yannick emballe la course, en meneur. Biedermann, surnommé Machine à laver, tente bien de le rattraper, mais le Français se maintient, toujours, toujours devant. Sébastien Rouault, autre compatriote sélectionné, se bat comme un lion. En plein air, le public s'enflamme comme sur un stade ou un court de tennis. Biedermann ne parvient pas à rattraper son retard, talonnant Yannick Agnel. Magnifique duel. Yannick « pioche ». La foule se dresse, je me lève, le vent se lève sur cette finale. Tout le monde se met à hurler, les journalistes s'époumonent à leurs micros, surtout dans les rangs français. Éblouissant, acharné, Yannick gagne le 400 mètres nage libre sous les vivats, « en patron » dira la presse, avec l'art et la manière. Champion du monde junior, champion d'Europe senior, la même année. Le panache français *is back*. Nous retrouvons le souffle de Laure Manaudou, médaille d'or du 400 mètres nage libre féminin quatre ans plus tôt. Chapeau pour un gars de dix-huit ans, nageant pour la première fois en grand bassin au sein de l'équipe de France. La foule trompette, acclame son Hongrois troisième et le grand vainqueur français. Sa victoire nous impressionne autant qu'elle nous conforte dans l'idée d'imiter, voire de surpasser les médaillés de l'athlétisme tricolore en championnat d'Europe.

Sur le podium éclate la première *Marseillaise*.

Second challenge de la journée, le 4×100 quatre nages messieurs. La France est favorite avec la Russie juste derrière elle, à couteaux tirés. Ils avaient remporté l'édition 2009. La bagarre, encore. Ils « éclaboussent », expression qui porte bien son nom pour signifier un train d'enfer. Encore du très beau sport, pour dominer les Russes à l'arrivée ! Dès le premier jour, une double médaille d'or pour l'équipe de France. La plupart des nageurs de l'équipe décrochent leurs meilleurs temps. La dynamique est exceptionnelle, les Français se présentent en conquérants de cette édition.

Demain, ce sera à mon tour.

Je rentre tôt me reposer, j'entends la seconde *Marseillaise* à la télé de ma chambre. Impatient, j'ai envie de gagner ma place sur le podium. La nuit est douce. Rapide échauffement matinal… D'ordinaire, je parcours environ 1 500 mètres. Un tel échauffement à sec n'est pas nécessaire vu mon état de forme, je me contente de 800.

– C'est bon, Romain, je n'ai pas besoin de plus.

Romain Barnier porte son short kaki et son tee-shirt rose, fétiches des belles heures de la veille. Notre entraîneur ressemble à un pom-pom boy.

– 800 mètres, c'est peu, quand même.

– Point trop n'en faut.

J'arrive derrière mon plot, concentré comme du lait Nestlé en tube, fort du deuxième temps européen de l'année. Très bon *start* – les départs peuvent être mon talon d'Achille. Dans l'eau, je garde le même nombre d'ondulations qu'à l'entraînement, j'en tiens soigneusement le décompte, en épousant la résistance, le poids de l'eau contre mes épaules. Émergeant de la coulée, par cette prescience qui parfois se manifeste, je sens que j'ai dépassé les 15 mètres fatidiques au-delà desquels tombe la disqualification. Si ma première pensée est de *placer* ma nage, l'angoisse me traverse : tout va s'arrêter ce matin, c'est fini. Le silence, le souffle, le geste, la bulle, tout l'instantané d'une course, au cœur de l'action, ne m'empêche pas de me maudire : « T'as fait une merde, tu vas être disqualifié. » Un corbeau traverse l'azur. « Continue. T'arrête pas. Continue. »

Passage des 25 mètres. Passage des 50 mètres. Virage. Pour mon baroud d'honneur, j'accélère progressivement et violemment, vas-y, quitte à foncer, fonce. Je perçois ma vitesse, il me semble n'avoir jamais nagé aussi vite. Aucun acide lactique – cette substance toxique sécrétée lors d'un intense effort musculaire peut t'infliger un cauchemar de douleurs. Je touche l'arrivée et bien sûr je m'en veux, non seulement d'avoir sans doute dépassé les 15 mètres, mais aussi de me sentir encore de l'énergie. J'aurais dû accélérer plus tôt.

Affichage de mon temps officiel : 53'16", mon meilleur score. Bonne nouvelle qui aggrave l'angoisse d'entendre le commissaire proclamer ma disqualification. Je guette son annonce en flottant vers l'échelle de coupée comme vers la planche de la guillotine. Je rentre ma tête sous l'eau, coupure bleue, floue, le silence de la masse liquide assourdit le brouhaha. Je sors la tête de l'eau, la foule, le chahut… Toujours pas de sanction. Je renfonce la tête sous l'eau lourde et calme. Dehors, lointaine, la voix du speaker, en écho, égrène des mots inconnus. J'ai peur d'entendre cette voix m'exclure des séries. Je coule, j'émerge, plusieurs fois, entre mon monde et le monde, sur le fil d'une attente aussi tranchante que la lame de mon rasoir.

Une disqualification doit être déclarée avant le départ de la série suivante. J'attends. Tu attends. Il attend. Nous attendons... Depuis le bord, quelqu'un me crie « Bravo ». Je ne réagis pas. Le temps ne passe plus. Je me hisse hors du bassin, le couperet ne tombe toujours pas. La réalité s'estompe dans un ralenti. J'ôte mes lunettes. Le programme continue, l'organisation suit son timing, les prochains concurrents se préparent tandis que ceux qui viennent de concourir se dirigent vers le call-média. Si le départ de l'autre course est donné, je suis qualifié. Tant que ce signal n'a pas retenti, je peux être *out*.

Le départ retentit et les nageurs plongent. Putain, que c'est bon ! Tout mon être se libère. Qualifié. Je reste persuadé que je suis sorti trop loin, mon débord, par miracle, n'a pas été repéré – la juge de touche évalue les distances à l'œil nu. Elle ne m'a pas vu, à la ligne 4. Ma bonne étoile, aussi brillante que le soleil, l'a aveuglée. Je passe en zone mixte, devant la presse, où je n'évoque bien sûr pas ma conviction d'avoir encouru une disqualification.

– Je vais en demi-finale. J'en ai sous le pied, je suis impatient, je suis content...

J'aligne le baratin qu'on raconte dans ces moments-là aux micros. Sur le coin France, les camarades me checkent, poing contre poing, pour ma réussite et, soudain, je croise les yeux tout noirs de Romain Barnier.

– J'étais à combien ?

– Putain con, t'étais au moins au-delà des 15 mètres et demi, c'est incompréhensible. Ça s'est vu comme le nez au milieu de la figure !

Une bonne étoile n'est pas forcément déontologique, c'est une fée qui fait ce qui lui plaît, plaît, plaît et moi je voudrais aller embrasser la juge de ligne bigleuse.

Quand Romain m'a vu sortir quasiment à 16 mètres, il en a fracassé son chrono par terre. « Haaaaaa, le con, quel con ! »

Nul n'a le droit de se tenir au bord du bassin, les entraîneurs sont dans les gradins. Après, comme si rien d'anormal ne s'était produit, du bout du pied, Romain a discrètement rabattu son chronomètre sous son siège avant de le ramasser sans oser regarder personne.

– On peut dire que t'as du cul, toi. Maintenant, je t'en supplie, Camille, fais gaffe !

Souvent, tu n'as pas de chance – mon appendicite, mon zona, ma déchirure dorsale ont été des déveines. Parfois, t'en as, alors, dans ces cas-là, tu prends la baraka comme elle vient.

Le coach de Jérémy Stravius, second Français en compétition qui nage à Amiens, vient me trouver…

– Fais attention… La ligne des 15 mètres était vraiment limite.

– J'ai fait un super bon départ, je n'ai pas mesuré ma coulée, tu crois ?

Tout le monde avait vu le nez rouge au milieu de la figure, une disqualification à la ligne 4, les collègues, les staffs, les plus experts des spectateurs et pourtant je suis passé. Miss Baraka a laissé Camille Lacourt sur sa lancée. À quoi ça tient, des fois…

Je prends vingt minutes de récupération dans le bassin proche de notre stand. Mon temps m'assure une avance sur les autres nageurs, la perspective de pouvoir aller cueillir le titre. Pendant une course, les muscles produisent des déchets moléculaires ; pour nettoyer ces déchets après l'effort, mieux vaut maintenir un rythme moins soutenu, que le sang circule bien en laissant le cœur redescendre après avoir pu grimper jusqu'à 200 battements minute. Une baignade tranquille, équivalente à un petit footing, évacue l'acide lactique. Je sors favori aux demi-finales. Jérémy Stravius réalise le deuxième temps des séries. Le Britannique, recordman, obtient aussi un très bon chronomètre.

Nous serons donc trois rivaux.

L'hôtel est vraiment bien, proche du site. C'est important, tout est important. Je n'ai pas de goût particulier pour les chambres cinq étoiles mais j'aime les grandes pièces. La Hongrie, pays que j'aime, offre ces vastes chambres simples où tu ne te sens pas comme un hamster dans une boîte à chaussures. Un hôtel genre Ibis – je n'ai rien contre Ibis – formaté, rentabilisé, n'est pas l'idéal pour remporter un championnat du monde. La norme n'invite pas à l'excellence. Sans chercher un luxe superflu, qui n'est d'ailleurs pas notre habitude, je ne crache pas sur le silence, l'espace, une bonne clim… Cette année, nous bénéficions du must. Beau volume, du marbre, les fenêtres qui donnent sur un grand jardin. L'équipe n'aura aucune excuse de ne pas rapporter des médailles. En général, nous sommes bien installés, mais à Budapest, la fédération a vraiment fait son maximum. Ce bichonnage est-il un hasard de l'intendance ou le signe que les instances dirigeantes pressentent également une moisson exceptionnelle ?

Demi-finale du 100 mètres dos, en extérieur. En extérieur, tu vois le ciel. Brève routine d'échauffement parce que je me sens bien. Avec Romain, nous retournons vers le coin qui nous sert de vestiaire.

– Je vais les assommer. Même s'ils sont dans un grand jour, ils ne pourront pas me battre, ils vont tous nager pour être deuxièmes.

J'ai besoin de m'en convaincre, de me persuader d'un ascendant sur mes adversaires.

– Très bonne idée, réplique Romain, avec son sourire des bons jours. Vas-y, fais ta course à fond.

Il s'éclaircit la gorge.

– Écoute, pour plus de sécurité, ne sors peut-être pas aux 15 mètres, essaye de sortir à 14, plutôt, non ?

Je rentre dans ma bulle en attendant l'heure H.

Je dis toujours qu'on ne gagne pour personne. À la fin, cela se joue entre soi et soi. Mais dans l'inconscient, ces zones floues où s'entassent les émotions, les sympathies, les liens, chaque encouragement, chaque attention et chaque tendresse participent sans doute à la victoire, comme un élastique invisible te propulserait à l'instant T de l'action.

Chambre d'appel, tous les concurrents doivent s'y rassembler avant d'être nommés. Pendant les séries, nous y sommes seize, chiffre qui passe à huit pour la finale. Je me checke avec Jérémy. Par chance, nous ne sommes pas dans la même demi-finale. Sur le papier, selon nos scores, nous devrions tous deux monter en finale.

La chambre d'appel n'est pas une antichambre quelconque, certains experts prétendent que des courses peuvent se gagner ou se perdre dans cette pièce retirée, monacale, où chaque candidat attend l'appel des nations. Jean-François Salessy affirme que je suis « un *killer* » en chambre d'appel. Il n'y est pourtant jamais venu, mais le nez de Jeff va partout. Quand il ne te voit pas, il te flaire, comme un sanglier corse. En chambre d'appel, je ne manifeste rien, en apparence. Adopter une attitude m'as-tu-vu, un geste trop calculé, y paraît vite ridicule. Au poker – je ne suis plus seulement un joueur de belote contrée –, si un mec fanfaronne, « Ho, je vais t'éclater ! », en général, c'est qu'il n'a pas grand-chose en main. Ceci dit, tous les sens d'un sportif sont en alerte dans la chambre d'appel. Face à huit ou seize adversaires, fatalement, tu cherches à percer leurs cuirasses, à froid, dans ce huis clos. L'aura, l'assurance, la puissance n'ont aucun besoin de signe extérieur. Certains champions rayonnent sans le vouloir, Michael Phelps m'a toujours paru royal dans toutes ses attitudes. Je veux seulement y exposer ma tranquillité. Vous êtes bons, mais je suis meilleur. Je suis le plus beau, le plus fort, le plus intelligent. Aucun de vous ne peut me battre, je n'ai rien à prouver, je vais en faire la démonstration dans quelques minutes. Je suis comme ça en chambre d'appel. Un type qui ne touche plus le carrelage. Dès que je passe en mode compétition, ce double détestable apparaît. Est-ce bien moi, cet arrogant ? Oui, c'est bibi. Je parais très sûr de moi parce que je suis absolument sûr de moi. Je m'en convaincs parce que j'en suis convaincu. C'est un cercle vicieux – ma bulle. Moi, moi-même, moi je, avant chaque course. Quand je me concentre, cette arrogance m'envahit jusqu'à occuper tout l'espace. Le gentil Camille, avenant, le bon gars, meurt. Je pars en guerre. Je vais tous vous tuer sans même vous regarder. Sachez-le dès maintenant, en chambre d'appel. Je ne cherche ni à croiser ni à éviter un regard. Je nous observe froidement, quand chacun a tendance à regarder ses pieds ou ses mains en scrutant en douce la concurrence. Dans mon jeu, j'ai toujours trois as. J'adore ça. Parce que ce n'est pas vraiment moi, juste un jeu de rôle dont tu dois être le maître. Je suis un joueur. À chaque compétition d'importance, je dois être dans cet état, avec mon double guerrier. Ce Mr Hyde du Dr Lacourt a commencé d'apparaître à Budapest. D'un coup. La métamorphose. Un champion n'est pas un souriant athlète sympa qui sur le podium reçoit une médaille, une peluche et un bouquet… Un champion est un monstre de solitude supérieure. Je suis devenu cet être infect à Budapest.

Et je tape un mégachrono, 52'75", de mémoire. Record du monde textile, par rapport aux combinaisons de polyuréthane à 52'80".

Très bon départ, comme ce matin, avant une coulée plus courte. Ce matin, j'ai commencé à accélérer un peu tard vu mon état de forme. Je m'élance. Au bout de ma course, je sens qu'il m'en reste, j'aurais pu démarrer encore plus tôt.

Je préviens Romain.

– J'en ai encore sous le pied.

Jérôme Stravius obtient le deuxième temps aux demi-finales avec 53'40". Une seconde est un écart considérable en natation, équivalent à 2 bons mètres.

J'ai assommé la course. S'il se trouve des bookmakers à Budapest, ils sont tous en train de prendre les paris sur moi. Sans conteste, M. Lacourt est favori.

Routine jusqu'au lendemain, la finale. Tandis que je m'allonge pour une sieste, je sens mon envie de vaincre intacte former une légère boule au ventre, une boule de nerfs.

Je dors.

J'arrive sur les bassins serein, avec la même détermination, jusqu'à la chambre d'appel. Nous n'y sommes plus que huit dans une tension plus électrique que la veille. Mon moi arrogant prend encore davantage d'espace. Personne ne s'est assis, je prends une chaise pour rester un peu ramassé, mieux concentré. Après la demi-finale que je viens de faire, je ne perdrai pas cette finale. Même si l'un de ces mecs a caché son jeu, il n'y a aucun moyen que je la perde.

Nous nous présentons à la foule dans l'ordre inverse des qualifiés, j'entre donc le dernier au bout de la piscine, tout habillé, sur la ligne 4, avec chaussures, survêt', tee-shirt... Mes adversaires, en maillot, sont déjà prêts à se placer. Mentalement, je leur dis « ho, ne me pressez pas, c'est moi qui donne le tempo, vous m'attendrez, en spectateurs ». C'est long, même pour moi... Pour les autres, je sais pertinemment que cette attente doit tourner au pensum tandis que j'enlève, sans aucune précipitation, ma chaussure, ma chaussette, mon autre chaussure... À mon rythme, c'est *ma* course.

Au moment de mettre mes lunettes, je remarque une légère buée sur le carreau. Je recule, j'attrape calmement ma bouteille d'eau pour évacuer ce résidu. C'est *mon* timing. Je ne me dépêcherai pas. Par la suite, en vieux singe, je ne me déshabillerai plus jamais avant de voir arriver le dernier nageur à la ligne 4. Car tu peux vite avoir froid, dans une piscine.

Ma mère m'a observé à la télévision, au bord de cette finale. Elle m'a dit : « Je ne t'ai jamais vu un regard si noir et si effrayant. »

Maman avait raison. Je n'étais plus l'enfant de personne. J'étais un animal dans le couloir de sa victoire.

Bon départ comme la veille. Je prends le risque de sortir à 14,80 mètres, à la limite, avant de *poser*, *placer* ma nage. Bon, on va essayer d'accélérer 65 mètres avant l'arrivée, une trentaine de mètres après le départ. J'arrive à fond pour virer. Maintenant. Maintenant, j'accélère, je me donne, je frotte la ligne d'eau, à quelques mètres avant le virage. Après, je passerai devant et j'y resterai, seul. Virage, coulée à pic, à fond, dans une éruption volcanique de bulles d'air. Je tétanise sans éprouver la douleur que j'ai connue, l'indolore est signe de course maîtrisée. Je sens mes adversaires loin, si loin… À un tiers de la course, le moment devient fantastique, je sais, je sais déjà que je vais la gagner et j'entre dans l'instant magique.

La certitude, un sentiment d'absolue souveraineté, jusqu'alors inconnu, une joie au tréfonds de mon être. Une liberté. Une beauté. Je suis chez moi dans l'eau, je suis l'eau et le nageur, la couleur, le son, toutes les perceptions sont moi. Bras tendus, je roule dans la perfection.

Après un très bon retour, je touche premier. Je m'enfonce sous l'eau, j'y suis bien, je me laisse flotter quelques secondes. Champion d'Europe, mon ami. ÇA Y EST. J'émerge. Je vois s'afficher le record d'Europe, je viens de battre le record européen. Le public est à fond. *Yes*. Oui, je suis content, bien sûr que je le suis, mais en fait, non, enfin, pas vraiment… Inexplicablement, la sensation qui domine est une déception. Je l'ai fait. Ce n'était que cela. Voilà, je suis sur le toit de l'Europe et il ne se passe rien. Je n'éprouve rien. C'est fini. Je suis là. L'année s'est déroulée si parfaitement que la pure logique semble m'avoir mené à cet instant, cette victoire. Ce n'est pas ce que je croyais. J'attends, j'espère, l'explosion n'arrive pas. J'entends le public, je me dis : faut que je fasse un geste, quand même ; je lève un bras, j'enlève mon bonnet. Oui, c'est bien. Je reste spectateur de ce que je viens d'accomplir.

Les photographes mitraillent.

Je m'attendais à une explosion, une vague. Peut-être surgit-elle après que tu t'es battu à l'arraché, à l'aventure, mais là, non. Comme si après avoir bachoté un devoir de maths, résolu toutes les équations, on me rendait ma copie avec 20 sur 20. Je le savais que j'aurais 20. Cet état de déception a duré une longue, longue demi-minute. Je finis par quitter le bassin pour participer à la fête. Mais ma première réaction me colle à la peau. Je me souviens être sorti de l'eau très sobrement. Un Français déguisé en Superman, avec sa cape en drapeau tricolore, me tombe dans les bras.

– C'est trop bien !

Superman est plus heureux que moi. Enfin, peu à peu, la joie communicative m'envahit avec fierté, sans excès.

Je n'ai jamais parlé de cette étrange déception à personne. La mélancolie du vainqueur. Un phénomène de descente, de décompression, comme lorsque tu remontes trop vite des profondeurs. On ne peut pas en discuter avec des personnes qui n'ont jamais remporté un titre ni avec celles qui t'ont encouragé, qui sont heureuses pour toi, pour l'équipe, pour Marseille, pour les couleurs de la France ! Une joie différée que je reçois des autres au lieu qu'elle émane de moi.

Dans la zone mixte, je retrouve Nelson Monfort, le saint Pierre médiatique des bons et moins bons jours – tous les nageurs respectent et apprécient Nelson.

– Je me rends compte que ce que je viens de faire est vraiment ce pour quoi je travaillais depuis tout petit… Je l'ai fait.

– Oui ! Oui, vous l'avez fait, Camille ! s'enthousiasme Nelson Monfort, hurlant presque.

Après avoir touché l'arrivée, dans l'eau, au moment de libérer mes cheveux du bonnet, un rayon de soleil oblique traversait la piscine. Les photographes travaillaient. Tandis que je n'éprouvais rien, à attendre une vague extraordinaire qui ne viendrait pas, à cette minute-là je suis devenu célèbre. C'est cette image à la télévision et dans les journaux qui, le soir même puis les jours suivants, va attirer le public. « Le beau gosse de la natation », « Le *golden boy* des bassins », « Le Gary Cooper du 100 mètres », « Lacourt transforme l'eau en or »… Chaque fois que je revois cette photographie, juste après avoir enlevé mon bonnet, j'en suis troublé. Je suis champion d'Europe, l'air à la fois grave et heureux, mais au fond de moi, rien, un plat.

À Budapest, j'ai décroché mes deux meilleurs temps aux 100 et 50 dos, recordman d'Europe sur 100 mètres, frôlant à trois centièmes le record sur 50, obtenu en combinaison polyuréthane. De toute ma carrière sportive, je n'ai plus jamais nagé aussi vite que ce jour-là.

Cette parenthèse, entre ciel et eau, tout en haut et à côté, ailleurs, reste une énigme que je n'ai pas encore résolue. Jamais je n'ai retrouvé un aussi haut niveau de vitesse que ce mercredi 11 août 2010, date à partir de laquelle, sans que je change, toute ma vie s'est mise à bouger autour de moi.

– X –

Marseillaise HONGROISE

Le temps continue, sans s'arrêter, il peut te paraître plus court, plus lent selon ton humeur, mais c'est toujours ta vie, la même. Pourtant, quelque chose changeait. J'arrivais là où je rêvais de parvenir depuis des années, dans une ambition secrète. Par orgueil, par pudeur, par peur aussi sans doute, j'étais resté longtemps sans oser me l'avouer, mais enfin j'y étais. Malgré ce trouble étrange à la seconde de ma victoire aux 100 mètres, j'ai toutes les raisons d'être heureux. Et je le suis. Je suis heureux, mais pas autant que je le croyais.

Le lendemain du 100 dos, un ami m'a envoyé un article sur mon téléphone. Je faisais la une de *L'Équipe*, le grand journal du sport français, notre bible quotidienne, avec un long article en pages intérieures. Mon « exploit » me valait la une. Moi qui punaisais des posters de mes champions favoris sur les murs de ma chambre d'ado, en vingt-quatre heures j'étais devenu une tête d'affiche qui allait faire rêver des petits gars passionnés de natation comme je l'avais été moi-même. Je me suis trouvé plus beau en photo que devant la glace de ma salle de bains, je me suis senti bien, fier d'être quelqu'un. Flatté. J'ai pensé à mes parents qui allaient acheter plusieurs exemplaires de *L'Équipe*, tout le village de La Cabanasse, jusqu'à Font-Romeu, serait au courant. Ma mère en aurait la larme à l'œil, peut-être bien que mon père aussi.

Je lis l'article, ligne après ligne, très bon. Tant d'efforts, de doutes, justifiés, récompensés. Mais deux phrases me restent en travers de la gorge : « le Marseillais de vingt-cinq ans s'amuse à faire trembler les frontières chronométriques du dos. De quoi susciter l'admiration mais aussi les interrogations », « Le parcours du Français et sa progression font causer ».[12]

Un gong a résonné sous mon crâne avant qu'un coup de massue ne m'assomme. Benoît Lallement… l'article est signé Benoît Lallement. Mais bien sûr ! Son nom ne m'est pas inconnu. Ce type, il me semble, a un contentieux avec le Cercle de Marseille. Sa plume avait déjà diffamé, sans le nommer, Fabien Gilot qui présentait une éruption cutanée sur les épaules. Benoît Lallement avait jugé dans *L'Équipe* ces traces « suspectes ». Certains journalistes ne s'obligent même pas à chercher, n'importe quoi leur sert de prétexte à calomnier. Furieux, Romain Barnier avait failli en

12. Extrait de l'article paru le 13 août 2010 dans l'Équipe.

venir aux mains avec lui, qui œuvrait moins dans la presse sportive qu'au tir aux pigeons people, en fait. Nous en étions venus à croire qu'il était animé par la seule obsession de nous nuire. Je me suis souvenu de cette guerre en tombant sur son nom, au bas de la page. Il incarnait aussi le problème des réseaux, des élites sclérosées, problèmes bien français sources de tant de rancœurs. Benoît Lallement avait eu pour témoin de mariage Claude Fauquet, directeur technique national de la natation française dont les rapports étaient très tendus avec le Cercle des nageurs de Marseille. Claude Fauquet était également marié à l'attachée de presse de l'équipementier TYR, fournisseur de… la Fédération française de natation. Benoît Lallement avait aussi échangé des noms d'oiseaux avec notre directeur Jean-François Salessy. Bref, une empoignade permanente agitait les hautes sphères.

J'étais à la fois groggy et en rage. Personne ne peut comprendre cette sensation d'être sali par la presse s'il ne l'a pas endurée. Une saloperie est écrite noir sur blanc, elle est publique, ta famille, tes copains, le voisin de palier vont tomber dessus, imaginer des errances, des fautes, et toi, tu es là, impuissant. La maladie qui te condamne évolue sans toi. Cette saleté a gâché mon bonheur. En un éclair, j'ai compris comment elle pouvait fracasser des existences entières. C'est du poison. Quelle pire insulte pour un champion que de prétendre que sa performance ne lui appartient pas ? Qu'il est dopé. C'est ce que sous-entendait Benoît Lallement en jetant le doute sur ma progression jugée trop rapide.

La colère m'envahit. Je googlise « Lacourt dopage » sur Internet pour vérifier si son insinuation est reprise, si d'autres journaux mettent en doute ma probité. Rien, nulle part, pas un traître mot, c'est le cas de le dire.

Alors j'essaie d'oublier, sans y parvenir.

J'avais gagné le 100 mètres selon les chronomètres. J'ambitionnais, pour le 50, d'approcher du record du monde, de le surpasser. Après avoir nagé 24'30"en série, je pouvais aller chercher ce record de 25 centièmes seulement plus rapide. Romain y compte bien, je le sens.

Lorsque nous nous retrouvons, lui aussi a pris connaissance du papier dans *L'Équipe*, jusqu'à sa dernière ligne fielleuse.

– Camille, ne perds pas d'énergie avec ce type qui nous déteste. Passe au-dessus, ne te laisse pas avoir sinon tu vas devenir dingue. L'opinion retient ta victoire, pas cette petite perfidie. En plus, tu dégages l'inverse de ça, ton aura parle pour toi, ton sourire, la manière dont tu sais communiquer le bonheur…

Mon coach m'adressait rarement un compliment de plus de trois mots. Romain insiste, car il me sent perturbé. Les meilleurs conseils ne sont pas les plus faciles à suivre. L'envie me démange de lui rentrer dedans, physiquement, à ce baveux.

Je remporte les demi-finales.

En sortant, dans la zone mixte, parmi les stands de sponsors, chaque athlète commence par répondre aux interviews télévisuelles. L'incontournable Nelson Monfort me complimente à nouveau.

– Demain, tout est au vert pour la victoire…

Au début, quand on est jeune, être interviewé par l'institution sportive que représente Nelson Monfort vaut consécration. Et puis on s'habitue. La médiatisation est un processus, un passage obligé, un système qui peut s'avérer dangereux. Si les grands sportifs y paraissent souvent mal à l'aise, c'est qu'ils s'en méfient. Ils se protègent en veillant à rester prudents, plutôt que de déclencher un tsunami. Lors de mes prochaines compétitions, je n'aurai que deux idées en tête : ce qu'il faut déclarer aux micros en cas de réussite, sur l'émotion, le plaisir, en restant modeste… et ce qu'il faut dire si la course s'est mal déroulée. Dans les deux cas, mieux vaut prévoir, ne pas trop se laisser aller à l'instant. Réagir à chaud est toujours périlleux, on peut se ruiner, se ridiculiser sur un mot malheureux, une faute de français ou une mauvaise attitude. Paraître antipathique à claironner son succès autant qu'à mal vivre son échec. Si ces moments sont souvent convenus, c'est que presque tous les sportifs de haut niveau préparent deux-trois formules toutes faites. « Merci à mon coach, je suis content… » « Ce sera pour la prochaine fois. » « J'ai tout donné, c'est la loi du plus fort, on ne peut pas toujours gagner », etc.

Après que Nelson m'a salué avec son élégance *british* bien connue, j'emprunte le long tapis bleu qui sillonne entre les panneaux des sponsors, vers la presse écrite, quand mon sang ne fait qu'un tour. Qui j'aperçois, un peu voûté comme un vautour, près de sa proie ? Benoît Lallement, à la recherche d'une nouvelle inspiration pour me saquer. Un grand brun avec des pattes à la Elvis. Romain a raison, son allusion à mon soi-disant dopage flinguait le Cercle et l'équipe de France.

Une barrière sépare les sportifs des reporters qui nous tendent leurs téléphones ou leurs enregistreurs. Benoît Lallement se tient un peu plus loin, mains dans les poches, à la cool. Pour calomnier, pas besoin de bosser.

Je l'interpelle, très fort.

– Hé, Ducon !... Au lieu d'écrire de la merde, viens plutôt ici écouter ce que j'ai à te raconter.

Je sais, je parle mal, mais la grossièreté me sert à désigner ce que je ne respecte pas. Le vautour détourne le bec comme s'il n'avait rien entendu. Ma haine revient, intacte, elle explose comme un airbag. De quel droit, par quelques mots dégueulasses, ce mec-là peut-il abîmer la somme d'une décennie de travail et ma réputation ?

Je prends mon élan pour sauter la barrière quand je sens une main s'abattre sur mon épaule. Bien qu'il n'en ait pas le droit, Romain Barnier s'est faufilé en zone mixte.

– Tss, tss, tss, bouge pas, Camille… Bouge pas. Réponds aux questions tranquillement. Demain, tu as une course à gagner. Ce n'est pas lui qui peut ruiner ça, hein ?

Sans Romain qui m'a retenu, j'aurais foncé et je l'aurais défoncé. Enfin, je crois, Lallement n'était pas un Hercule – ni un Apollon d'ailleurs. Je me laisse pourtant rarement aveugler par la colère – plus tard, je revivrais cette fureur, une fois, contre un paparazzi, dans la clinique où venait de naître ma fille Jazz. Mais ce « journaliste » n'en était pas à son coup d'essai, il avait sévi dans l'athlétisme avant de venir nous pourrir la vie en natation.

Les conseils de Romain m'ont aidé à garder la tête froide – tiède, disons. Comme aucun journal ne reprenait l'intox, j'ai réussi à faire abstraction. Sans oublier. Je n'oublie pas celui ou celle qui m'a fait mal, à moi ou aux miens. D'une main sur la nuque, Romain m'a encouragé en m'orientant vers les vrais professionnels de presse écrite auxquels j'ai répondu. Aucun n'a émis la moindre insinuation quant à la dernière phrase du papier paru dans *L'Équipe*.

Le 50 dos est l'épreuve reine où je suis le plus à l'aise. J'y nage « en souple », ce qui signifie facilement, sans effort surhumain. Vu mon temps de passage aux 100 mètres, j'ai de la marge. En dos, le regard embrasse l'espace, par un jeu de regard tu peux apercevoir tes adversaires. Il vaut mieux les voir ; si tel n'est pas le cas, mauvais signe : c'est qu'ils sont devant. Aux séries, je les avais vus derrière moi. J'étais prêt. Rien ni personne ne pouvait me priver de ma victoire.

Au moment où je vais vers le bus, Romain Barnier en ajoute une couche.

– Tu refais le coup du 100 mètres, hein, tu gagnes la finale sans même la faire.

L'après-midi aurait pu être relax, du coup je me suis hyperconcentré, dans ma bulle.

Pendant l'échauffement, depuis le début de la compétition, j'utilise un élastique que je noue autour de ma taille et à un plot pour éprouver ma force. Mon jeu à moi, dans mon coin, sur une ligne de côté qui me rappelle un souvenir d'enfance à la piscine des Angles. En fin de séance, je joue avec cet élastique, comme d'un lasso. Je ressemble au *poor lonesome cow-boy* en maillot de bain, parce que, évidemment, l'adresse me manque pour choper le plot au lasso. Accomplir cette prouesse serait un présage de succès. Chacun ses grigris, j'avais fini par adopter celui-là. Le bizarre avec les grigris, c'est que chacun s'en trouve un tout en jugeant ceux des autres idiots. Mon lasso énervait mon coach.

– Tu nous fatigues, Camille, à lancer ton élastique !

Quoi ? Ken se promène en short kaki et tee-shirt rose par superstition, mais moi il me trouve niais avec mon élastoche ?

– Romain, si j'arrive à le mettre, je battrai le record du monde.

Chaque joueur cherche à séduire Miss Baraka. Il y a une part d'enfance à vouloir mettre la chance de son côté. Romain n'y voyait aucun intérêt et me regardait rater le plot en maugréant. Je partageais cette routine avec Fred Bousquet, nous tentions le coup, chacun à notre tour. Notre duo escagassait doublement Romain Barnier.

– Ho, les Playmobil, vous avez une finale à préparer et vous jouez au lasso !

– Si on y arrive, on va gagner.

– Si on y arrive, on va gagner-gner-gner-gner-gner, non, mais je rêve…

Romain s'éloignait en levant les yeux au ciel et en soupirant – Romain Barnier soupire et lève les yeux au ciel énormément.

Je me présente deux heures avant la course, je me place dans le coin France avec Marseille et l'équipe tricolore. Les certitudes se nourrissent d'habitudes, un double expresso faisait également partie de ma routine. Les coaches, à Budapest, bénéficiaient de cafés gratuits, pas nous – encore une injustice criante entre ceux qui coincent la bulle et ceux qui peinent dans la souffrance, lol. Je demandais donc toujours à Romain mon café gratis, à chaque série, chaque demi-finale, chaque course.

– Ça va, champion ?

– Nickel, je peux avoir mon café, s'il te plaît ?

Romain acquiesce et s'en va. Je le vois revenir au bout de quinze minutes.

– Mec, t'as oublié mon caf !

– Pardon ! Pas grave, je te le file après l'échauffement… D'ici un bon quart d'heure, maxi.

En me changeant, je m'aperçois avoir bêtement oublié mon maillot. Je retiens Romain, d'un sourire navré.

– Excuse-moi, tu ne voudrais pas aussi aller vite demander à Fred s'il n'a pas un deuxième maillot, STP ?

Et là, badaboum, Romain Barnier pique une crise.

– Ce n'est pas possible ? Ce n'est pas possible !… Tu ne peux pas avoir oublié ton maillot le jour d'une finale des championnats d'Europe ? Non, quand même, tu ne peux pas avoir oublié ton maillot le jour de ta finale aux championnats d'Europe…

Quand Romain Barnier bugge, il répète en boucle la même phrase en se frappant le bout des doigts sur le front.

– Ben si.

Heureusement, Fred-le-prévoyant avait un deuxième maillot.

– Quand même, tu ne peux pas avoir oublié ton maillot un jour de…

J'enfile la tenue pour l'échauffement. Barnier s'est volatilisé et toujours pas de café. D'ordinaire, l'entraîneur t'accompagne dans ces dernières minutes, mais cette fois : pas de Romain. Pas grave… quoiqu'il soit tout de même navrant que mon entraîneur ne soit pas présent au seuil d'une compétition majeure. Je me prépare donc solitairement avant de le voir revenir… sans café.

– Tu m'as encore oublié !

– Oui, je sais… Écoute, aujourd'hui Fred a sa finale, c'est très important pour lui, c'est chaud, il a besoin de moi. Toi, ça va, t'es en roue libre !

Comment ça, en roue libre ! Tu crois que je fais du shopping ou quoi ? Sur le coup, je me fais une raison. Mais enfin quand même, tout le monde se tient au taquet autour de moi, sauf mon coach, parti soutenir un autre athlète sans me calculer. La preuve : je n'ai pas eu mon café. J'aurais bien voulu mon café, au moins, voilà, c'est tout.

Vous me direz : « Dis donc, mon grand, tu ne vas pas nous faire une pendule pour un kawa ? Puisque Fred Bousquet a besoin de Romain Barnier, tu pourrais être compréhensif, non ? » Je vous répondrai : « Oui, d'accord, au temps pour moi. » Mais, en fait, au fond : non. Sans se prendre pour des divas, nous, les athlètes, sommes de petites choses fragiles et parfois casse-bonbons, qui, comme les artistes, ont le besoin impératif d'être aimés. Si nous percevons la moindre défaillance dans l'attention que l'on doit nous porter, cet abandon nous froisse.

Mais je surmonte, héroïquement. Sans café, je pars à la compète avec la même envie, ce mix d'orgueil et d'espoir qui forge l'assurance. Le désir d'aller très très vite décrocher le record du monde. Barnier-le-lâcheur en sera bluffé. Si la course parfaite n'existe pas, rien n'est parfait ici-bas, certaines courses frôlent le paradis aquatique. Aux 50 mètres de Budapest, j'espère bien atteindre ce nirvana et, au bout, embrasser ma joie.

Je gagne.

Malheureusement, levant la tête à l'arrivée, je constate mon échec à trois centièmes du record du monde, réalisé certes en combi. En touchant le mur, malgré la première place et un bon temps, je me dis « Ho non, on la refait, je peux aller les chercher ces trois centièmes ! Je change un point, un grain, un poil et le record tombe… » Trois centièmes. Trois fois hélas, nul ne peut remonter les aiguilles, même infimes. Je suis passé à côté du Graal. Gagner, c'est bien. Mais un record du monde fait avancer ton sport, tu bouges la table – expression qui dit bien que l'enjeu n'est plus seulement ta satisfaction, tu graves une ligne dans les annales. Tant pis, une autre fois, je me console en songeant que je vais kiffer *La Marseillaise*, l'hymne national interprété pour le seul médaillé d'or. Je sors de l'eau, sans explosion ni décompression, en jaugeant mon plaisir : 95 % de contentement, 5 % de regret. Un zeste d'amertume. Je progresse vers le bonheur. Ma course était belle, cet élément de grâce demeure toujours précieux pour le styliste que je suis. J'aime faire bien et beau – si possible.

En zone mixte, je me retrouve devant Nelson Monfort.

– Vous êtes très content ?

– Oui, très content.

Lorsque j'étais un nouveau venu suscitant l'espérance, Nelson me tutoyait. Maintenant, en champion dans la victoire, Nelson me vouvoie. Un challenge flamboyant se profile au fil des épreuves. L'équipe de France pourrait se trouver face à la Russie pour le titre prestigieux de meilleure nation européenne. Chaque médaille compte pour rafler cette couronne au nez des Russes. La fièvre monte à Budapest. Presse écrite, télé, radio, je fais ce que j'ai à faire. À la sortie de la zone mixte, Romain Barnier me tombe dans les bras. Je me crispe légèrement.

– Ha, te revoilà… Trois centièmes… Dis donc, tu ne crois pas que c'est le café qui m'a manqué ?

Ma réflexion n'altère pas son sourire triomphant.

– Non, Gros. Je pense qu'un café, c'est deux centièmes. Et puis tu aurais été trop énervé, tu serais encore sorti à 16 mètres, ça aurait été pire… Alors, dis-moi plutôt merci.

Romain m'avait délaissé. J'en avais éprouvé non pas de la jalousie, mais un peu de dépit. L'entraînement de haut niveau est aussi une histoire d'amour, qui se veut exclusive. Ceci dit, Romain avait eu raison de veiller sur Fred Bousquet qui a fini vice-champion d'Europe aux 100 papillon. Et Marseille poursuivait sa philosophie du collectif. Qui a le moins besoin d'aide laisse la priorité à qui en requiert davantage. Au final, nous avions tous de belles raisons de nous réjouir.

Deux médailles d'or. Je suis recordman du monde textile. Je n'entrerai pas dans le *Guinness Book* des records, mais en oubliant ces foutues combinaisons en polyuréthane, je suis le nageur le plus rapide de tous les temps sur le 50 dos, largement au-dessus du précédent détenteur.

Quelques jours plus tard va éclater une guerre interne où l'ego tiendrait à nouveau son rôle perturbateur. Comme je l'ai dit, Alain Bernard avait nagé à Marseille avant de rejoindre Antibes. Son entraîneur, Denis Augain, avait même managé l'équipe du Cercle, dont il était parti en froid, remplacé par Barnier. Une rivalité entre eux s'annonçait prévisible, au moindre motif. Contrairement à ce que l'on pourrait supposer, ces tensions existent moins chez les nageurs que chez les cadres pour une raison simple : entre nageurs, nous avons trop le respect de la performance, nous savons trop ce qu'elle coûte pour ne pas avoir d'admiration pour un champion, quel qu'il soit et d'où qu'il vienne.

Nous sommes à la veille du relais 4×100 mètres quatre nages, à l'avant-dernier jour du championnat. Les coaches français se réunissent dans une salle pour définir l'ordre du relais en série de sélection et celui du relais en finale. La règle, non écrite, est limpide : le nageur le plus rapide dans chaque nage monte au relais 4×100 mètres quatre nages. Pour moi, pas de souci. Les séries seront faites en dos par Jérémy Stravius, médaille d'argent derrière moi, afin de me laisser au repos avant ma participation à la finale. Le nageur 2 aide le nageur 1, tous deux partageront la médaille si elle tombe. Pour la brasse, aucun dilemme non plus, la place revient à Hugues Duboscq, multiple médaillé d'argent et de bronze sans jamais avoir décroché l'or. Chaque fois, Hugues loupe d'une marche le sommet du podium. Malgré ses titres, notre Poulidor de la natation, car il dégage la même gentillesse, se désespère de n'avoir jamais entendu *La Marseillaise* résonner à la fin de ses courses. Il se trouve être un garçon aussi sympathique qu'intéressant. Pour le papillon, Fred Bousquet s'avère incontestable et incontesté, l'équipe n'a aucun candidat de son niveau. Reste la problématique du crawl. Mon ami

À trois ans, déjà dans les bassins.

Le trophée d'une de mes parties de pêche avec mon père.

Moment de complicité et plaisir de la neige avec mon frère Thomas.

Sur les pistes de Font-Romeu.

Petit clin d'œil à mes parents facteurs.

En 1999, piscine de Font-Romeu, avec, de gauche à droite, Jean-Maxence Berrou, Arnaud Beinse et Yannick De Gérona.

Dans ma chambre avec les potes du sport-études, avec, de gauche à droite et de haut en bas, Guillaume Baixas, Jean Madeleine et Jean-Maxence Berrou.

Au stade Vélodrome en 2016 pour le concert d'AC/DC, avec, de gauche à droite, Fabien Gilot, Jean-François Salessy et Florent Manaudou.

Avec l'équipe du Cercle des nageurs de Marseille : Romain Magula, Maxime Bussière, Fabien Gilot et William Meynard.

En vacances
à Saint-Barth
en 2011.

Escapade à La Réunion
des membres du Cercle
des nageurs pour un stage
intensif mais pas que.
Farniente et rigolade
sont aussi au
programme.

Budapest, 2010, l'année de toutes les victoires ! Champion d'Europe du 4x100 mètres quatre nages, et des 50 et 100 m dos. Une joie collective et individuelle.

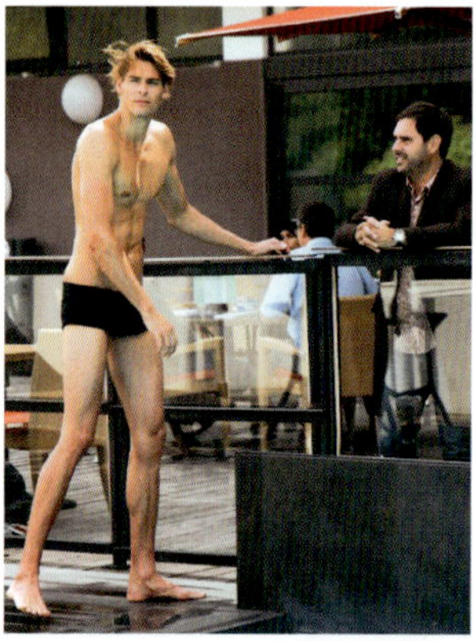

Au bord du bassin, sous l'œil
de Jean-François Salessy.

Émotion du podium,
après mon titre de champion du monde
du 50 mètres dos à Budapest en 2017.

Lors du trophée Andros en 2016 avec Renaud Lavillenie et Florent Manaudou.

Sur la scène des Enfoirés en 2011.

Au côté de
Christian Courtin,
président de Clarins
dont je fus l'égérie
pendant sept ans.

Sur les planches du Cercle des nageurs de Marseille.

Ma fille, Jazz, sa maman, Valérie Bègue, et moi-même,
séparés mais unis.

Fabien Gilot n'a pas été qualifié en individuel sur le 100 mètres tout en réalisant le meilleur temps dans le relais 4×100 mètres crawl, au premier jour des championnats. Alain Bernard, lui, a décroché le titre de champion d'Europe du 100 mètres crawl… grâce à un temps moins bon que celui de Fabien. Si les instances dirigeantes se conforment à la règle qui désigne le plus rapide, je retrouverai mon pote au relais. Un débat s'engage qui va vite tourner à la confrontation. Romain Barnier veut que Fabien nage, Denis Augain veut imposer sa vedette, Alain Bernard. Deux Marseillais se trouvaient déjà engagés au relais. Évincer Fabien Gilot n'était-il pas le moyen pour la direction nationale de limiter les succès évidents du Cercle de Leccia-Salessy-Barnier et de favoriser Antibes, club talentueux mieux apprécié par les instances ? La question se pose.

Nous sommes dans notre chambre quand Romain me joint sur mon portable. Je le sens à cran, lui qui ne perd pas facilement son sang-froid.

– Camille, ça recommence, ils me les cassent… Ils veulent mettre Alain en finale du 4×100.

– Fabien a été le plus rapide, je dois nager avec Fabien !

Un silence.

– Écoute-moi, Camille, si Fabien ne nage pas, s'ils ne respectent pas la règle pour le crawleur, tu veux bien pousser un coup de gueule ?… Voilà ce que je te propose, nous sommes obligés de jouer notre va-tout dans le rapport de force, tu es notre pièce maîtresse.

Si Fabien ne nage pas, tu refuses de nager dans le relais, tu laisses Jérémy Stravius à ta place, d'accord ?

Je n'ai pas besoin de réfléchir.

– D'accord. Je ne ferai pas ce relais s'ils ne respectent pas les règles.

À côté de moi, Fabien, qui semblait endormi, m'a entendu. Il s'attendait à participer au relais, sa déception va être d'autant plus cruelle, raison pour laquelle Romain a préféré ne pas l'informer du pataquès. Rien n'est encore joué ni perdu.

– Qu'est-ce qui se passe ?

J'hésite à lui avouer la vérité.

– Ils veulent faire nager Alain.

Fabien comprend tout de suite. Il se détourne. Je le sens blessé à mort. Le relais est sa passion, il y accomplit des merveilles.

– Les salauds... Et qu'est-ce que t'as dit ?

– Si c'est comme ça, je ne nagerai pas non plus, ils n'auront qu'à mettre Jérémy.

L'expression, la voix de Fabien deviennent extrêmement graves.

– C'est gentil, Camille, mais ne fais pas ça. Tu ne vas pas manquer un relais dans lequel tu es la plus grande chance de faire gagner la France. Pour ton image, personne ne comprendrait. Nous sommes en train de devenir comme les joueurs de foot... Souviens-toi, ce n'est pas ce que nous voulions être.

Fabien a raison. Vu de l'extérieur, pour la presse et l'opinion, mon retrait serait inexplicable. Jusque dans notre chambre, nous sentons la tension traverser l'hôtel. Au rez-de-chaussée, l'ambiance doit être à couper au couteau. La liste des finalistes sera publiée demain dans la demi-heure qui suit les séries.

– On a le temps de dormir sur nos deux oreilles, Fabien. Barnier va essayer de les avoir au bluff.

Je ne pensais pas me sacrifier, mais je plaçais ma confiance en notre entraîneur pour utiliser l'argument de ma défection afin de gagner le bras de fer.

Nous éteignons. Nous essayons de dormir. Fabien s'agite dans son lit.

– Camille ?

– Quoi ?

– Promets-moi un truc… Quoi qu'il arrive, tu prendras le départ du relais.

– D'accord. Mais je n'appelle pas Romain, laissons-le agir.

À 23 heures, nos téléphones bipent en même temps. Texto commun de Romain Barnier, laconique : « Fabien nage demain. »

Fabien et moi avons échangé un regard, un sourire, un serment muet. Notre victoire au relais 4×100 quatre nages de Budapest a commencé là.

Nous ne pouvions plus perdre cette course que nous nagerions ensemble.

Le lendemain, pendant le petit déjeuner, un pèlerinage a occupé les nageurs de l'équipe qui avaient eu vent de la zizanie. Dans un collectif, ce que les dirigeants préfèrent ne pas ébruiter se répand souvent à la vitesse de l'éclair, leur angoisse étant bien sûr que ces fuites finissent dans la presse. Sur le mur de la salle de réunion, un à un, nous allons contempler… une tache de café. Au plus fort de la dispute, Romain Barnier a envoyé valdinguer sa tasse. Décidément, le café jouait un rôle crucial dans ces championnats.

À part ce dégât, tout va bien chez les Grenouilles – ainsi nous a surnommés un journal hongrois. La règle juste est appliquée. Fabien sera du quatuor et nous sommes sereins, aussi naturellement unis que les doigts d'une main.

Fabien et moi bénéficions d'un repos le dimanche matin, Alain Bernard, beau joueur, nage en crawl les séries du relais avec Jérémy Stravius, en dos. Nous suivons leur course à la télévision.

Et ils nous emmènent en finale.

Après le déjeuner, dans l'attente de l'épreuve du soir, Fabien et moi regagnons la chambre. Je fais un tour sur ma page Facebook via mon téléphone où je constate que mon nombre de demandes d'amis explose.

– Les gens sont comme des fous à vouloir me suivre… Pourquoi ?

Fabien n'a pas l'air étonné. Avant Budapest, je possédais trois cents amis. En quarante-huit heures, mon compte a enregistré des milliers de demandes – en huit jours, j'atteindrais la barre maximale des cinq mille.

– Camille, tu ne te rends pas compte de ce qui se passe en France autour de toi…

Nous sommes allongés en mode sieste. J'entends monter son petit rire.

– En plus, je suis sûr qu'il y a 80 % de gonzesses.

Je replonge dans mon téléphone pour faire défiler ces innombrables demandes d'amitié.

– Exact ! Plus, même : à 90 %, ce sont des filles !

Les mains sous la nuque, les yeux au plafond, Fabien reste flegmatique.

– T'inquiète, j'ai la solution à ton problème. Ce soir, si nous gagnons au relais, j'annoncerai en direct que t'es gay. Voilà, comme ça, plus de soucis.

Je soupire et j'en rigole. Quel bouffon, celui-là. Sa vanne est drôle, mais inenvisageable, bien sûr. Nous nous tournons chacun de notre côté pour finir notre sieste.

Je mésestimais considérablement chez Fabien Gilot sa faculté de mettre en pratique son sens de l'humour.

Le lendemain, j'obtiens mon café gratis, rien à redire, Romain veille même à me l'offrir avec une gaufrette. Fred Bousquet, Fabien Gilot et bibi, en mousquetaires de la Canebière, avec notre camarade du Havre, Hugues Duboscq, nous nous échauffons ensemble, discutons ensemble, soudés pour triompher. Excellent climat de stimulation. Nous accomplissons tous les préparatifs en synchrone avant de retourner vers les kinés et les coaches pour l'ultime breafing.

– Les gars, l'affaire est simple, le titre se joue entre nous et les Russes, le duel va être au coude à coude.

Sur le papier, la France est devant la Russie d'un cheveu d'or. Cerise sur le gâteau, celle des deux qui emportera ce relais 4×100 quatre nages sera la meilleure nation d'Europe, ce qui couronne l'équipe ayant raflé le plus grand nombre de médailles. Un honneur jamais obtenu par la France. C'est super beau !

Qu'un championnat d'Europe aboutisse à un tel enjeu sur la dernière course n'est pas fréquent. Non seulement nous nagerons pour la victoire – parfois, l'adversaire est trop fort pour permettre l'impossible –, mais également pour un titre rare. Chacun d'entre nous a donné le maximum, électrisant la compétition, sans « touristes » ni traînards ; nos temps illustraient nos progrès et notre aptitude à la performance. Nous pouvions porter encore plus haut nos couleurs, en mode guerriers comme jamais.

Au relais, je pars le premier. Du velours. En tête, pas loin de mon meilleur temps, je prends deux secondes d'avance sur le dossiste russe, un avantage considérable. Selon les pronostics, le papillonneur russe est le plus fort maillot adverse, mais Fred Bousquet assure. Les brasseurs s'élancent. Avec Hugues, l'écart ne varie pas, lui aussi tient bon contre le choc slave. Fabien Gilot plonge, je sais qu'il va donner une de ses plus belles courses, tant lui tient à cœur, après la polémique de la veille, de légitimer sa place. Fabien, au sommet de lui-même, éblouissant, a été le nageur le plus rapide de ces championnats. Nous avons gagné le relais haut la main… à plus de deux secondes devant l'adversaire.

Et là, avec eux, avec la France, avec la terre entière, j'ai pris mon pied. Cette victoire voit naître ma première euphorie. La joie de remporter le relais dépasse celle d'avoir gagné le 50 et le 100 mètres en individuels parce que je la fête avec mes trois compagnons. L'enthousiasme de la brochette des Grenouilles doit être beau à voir pour les Hongrois et le public cosmopolite qui nous acclament. Nous crions, nous bondissons en l'air, nous nous sautons dans les bras. Hugues Duboscq, notre Poulidor, m'offre un supplément d'âme en me chuchotant :

– Grâce à toi, je vais vivre ma première *Marseillaise.*

Sans hymne, un médaillé d'argent ou de bronze est récompensé sur le podium. Lorsque tu entends l'hymne, ta victoire t'échappe en passant à ton pays, la France prend les lauriers en remerciant son coureur, tu n'es plus seulement toi, tu n'es plus seul durant cette minute musicale où ta victoire se transporte à la nation. C'est toute la France qui gagne.

– Moi, je n'ai pris que deux secondes d'avance, on fait 2"3''' d'écart, même sans moi, vous auriez gagné.

Hugues fixe le chrono, très fier, sa joie profonde m'émeut, lui qui était si souvent passé à côté.

– Celle-là, nous ne l'avons pas volée.

Au point média, nous répondons gaiement aux félicitations de Nelson Monfort, être en bande nous dégourdit la langue. La France est la meilleure nation !

– Vous finissez une semaine extraordinaire par une performance extraordinaire !

Fabien demande le micro en me jetant un coup d'œil hilare, avant de balancer en direct :

– Je voulais juste annoncer à toutes les filles qui fantasment sur Camille… qu'il est gay.

Et ce bouffon me saute au cou en me soufflant :

– Trop content, j'ai fait ma connerie !

Je veux l'insulter, le premier mot qui me vient est Ho, l'enculé ! Voyant le micro de France 2 à 30 centimètres, je m'abstiens, soucieux de ne pas lâcher de gros mots à l'antenne.

– Je propose, à toutes celles qui le veulent, de leur prouver le contraire.

Nous sommes jeunes, vainqueurs, heureux. Nous avons oublié les millions de téléspectateurs, le record d'audience. Nelson Monfort a eu un léger sursaut avant de s'esclaffer, comme Fred Bousquet, notre capitaine.

Après les réponses à la presse, nous allons nous poser au coin France où nous partageons de belles retrouvailles avec l'équipe. Alain Bernard compris. Tous les nuages se sont changés en lauriers sous le soleil de cet été 2010. Alain Bernard, comme Jérémy Stravius, partage notre médaille d'or au relais après avoir qualifié la France en série.

Pour rejoindre le podium, les élus doivent traverser un immense couloir blanc, digne d'un hôpital, éclairé de néons au plafond. Devant moi marchent Fred et Hugues, Fabien sur leurs talons. À la traîne, je savoure nos victoires à ce championnat. Tout à coup, Fabien s'arrête, songeur. Je manque lui rentrer dedans.

– Continue ! Pourquoi tu t'arrêtes ?

Mon ami reste immobile, je me demande à quoi il peut bien gamberger, manifestement plus dans l'euphorie.

– Ma blague avec Nelson Monfort n'était peut-être pas très intelligente.

Voilà qu'il a des remords, maintenant...

– Si, c'était drôle. Même Nelson a ri.

– Bah oui, mais notre image... On risque de passer pour des homophobes, non ?

Fabien remet ça avec l'engouement que je serais en train de susciter, en France, comme si j'y étais devenu un héros national.

– J'ai peut-être déconné par rapport à tous tes sponsors potentiels...

– Tu sais quoi, Gros ? Si des sponsors ne me signent pas parce qu'ils pensent que je suis gay ou parce qu'ils me croient homophobe, sur une simple blague, je m'en fous. Je me sens bien dans ma peau. T'inquiète pas.

C'était bien Fabien Gilot de se faire davantage de mouron pour autrui que pour lui-même.

– Les gens sont intelligents, ils comprendront.

Fabien n'est pas convaincu.

– Et puis, de toute façon, c'est fait, Gros.

En route pour *La Marseillaise*, au bout du couloir blanc.

Sur le podium, je suis contre Hugues Duboscq. Bras dessus, bras dessous, nous l'entonnons à tue-tête, cette *Marseillaise*, en luttant contre l'émotion qui nous serre la gorge. Mon plus beau souvenir est de sentir la main d'Hugues, sur ma hanche, trembler comme une feuille. Enfin, il vit l'instant qu'il rêvait de vivre, cet « Allons enfants… » qui lui a toujours échappé. Moi aussi, je prends de plein fouet la beauté et la folie du moment, ma chance d'être avec trois grands champions, le paradoxe émouvant d'entendre Hugues chanter de sa voix la plus puissante tout en sentant trembler ses doigts.

J'ai adoré ce plaisir de la réussite commune qui tournait en flux, décuplé de l'un à l'autre. La victoire est encore une initiation, pas une fin en soi. Et c'est là, ensemble, que j'ai enfin connu la joie du vainqueur. Cette ivresse n'est pas racontable. Cinquante nuances de bleu, en fanfare, avec une douceur marine. Une éternité. Comme dans l'amour. Quoiqu'en amour, avec mes médailles sur le torse et mes copines éphémères, je ne sois toujours pas, et de loin, champion d'Europe.

J'ai gambergé, je me suis posé la question de ma froideur dans la victoire personnelle, comparée au plaisir pris ensemble. Si ma joie n'était pas tout à fait au rendez-vous, était-ce parce que je n'avais personne avec qui la partager dans l'intimité ? Mes conquêtes d'un soir ne m'étaient pas plus capitales que je ne leur étais essentiel. Depuis quand n'avais-je pas pensé à moi, à ce que voulait mon cœur ? Attendais-je autre chose, qui tardait à venir, hors des bassins ?

« I want be loved by you » but where are you ?

Par la suite, après l'article d'un journaliste à la manque et la blague de Fabien en direct, les rumeurs sur le dopage chez les nageurs de Marseille, autant que sur mon homosexualité, allaient suivre leur cours. Tant pis, tant mieux, tu perds, tu gagnes et ta vie continue. De toute façon, tu ne remontes pas les aiguilles, alors quand tu te retournes, tu te dis : c'était bien.

Je suis champion d'Europe.

Tout est beau.

Si beau.

– XI –

Du hamburger au Président…

Le dernier soir à Budapest, nous préparons nos sacs avant la nuit blanche de la fête finale. Nous dormirons peu, les bagages doivent être prêts, une douche, deux heures de sommeil avant de sauter dans l'avion. Après les épreuves, avoir vaincu les montagnes russes, traversé un océan d'adrénaline, de dopamine, d'acide lactique, ne plus rien faire, sinon rire et sourire, se laisser aller, contempler Budapest est d'autant plus délicieux. Le repos du guerrier se mêle à la fierté du vainqueur.

J'ai mordu dans mes médailles d'or, devant les caméras, pour prouver qu'elles n'étaient pas en chocolat. Maintenant j'ai hâte de danser, d'entendre les beats de la musique, m'étourdir, faire l'amour avec une sirène hongroise. Profiter des dernières heures pour découvrir le romantisme slave, peut-être. Être libre jusqu'à m'oublier. Aimer est toujours une victoire.

J'appelle mes parents à qui j'ai tant de choses à raconter. Une effusion retenue nous lie quelques minutes, d'un bout à l'autre de l'Europe. Même entre nous, nous gardons cette pudeur pyrénéenne. Je sens leur émotion, leur fierté, eux perçoivent mon bonheur. Ma mère me passe mon père. À la fin de la conversation tombe un silence. Lui, toujours si calme, me prévient :

– Tu sais, Camille… Ta vie va changer à Paris.

Fabien me l'a dit, les coaches me l'ont dit… Qu'est-ce qui leur prend, à tous ? Je suis un peu connu… Comment cette reconnaissance pourrait-elle me changer ? Que mon propre père, au pied de nos montagnes, veuille m'alerter m'inspire un mouvement de recul. Venant de lui, je prends l'avertissement au sérieux. Mais à quoi bon cette défiance, gâcher son énergie contre ce qui n'est pas maîtrisable ? Qui vivra verra. Juste après avoir raccroché, je me souviens avoir entraîné Fabien comme si je m'accrochais à notre légèreté.

– Viens, allons faire la fête…

L'avion a décollé pour Paris.

On dort et même, on ronfle… Les champions de France tenaient une bonne cuite. William Meynard a tant bringué qu'il s'est pointé au pied de la navette pour l'aéroport… sans son sac.

– Hé mec, où est ton sac ?

– Tant pis, pfffff… Je le laisse ici.

– T'es dingue, on a cinq minutes, va le chercher !

William est reparti chercher son sac, comme un robot.

J'aime l'avion, hors temps, hors sol. Les veilleuses, le ronronnement, l'altitude, les hôtesses et les nuages… Dans ce cocon, moi aussi, je dors. Une secousse m'éveille en sursaut. À travers un flou se précise le visage en Winnie l'Ourson de Romain, la patte sur mon épaule.

– Qu'est-ce qu'il y a ?

– Mummm… Ce serait bien que t'ailles te passer un coup d'eau sur la figure.

– Quoi ?…. Qu'est-ce qu'elle a ma figure ?

– Rien… Ce serait bien que tu ailles te rafraîchir un peu… Pas mal de journalistes attendent à l'aéroport.

– Encore ? Mais combien ?

– Je ne sais pas… Une dizaine.

Quand mon entraîneur me demande un truc, j'ai tendance à obtempérer, je suis un bon soldat. Je m'ébroue avant de me diriger vers les toilettes. Dans la glace, effectivement, je me découvre une tête de lapin albinos. Barnier a raison, une petite remise en beauté s'impose. Et je retourne sur mon siège boucler ma ceinture, toujours à moitié dans les vapes malgré l'eau froide.

Nous débarquons groupés sans penser aux médias. Nous débouchons dans le hall de récupération de nos bagages. Derrière la baie vitrée se presse une foule nerveuse qui s'électrise à notre arrivée. Comprendre qu'elle est là pour notre retour est ahurissant, la natation ne suscitait pas de passion publique. Ils s'énervent, nous interpellent en se ruant vers les sorties. À Roissy, ce n'était pas de la presse, mais du buzz, une fringale de sympathie et de curiosité envers les garçons de Budapest. Je ne suis pas serein. Que nous veulent-ils, maintenant que les cérémonies sont terminées ? Deux ans plus tôt, Alain Bernard avait été l'affiche de la natation française, un champion olympique, Fred Bousquet, déjà vice-champion du monde, mais leurs consécrations n'avaient pas suscité ce déferlement. La gloire a une odeur de fauve. Tandis que le tapis roulant crache nos bagages, à côté de moi, je sens Alain Bernard évaluer cette frénésie avec plaisir. Parfait, il saura encaisser cette vague. Je traîne pour récupérer mes sacs et fais en sorte qu'il prenne les devants. Je suis crevé, j'ai la bouche pâteuse. Plus j'éviterai les journalistes, mieux ce sera. Du coup, je laisse même sortir vingt personnes entre nous deux.

Lorsque les portes coulissantes s'écartent, la meute est sur Alain Bernard. D'un bloc, comme une horde de zombies, la meute converge sur moi et m'engloutit. Un noir se fait, avec des cris, des coups, des interpellations… Je souris et j'en suis effrayé. J'opère une volte-face… Derrière, à droite, à gauche, pareil, ils sont partout, il en arrive encore, des retardataires cavalent des quatre coins de l'aéroport. Tous veulent une « réaction ». Leurs micros s'entrechoquent sous mon nez, une perche me heurte le front. « Vos commentaires ? » « Une déclaration, Camille Lacourt ? » Mes réactions à quoi ? Je n'entends même plus les questions. Aucun mot ne se forme dans ma tête ni sur mes lèvres. Je vais embrasser une bonne copine de l'équipe de France en espérant leur échapper. Peine perdue… Je les aimante. Sous cette pression, j'éprouve de la claustrophobie. L'essaim est pourtant bienveillant, je n'en veux à personne, mais ce moment me gêne. Sous mon sourire mécanique, je suis oppressé. Huit jours auparavant, je n'étais personne, j'avais répondu à trois interviews de toute mon existence. Romain Barnier m'avait dit « dix », ils sont au moins cent. Ça prend de la place, ça fait du boucan, une centaine de reporters. Plus tard, Romain me confierait avoir lui aussi été estomaqué par l'accueil à l'aéroport. Au bataillon médiatique s'ajoutent des supporters avec leurs pancartes et leurs drapeaux, je ne peux même pas aller les saluer. Notre groupe a éclaté, la presse reste sur moi, répétant mon nom en boucle. Tête baissée, j'avance, ils se pressent… Qu'est-ce qu'ils veulent ? Vingt fois, je dis « Merci », « Super ». C'est incompréhensible, démentiel.

– Vous êtes content ?

– Oui, très !

– Génial pour la natation !

– Oui, super !

Je me sens bête, pas à ma place. Le choc entre mon anonymat total et cette notoriété brutale a été trop violent. Je suis paumé. Je ne contrôle rien. J'ai l'impression d'être victime d'une farce, d'une caméra cachée géante qui va brusquement s'arrêter. La réalité me semble faussée, bizarre, enflée. Enfin, Fred, Fab et moi plongeons dans une voiture pour aller participer à « Stade 2 ». Plus tard, ce sera le journal de 20 heures sur TF1. Demain, apprend-on, le président de la République va nous recevoir à l'Élysée.

– T'as déjà entendu dire que le Président a reçu l'équipe de France de natation, toi ?

– Ha, ça, non… me répond Fabien Gilot, hilare.

Signe de trouble, rétrospectivement, les repères temporels m'échappent. Combien de temps ces obligations ont-elles duré, dans quel ordre ? Je revois défiler un flot scintillant, piqué d'images arrêtées. Arrivés à l'hôtel, avec les potes, nous échangeons trois mots en déposant nos affaires, j'attrape un jean, un tee-shirt. Nous décidons d'aller manger un bout dans un McDo – un McDo d'après cuite est toujours bien agréable. Le choc de l'aéroport s'estompe, la routine me rassure. Nous nous retrouvons sur le trottoir.

Quelques cigarettes me restent au fond d'un paquet, j'en propose aux copains. À peine les avons-nous allumées que deux-trois piétons me demandent une photo, un selfie. Chaque fois, je planque la cigarette dans mon dos, sous les gros yeux de Fabien. Fumer en public n'est pas convenable, ce n'est pas un bon exemple que donne le sport français. Nous évitions donc de fumer ostensiblement.

– Prendre une photo de toi fumant comme un pompier et la voir se répandre sur Internet, ce serait moche.

Je suis d'accord, mais je ne réponds pas. Autant dire que je ne pourrai plus fumer nulle part puisque n'importe où un passant peut me photographier.

– Allez, on se fait un McDo ! propose Fred.

Le paquet reste au fond de ma poche. Je n'y touche plus.

Instinctivement, je me sens aux prises avec une difficulté inattendue pour laquelle je n'ai ni entraîneur, ni partenaire, ni masseur, solitaire dans une zone violente qui me déstabilise.

Au McDo, à mon tour de passer la commande, la caissière lève les yeux et reste devant moi, bouche bée. Elle roule des yeux effarés à sa collègue.

– Qu'est-ce qu'il y a, mademoiselle ? Qu'est-ce qu'il y a ?

– …

Elle reste pétrifiée.

Je finis par obtenir mon hamburger au milieu des copains morts de rire. Nous passons en salle pour nous asseoir à quelques places libres contre la vitrine. J'ai la dalle, je mords à pleines dents dans le pain, face à la rue où je remarque un type qui prend une photo de moi en train de manger.

– Il est fou, lui ?

Oui, la folie continue, comme si j'étais aimanté, phosphorescent ou recherché par Interpol. En ligne de mire de n'importe quel regard.

Deux jours plus tard, j'étais dans le magazine *Public* en train d'avaler un burger. Quel est l'intérêt de me voir bouffer un burger ? Je n'ai toujours pas de réponse. C'est ainsi. Bienvenue au cirque des Famous People. À Orly, j'avais atterri sur une autre planète. Même si je me tenais en compagnie d'autres figures de l'équipe, l'attention de dizaines d'inconnus se focalisait sur moi, probablement parce que mes 2 mètres se repéraient de loin. C'était pareil pour le général de Gaulle aux sommets internationaux, m'a glissé Salessy. Mais moi, je ne suis général de rien.

Plutôt que de traîner dans Paname, nous sommes remontés faire… une sieste, avant d'enchaîner les interviews.

Le lendemain, direction l'Élysée. Les nageurs n'ont pas de tenue officielle, preuve que nous sommes peu en vogue et pas bling-bling. Les cadres nous ont priés d'enfiler nos vestes de survêtement des championnats.

L'équipe au grand complet franchit la loge d'honneur du palais, avant de traverser la cour, en saluant de nombreux médias massés sur le côté. Des collaborateurs nous saluent depuis les fenêtres tandis qu'un discret sourire complice pointe aux lèvres de certains gardes républicains. Du McDo jusqu'à la présidence, l'équipe a la cote. Nous voilà rois d'un jour d'été. Avec William Meynard, en trois enjambées nous grimpons au sommet du perron pour saluer d'une poignée de main nos collègues, comme Nicolas Sarkozy avec ses hôtes. L'enthousiasme nous décontracte, en bande rien ne nous intimide et déconner reste un réflexe. C'est trop génial d'être là, nous en rions en prenant des pauses solennelles comme des gamins.

Nous avons droit à une visite privée de l'Élysée. Ça calme, la splendeur du pouvoir. Les salons sont ouverts, fleuris, traversés de soleil. Un château de *La Belle au bois dormant* où nous espérons voir apparaître Carla Bruni.

Nicolas Sarkozy déboule, bras ouverts. On a beau dire, ce n'est pas rien de voir foncer vers toi un président de la République, enthousiaste et empli de gratitude. D'un grand mouvement d'ensemble, très à l'aise, charismatique en diable, Nicolas Sarkozy nous ramène sur le perron d'honneur, pour la photo officielle.

– Cette photo, j'y tiens !

Toute l'équipe envahit les degrés, le Président cherche la meilleure place. Finalement il choisit de poser en bas, au centre.

– Il n'y aura aucune autre photo, plaisante-t-il, et pour celle-là, je reste ici.

La différence de taille est énorme entre lui et nous. Comme moi, Alain Bernard mesure 2 mètres. Au milieu du groupe, Nicolas Sarkozy a l'air d'un nain – pardon, d'une personne de petite taille –, raison pour laquelle, sans doute, il donne rapidement la consigne de prendre place sur la terrasse, la table dressée en plein air. L'excitation juvénile de notre arrivée s'apaise, nous sommes moins foufous. Le déjeuner est assis-placé, une table magnifique, avec nos noms écrits sur un bristol estampillé « République française ». Tous, nous aurons vite fait d'empocher ce souvenir ainsi que le menu. Le protocole persiste sous la bonne humeur. Plus tu es connu, plus tu es proche du roi à sa table. Yannick Agnel est à sa droite, Fred Bousquet, à sa gauche et je suis en face de lui.

Le Président paraît encore plus content de recevoir l'équipe que nous de le rencontrer, il jubile, rayonnant, l'œil brillant. En préambule, dans un speech informel, il évoque la natation de façon très pointue, en prenant soin d'adresser un mot à chacun, sachant qui est qui, quels sont nos titres. Il sait que je suis champion d'Europe, que j'ai frôlé le record du monde sur 50 mètres « d'un chouia ». Il sait même que Fabien Gilot a été le plus rapide de l'équipe sans pouvoir s'affirmer en individuel. Nicolas Sarkozy sait tout, comme le Sphinx. Hyperpro. Évidemment, un Président s'appuie sur des fiches ; vingt minutes avant notre arrivée, un conseiller l'a probablement briefé sur nos palmarès respectifs, n'empêche... Cette attention qui nous flatte l'honore aussi. C'est un homme brillant, indiscutablement amoureux du sport. Pas une minute je n'ai senti la mécanique. Nous qui ne nous attendions à rien sommes conquis par son entrain. Tout en se montrant avenant, simple, son autorité naturelle trace une invisible barrière autour de lui. Voilà ce que l'on appelle un chef.

Les plats arrivent, les conversations se diversifient. Nicolas Sarkozy questionne ses voisins. Yannick, Fred et moi le cuisinons un peu aussi.

– C'est comment la vie d'un président de la République ?

– À mon avis, la même que celle d'un sportif de haut niveau.

– Nous, on prend le temps de décompresser, vous savez. Le week-end, on s'évade !

– Moi aussi, je m'évade ! Qu'est-ce que vous croyez ? À chaque petit déjeuner, je traite un dossier. Ensuite, après en avoir réglé trois autres, je m'octroie un moment de détente pour lire *L'Équipe*.

Manifestement, Sarko ne prête pas au mot « détente » le même sens que nous.

– Sinon, boulot ! reprend le Président… Boulot, boulot, boulot !

– Et dodo…

– Cinq heures de sommeil par nuit, j'ai la chance de ne pas avoir besoin de plus.

– Pas nous !

Le repas passe comme un déjeuner au soleil sans un propos mondain ni forcé. Au dessert, le Président propose de nous faire visiter le parc avant le départ. La fin de notre rencontre est prévue à 15 heures, il ne semble cependant pas pressé. À l'Élysée, le plus beau, le plus étonnant est le parc, surtout par un radieux après-midi d'août, un poumon vert planté de grands arbres et d'essences rares en plein Paris. À peine si on entend le trafic des Champs-Élysées. Nous nous engageons dans une allée avec notre hôte. Chaque fois que Nicolas Sarkozy s'arrête, tout le monde s'arrête net derrière et autour de lui, chef de file et chef d'État. C'en est comique. L'ambiance tourne franchement à la plaisanterie.

– Et où est Carla ? je lui demande, sur le ton de la déception.

Il se marre.

– Dites donc, Camille, je ne suis pas fou, je l'ai enfermée à double tour dans sa chambre.

– Dommage, avec elle, cette visite aurait été parfaite. Nous aurions aimé la saluer, la charmer…

J'y ai mis une pointe de provoc, fier de ma pique à M. le Président.

– Eh bien, Carla vous aura en photo, les gars…

Nicolas Sarkozy est un joueur.

J'ai eu l'occasion de le revoir. Je venais d'avoir ma petite fille.

– Mes félicitations. Comment s'appelle-t-elle ?

– Jazz.

– Très joli, très original.

Quatre ou cinq ans plus tard, dans la tribune officielle d'un match du Paris Saint-Germain, je suis allé de nouveau saluer M. Sarkozy.

– Et comment va votre fille, Jazz ?

J'ai été époustouflé. Ce genre de détail, d'attention, trahissait sa mémoire phénoménale et son don d'empathie.

Dernières interviews, fin de partie. Chacun peut rentrer dans ses pénates en ce mois d'août.

Marseille veut fêter notre titre de meilleure nation avec tous les nageurs du Cercle, les coaches, les membres, les juniors. Cette soirée a été particulière dans notre grand paquebot à quai. À un moment, accoudé à la balustrade face à la mer où monte la lune, je me suis souvenu de ma première visite ici, à la fin d'un autre été. J'avais bataillé dur entre mille balles et mille pompes. Maintenant, je suis là, champion d'Europe. 2008 me semble un autre siècle. Le « petit » mot du président, Paul Leccia, nous a tous émus. Nous savons que, pour lui, chaque nageur du Cercle est comme un fils, ce fils de dix-huit ans qu'il a perdu dans un accident tragique. Pour nous, Paul aurait donné sa chemise et travaillait de 8 heures du matin à 8 heures du soir, bénévolement. Certains s'interrogeaient, jugeant son désintéressement suspect. Qui connaissait sa vie et son deuil savait sa raison d'être et ne l'en respectait que davantage.

La nuit est magnifique, de celles qui appellent à la tournée des grands-ducs. Nul ne pouvait nous la contester, nos verres ont tinté une dernière fois, j'ai croisé le regard de Jean-François Salessy, de Romain Barnier, nous n'avions pas besoin de nous parler. Nous sommes partis, en joyeuse bande, dans cette ville qui nous a tant donné.

Il fait jour depuis un moment quand je reviens chez moi. Devant la porte du hall, je tombe nez à nez sur un couple strict, muni d'une petite valise. Au bout de ma nuit blanche, je suis bien entamé.

– Ha, monsieur Lacourt ! Nous n'arrêtons pas de sonner chez vous.

– Oui, c'est pour quoi ?

Je me demande ce qu'ils peuvent bien vouloir me vendre dans leur valisette.

– Contrôle antidopage.

– Comment ? Là, maintenant ?

– Pourquoi pas maintenant ? Nous pouvons vous contrôler n'importe quel jour de l'année, vous le savez bien.

Je flippe.

– Vous allez me contrôler l'alcool ?

Chaque compétiteur a droit à trois *no show*, ce qui signifie ne pas se présenter à une convocation de contrôle. Mais il ne peut refuser aucune visite surprise, refus qui lui vaudrait une faute grave. L'alcool est interdit en compétition, mais je réalise, soulagé, n'être plus en compétition. De toute façon, l'inspectrice me rassure en m'informant ne pas venir pour l'alcoolémie, juste le dopage proprement dit.

– OK, mais je vais vous pisser autant de vodka que d'urine.

Ils rient en coin tout en me suivant chez moi. Je les installe courtoisement en me fendant d'un jus d'orange. J'exécute mon contrôle urinaire – je ne me souviens pas d'un contrôle sanguin –, ils remballent la fiole, le contenu de leur valise et repartent. Après les avoir salués, je me couche, tranquillisé.

Vers midi, au réveil, je constate trois appels en absence émanant d'un numéro inconnu. Étrange.

Je rappelle ce numéro.

– Bonjour monsieur Lacourt ! Je suis le concessionnaire Volkswagen. Nous avons suivi vos exploits, nous vous savons marseillais et serions heureux de vous prêter une voiture pour les vacances.

– Très gentil à vous, vous me proposez quoi ?

Je suis au lit, pas stressé, pas bousculé, j'ai prévu de partir vers 18 heures retrouver ma famille sur mes terres natales.

– Une Golf ?

– Je suis touché par votre appel, mais j'ai une Fiat Punto, alors pourquoi changer contre une Golf ? Merci quand même d'avoir pensé à moi.

Et je me rendors, tiens.

Le téléphone sonne de nouveau, même numéro.

– Monsieur Lacourt, rebonjour ! Je viens de voir avec mon directeur commercial, nous pourrions vous prêter le dernier Touareg, le gros 4 × 4 de chez Volkswagen. 350 chevaux, vitres teintées…

Depuis mon plumard, je lui réponds posément, maître de moi, tout en hurlant intérieurement « Whouawhouawhoua !!! »

– Merci bien. J'arrive de suite.

J'ai récupéré mon cousin avant le départ pour les Pyrénées, nous sommes passés chercher le Touareg, un super 4 × 4. Trop content, tout fier. J'aime l'engin, le moteur, la conduite, l'habillage intérieur, la super sono, j'aime tout du premier « cadeau » happy few people. Tout à coup, je trouve la célébrité nettement moins pénible, j'avoue.

En sortant de Marseille, dans les embouteillages, je remarque les regards attentifs sinon admiratifs d'autres automobilistes, de derrière mes carreaux fumés.

– On doit passer pour des fils à papa.

Trop bien.

C'est le jour de l'anniversaire de ma grand-mère. Quand j'arrive devant chez elle avec mon 4 × 4 noir corbeau flambant neuf, ma pauvre mamie a la frousse de sa vie.

– J'ai cru que c'étaient des braqueurs, mon chéri !

Pas belle, la vie ?

Je suis très famille. Chez ma grand-mère, à Narbonne, je trouve assez surprenant de devoir accepter dix photos en allant lui chercher son pain, mais les gens sont tellement charmants.

Du côté de Font-Romeu, le village de La Cabanasse a également tenu à organiser sa cérémonie pour saluer le retour du gosse prodige, en ne se contentant pas d'un apéro dans la salle municipale. Une photo de moi en 4×3 orne la mairie avec des banderoles « Bravo Camille ». Touché, je n'en pense pas moins que c'est trop, je ne vaux pas ces honneurs, je n'ai sauvé personne ni risqué ma vie pour la République. Mais cette ferveur se fondait sur une extrême gentillesse, une convivialité générale. À travers un champion, les amateurs célèbrent un sport, une éthique, un trait d'union national. Et ils ne s'étaient pas trompés, mes compatriotes d'enfance, mon immense portrait était cette image, chère à mes yeux, talismanique, où je viens d'arracher mon bonnet au bout du bassin de Budapest sans comprendre ce qui m'arrive.

Mes parents encaissaient autant que moi ce torrent de sympathie en répondant à d'innombrables appels, des amis oubliés se rappelaient à leurs bons souvenirs,

Paris Match leur avait réclamé des photos de famille. Bien sûr, ils m'avaient demandé le feu vert avant d'ouvrir nos albums. Plus tard, à Paris, quand un sentencieux me demandera combien j'avais pris à *Match* pour ces illustrations, je lui répondrai ne pas avoir imaginé pouvoir négocier des photos de famille. Mes parents ont été filmés par France 2, aussi, un camion de transmission et une équipe sont venus se garer en quatrième vitesse devant notre maison. De telles scènes font irrésistiblement penser à une bande dessinée.

Après la fête au village, nous nous sommes enfin retrouvés entre nous, la bande des quatre, pour un dîner à la maison, papa, maman, mon frère Thomas et moi, comme au bon vieux temps des fondues familiales.

Nous n'en revenons pas vraiment de « tout ça ». Je comprends que mon futur va être bouleversé. Quand mon père a vu le véhicule prêté par Volkswagen sous ses fenêtres, il a dit : « Qu'est-ce que c'est que cet engin ? »

Jamais, chez nous, nous n'avions envisagé de pouvoir nous offrir une voiture pareille. Mais je suis bien décidé à protéger ma petite vie tranquille. Cette vague passera, je suis juste roi d'un jour. Ma mère reste toutefois un peu chiffonnée, une inquiétude qu'elle exprime, le front plissé, en évoquant « le show-business », « le tourbillon médiatique »... D'ici une petite semaine, je dois remonter sur Paris assurer la campagne promotionnelle, enchaîner les interviews. Ma mère prononce le nom de « Paris » comme celui d'un monde dangereux, voire d'une zone de guerre.

– N'exagère pas, maman.

Jean-François Salessy, le directeur du Cercle, s'occupait de l'engouement de la presse. Son intention était de démissionner pour profiter d'une année sabbatique, de ses enfants, souffler un peu. Dès le mois de juin, avant même Budapest, il avait compris que nous allions exploser. Lui aussi avait donné son temps, son cœur, son énergie pour amener tout le Cercle, jusqu'à l'équipe de water-polo, au meilleur niveau. Les fruits de la récolte commençaient à rouler dans l'herbe tendre, Salessy cherchait une nouvelle terre inconnue. Et il ne supportait plus les lourdeurs administratives de la direction.

– Tu comprends, quand il faut repeindre un mur en jaune, un mec vient te dire : « Ha, mais non, notre couleur officielle est le bleu. » Puis son frère déboule : « Ce n'est pas ce bleu-là, c'est plus clair »... Un troisième veut du « turquoise ». Et enfin, un dernier vient se plaindre : « Finalement, le jaune, c'était mieux »...

Salessy n'oublie jamais d'être drôle. Il se cherchait – finalement il va s'orienter vers une carrière d'agent pour nageurs. Ce qui compromettait de fait son année de liberté. Nous en avions parlé, nous nous téléphonions.

– Il faut gérer l'urgence, Camille. Toutes les demandes arrivent au Cercle, personne n'a ton numéro.

Forcément, personne ne me connaissait. Sans plus de préambule, Salessy a proposé de me représenter. Nous ne nous étions pas revus intimement depuis notre premier rendez-vous. Le Cercle et tout Marseille parlaient beaucoup de lui, sa forte personnalité ne laissant personne indifférent. De mon côté, je me doutais que des propositions de plusieurs équipementiers allaient surgir, mais de là à être « représenté » personnellement comme un acteur de cinéma… En vérité, je n'avais aucune idée de l'ampleur ni des conditions de cette mutation. Mes parents, en bons parents, m'avaient rappelé que ce serait sans doute l'occasion de mettre un peu d'argent de côté. Je devais être prudent.

– J'ai entendu pas mal de choses sur toi, Jean-François, tu me dis que tu veux devenir mon agent, la clef de ma vie sociale qui va gérer mes contrats. Tu n'as pas d'expérience dans ce domaine, je note ta demande, mais je ne sais pas…

– Bon, écoute, je me marie dans quinze jours, chez moi, en Corse… Fabien est déjà invité, tu ne seras pas seul. Viens, tu verras mes amis, tu sauras qui je suis.

Cette proposition, à la fois marrante et sincère, le résumait parfaitement.

– D'accord, j'irai à ton mariage.

– En attendant, si tu veux, sans rien signer, je m'occupe de ta com. La couverture média va durer quinze jours, tout le monde te réclame. Faut te trouver une bonne attachée de presse. En attendant, laisse-moi faire, tu me valides ce que tu veux, ce que tu ne veux pas…

Nous avons commencé à travailler ensemble, vingt-quatre heures sur vingt-quatre, et de ce moment-là, je n'ai plus appelé Jean-François que Jeff. Il s'est engagé, investi, occupé de tout… Paris, les hôtels, les billets… J'ai pris confiance. Et je suis allé à ses noces.

Des noces de rêve, entre bleu azur et bleu marin avec le soleil entre les deux, à l'hôtel Caribou de Cagnano, dans le cap Corse. Avec Fabien, de la fenêtre de notre chambre, nous pouvions plonger dans la Méditerranée. Jeff baptisait sa fille, nommée Liberté, en même temps qu'il passait la bague au doigt de sa nouvelle épouse, la comédienne Aurélie Vaneck. J'enviais les grandes amours.

Les réjouissances seraient donc locales, dans une Corsica ancestrale. Jean-François avait toutefois prévenu sa famille, ses proches, les amis de ses proches, d'alléger une coutume… À la sortie de l'église, ses invités étaient priés de se contenter d'armes de chasse pour tirer en l'air, cela suffirait amplement. Car les Corses, quand ils sont heureux, tirent en l'air avec tout un arsenal, des mousquets aux tromblons, du revolver… jusqu'à la mitraillette (paraît-il). Après la cérémonie, la pétarade a été assourdissante. Parmi les noceurs s'en est trouvé quand même un avec… un fusil à pompe. Son engin, digne d'un jeu vidéo, m'a intéressé. Évidemment, je ne me suis pas fait prier pour l'essayer.

– Mais attention, p'tit, hein, colle pas ton épaule à la crosse, le recul est un peu fort.

J'ai tiré, je me suis à moitié démis l'épaule et suis resté sourd d'une oreille pendant trois jours.

Au petit matin, quand Fabien et moi sommes rentrés dans la chambre, je n'ai pas résisté, devant ce petit jour naissant, à piquer une tête par la fenêtre. Une longue et lente coulée dans la belle bleue encore grise de nuit. Fabien m'a suivi… Il s'est ramassé dans 50 centimètres d'eau et a dû être évacué à l'hôpital de la Timone. Il a frôlé la tétraplégie et a gardé un corset. Nous nous en souviendrons du mariage corse de Jean-François Salessy…

Jeff tempêtait : « J'ai le mauvais œil ou quoi ? Je me marie et, en un jour, je manque de perdre deux des meilleurs nageurs français. »

Et deux de ses premiers clients.

Son mariage a tenu moins longtemps que notre amitié à tous les trois.

J'ai pensé à ma mère qui jugeait que l'existence de son garçon prenait une tournure dangereuse. Que je risquais de changer, de me perdre, même, sous le chant des sirènes de Babylone et du show-biz. Maman se faisait du souci pour rien. Notre montagne du Cambre d'Aze, est-ce qu'elle changeait ? Bien sûr que non.

C'était oublier que je ne suis pas une montagne, même pas un monticule, comme le prochain chapitre va malheureusement le démontrer.

– XII –

Le Démon et l'Ange

Alors, moi, le gars de Font-Romeu, Marseillais d'adoption, je suis monté vers Paris et ses lumières. Un voyage très organisé. Romain Barnier m'a parlé de son frère qui possédait un magasin de vêtements. Selon les arbitres de l'élégance, hors de question pour un champion d'enchaîner les plateaux télévisés en portant la même tenue. Comme la reine d'Angleterre, je devais disposer d'une garde-robe (!). Après avoir fait rire à mes débuts avec mes tee-shirts psychédéliques et mes futals de chez Pantashop, j'étais prié de représenter classieusement le Cercle dans la capitale. Les frères Barnier partageaient ce goût de mettre facilement en boîte. J'ai essuyé quelques sarcasmes avant de me trouver rhabillé pour ma rentrée médiatique grâce à des vêtements généreusement offerts. En 48 heures, je suis devenu coquet. Mon coach m'encourageait à ce relooking et la boutique de son frère était cool – après les « trop bien » et « c'est chouette » de ma longue adolescence, « cool » est l'expression que j'emploie encore à peu près pour tout. De bonne grâce, je me suis plié aux exigences de la mode, en gardant la tenue la plus pointue pour le *Grand Journal* de Canal Plus – émission culte, chic et cool. Je me suis baladé en polos et avec des chaussures d'où dépassaient parfois les étiquettes. Ma programmation s'étalerait sur une dizaine de jours. Jeff Salessy avait sauté dans le TGV avec moi. Sa première initiative a été de me présenter l'agent de Yannick Agnel, Franz Leconte, un nounours qui débordait de gentillesse, si sympathique que du coup, je m'en suis instinctivement méfié.

– Lui, il va nous la faire à l'envers, non ?

– Non, c'est sa nature et c'est son métier, m'a répliqué Jeff. Je te le présente parce qu'il connaît le Tout-Paris.

– J'ai un doute.

Effectivement, j'avais tort. Franz s'est avéré un guide merveilleux, certaines personnes ont la bienveillance dans le sang. Yannick Agnel et moi avions tous deux percé aux championnats d'Europe, Jeff et Franz travaillaient donc main dans la main pour éviter de doubler nos rendez-vous, sélectionner les demandes sans saturer « notre image », car j'avais désormais une image ! Une synergie franche, maligne, efficace dès le premier jour de ma promo m'a amené joyeusement au premier week-end festif sur Paris. Jeff m'a laissé entre les bonnes mains de Franz, pour s'offrir une brève lune de miel avec sa nouvelle épouse.

En une fin d'été et quelques interviews, j'étais devenu un jeune homme qui plaisait beaucoup, à la folie, passionnément. Surtout aux filles. L'avalanche de nouvelles amies virtuelles sur Facebook s'est confirmée dans le monde réel. Pour certaines, je représentais même une sorte de gibier, de cible. Comment ? Pourquoi ? Je ne sais pas. Cette situation surréaliste te transforme en un cacheton d'aspirine qui tomberait dans un bol d'eau. Ton arrivée, ta présence provoquent une effervescence, quasiment une ébullition chez la gent féminine. L'excitation ne s'estompe pas au fil des heures, bien au contraire. C'est phénoménal, mécanique, incroyable, pas désagréable non plus… C'est stupéfiant. Je ne me vante pas, j'avais l'impression d'avoir bu une potion magique à base de phéromones, de n'être plus vraiment moi, mais qui, alors ? Sans exprimer grand-chose ni manifester aucun effort, je plais, je séduis, j'excite, je génère des bouffées de chaleur. Je vous jure. Je vais et je viens en croisant des regards appuyés, des signaux qui vont de l'invite ambiguë à la provoc la plus crue.

Le samedi soir a donc lancé mon marathon de Paris d'une semaine. Et dès cinq heures le dimanche, quand Paname s'éveille, je suis rentré en enlaçant une beauté avec une facilité si inhabituelle qu'elle en était incongrue. Je n'en étais pas gêné outre mesure puisque très ouvert à l'air du temps. Cela pouvait être rigolo, cette affaire, ce jeu promettait un séjour vraiment hypercool. Le principe du Cercle de Marseille étant le réconfort après l'effort, savoir performer/savoir profiter, je n'allais pas m'ennuyer et rentrer avec pas mal de trucs à raconter aux copains.

Patrick Sébastien m'a invité au « Plus Grand Cabaret du Monde ». Là encore, il est assez bluffant de se retrouver de l'autre côté de l'écran, dans la lucarne, avec des animateurs et parmi des invités que tu regardais habituellement avec tes parents. Cela dit, une fois passé un moment d'éblouissement, un autre d'adaptation, c'est toujours de l'humain, certes plus maquillé que dans la vie courante. La télévision n'est pas aussi fluide qu'elle y paraît, comme n'importe quel spectacle, dont le sport. On bosse dur sous les sunlights. L'enregistrement a duré plusieurs heures, nous entraînant jusqu'à minuit dans un état mitigé, entre fous rires nerveux et hébétude. Au final, sous les cotillons, avec un Patrick Sébastien inépuisable, tous les invités se sont mis à danser avec les danseuses de cabaret.

Celle qui ondule avec moi, tout à trac, me glisse la main dans le pantalon.

– Ho, qu'est-ce que tu fais ?

– J'ai mis mon numéro dans ta poche, appelle-moi si tu veux…

Rumba, applaudissements, générique et confettis, changement de cavalière ! Une main attrape la mienne, je sens un parfum, des cheveux et soudain, pareil, deux doigts se faufilent dans mon pantalon. Elle me laisse aussi son numéro. Une troisième… Troisième téléphone. Les girls de Patrick Sébastien sont des marrantes, elles ont dû se donner le mot en rigolant dans leur loge. Je suis le bizut de la soirée ou quoi ? Elles sont belles, bougent comme des déesses, elles sont libres, open, les artistes du « Grand Cabaret », et moi, je suis un homme, pas un bulot.

Je ne suis donc pas rentré seul, une quatrième m'ayant sauté sur le poil au vestiaire.

Le lendemain, je ne savais plus quel numéro correspondait à quelle fille, au pif, j'ai envoyé un texto. Réponse enthousiaste, prise de rendez-vous immédiate. C'est cool. Je réfléchis, pas longtemps, j'envoie un texto au deuxième numéro, histoire de voir. Comme un gosse tendrait sa main vers un distributeur de Kinder Surprise. Pareil… Camille Lacourt est arrivé au jardin d'Éden. En moins d'une heure, j'ai joint les trois et, en prime, dégourdi, quelques autres nouvelles amies, en leur donnant rendez-vous les jours suivants. Un instant, je me suis inquiété, peut-être les Trois Grâces télévisuelles étaient-elles ensemble dans une loge ou un studio à me tailler un costard – « Regarde, cet abruti nous envoie le même texto ! »… Mais j'assumais, j'explorais, résolu à ne pas mourir idiot, encore moins frustré. Le plaisir sans règle me guidait au vent nouveau. Quitte à basculer dans cette troisième dimension, autant la vivre à fond. *I'm a performer!* Je me faisais de la bile pour rien, les filles semblaient aussi légères que moi. Leur rire, leur beauté, leur baiser ressemblaient à de la soie, à l'eau vive, au champagne, à en devenir fou au septième ciel de mon balcon sur les étoiles et les faubourgs. Bienvenue à Disneyland Paris, avec Cendrillon, Blanche-Neige, Esmeralda, Belle, Cruella… Le prince charmant, c'est qui ? C'est Bibi !

Et il y avait cette chambre aussi, ma chambre, au Concorde La Fayette, du côté de la Porte Maillot. Sans me prévenir, le palace m'avait surclassé dans une petite suite au panorama sublime, de jour comme de nuit, mais surtout *by night*. Tout Paris scintillait à mes pieds qui foulaient une moquette aussi épaisse que du gazon. Je plongeais dans un lit large comme une autoroute, le jacuzzi me donnait des idées qui ne concernaient pas seulement les échantillons de produits de bain, rarement j'avais touché des serviettes-éponges aussi moelleuses, sans parler des compliments de la direction avec une bouteille de champagne et des fraises – fraises ou macarons, je ne sais plus, peut-être bien les deux. Mais surtout cette vue sur la capitale… des milliers de fenêtres, les petits points lumineux du trafic, les néons des grandes enseignes. Dès que je levais la tête, je me sentais sur le toit du monde, projeté entre John Kennedy et Mick Jagger, quelque chose comme ça, qui enivre forcément un jeunot provincial ayant passé la majeure partie de son quotidien à bouffer des pâtes et des pizzas Margherita. Je me devais absolument d'être à la hauteur de ce cinémascope, ne rien manquer de Paris à mes pieds, enlacer mon rêve à pleins bras – vu les formes qu'il avait, ce n'était pas sorcier. Au lieu de mes tongs, j'ai enfilé les pantoufles de l'hôtel et je me suis senti un pacha. Autour de mes rendez-vous professionnels, dans les espaces libres, j'ai vite casé des dix-à-onze, des cinq-à-sept, des entre-deux plus intimes. La situation n'a fait que s'accentuer au fil des jours, et des nuits. Un éros-système dingo. J'ai pensé, je vais faire l'amour avec une fille chaque jour et puis je me suis dit non, deux ! Je vais scorer, mais alors bien, quelque chose d'inoubliable.

Au fond, les étoiles en plus, ma virée ressemblait à celle de ces étudiants qui vont passer une semaine folle au soleil après leur harassante année de fac, un *spring break*. Je ne songeais pas aux conséquences. J'assurais au mieux les plateaux, les entretiens où pas un journaliste ami-ami ne me tendait de piège. Sur ce chemin semé de roses, je me souvenais du slogan de Paul Leccia, notre président du Cercle : être sérieux sans se prendre au sérieux. Ces prestations me permettraient d'obtenir des sponsors à court, moyen et long termes, mais je n'y pensais guère, pas davantage à l'argent qui n'existait quasiment plus. On ne me demandait jamais rien, de café, en plateau, en repas, dans ce monde gratis, l'addition était toujours réglée miraculeusement par quelqu'un. Dans les restaurants branchés où les gens patientent pour une table, j'atterrissais comme une fleur. Franz s'occupait de tout, partout nous étions accueillis en amis de la maison toujours « fière de nous recevoir ». J'ai continué à avoir cette impression d'être Queen Elizabeth, sans sa robe jaune ni son chapeau.

Franz, mon chaperon, ne me lâche pas. Chaque soir, il me sort dans des endroits en vogue, je rencontre une foule de gens sympathiques, fascinants, spirituels, je discute, nous refaisons le monde, mon agenda ne désemplit pas. Non-stop. Plus tard, très tard, une fois sorti de table, dans l'étuve des pistes de danse, le couloir des toilettes, près du bar, je suis une pièce de bœuf au centre d'une cage de lionnes. Grrrr, grrrr, grrrr… On parle souvent de la libido masculine, des dons Juans et des maris infidèles. Plus rarement de l'appétit sexuel de certaines femmes, des Dianes chasseresses. Je l'ai vu, je l'ai connu et cet appétit m'a parfois pétrifié.

Comment résister à ces tentations, propulsé séducteur malgré moi ? Plus besoin de parler, de tenter une approche, plus besoin de rien, en fait. Mais cette satisfaction n'a pas tenu longtemps. J'ai vite compris qu'il ne s'agirait que d'un passage. Je me suis sali, là-dedans, pas longtemps, mais je me suis sali. Pas les filles, pas les femmes, pas notre étreinte en soi, pas la Ville Lumière où, à la nuit tombée, chacun peut assouvir son désir, ses plaisirs, non, mais moi, le garçon que je suis et auquel je reste fidèle, je me suis sali – un peu. Inexorablement, au bout du troisième jour, j'ai senti cette tristesse de la chair sans sentiment, dans ma suite au Concorde La Fayette, à la sortie de boîtes, de bars, avec des filles dont je ne me souviens plus du nom et à peine du visage. Je n'étais pas prêt pour cela, au fond, je ne le voulais pas.

Mon périple médiatique s'achevait le vendredi, je repartais le samedi sur Marseille. Ce vendredi-là, Franz m'a conduit comme les soirs précédents dans un excellent restaurant. Beaucoup d'habitués connaissaient l'agent de Yannick, j'apprenais beaucoup tout en me divertissant, nous picolions pas mal, sans être ivres. Dans cette cantine chic, un mec sympa, inconnu, m'a entrepris. Avec lui, je me suis senti particulièrement à l'aise, de mojito en mojito, nous avons commencé à nous mettre vraiment bien – je suis un homme, pas un cactus.

Il m'offre verre sur verre, au bout d'un moment, je me sens tenu de renvoyer la pareille.

– Camille, arrête, je ne t'ai pas dit… Tu es ici chez moi, cette affaire m'appartient.

J'éclate de rire.

– Bon, un autre mojito, alors !

De délicieux mojitos avec de vrais brins de menthe fraîche, pas un fond de sirop. Jusqu'à trois heures du matin, nous avons discuté comme deux inconnus se parlent parfois, glissant vers des confidences, des constats, ces sortes d'états d'âme où l'on voit son existence dans la transparence de l'alcool. Nous étions bien rincés.

– J'ai passé une bonne soirée avec toi, monsieur le proprio.

J'en suis venu aux aveux par besoin de parler à quelqu'un.

– En quelques jours… J'ai l'impression que ma vie tourne au film porno. Je souris, je mange, je bois, je baise, les plus belles filles m'adorent et sur les plateaux on me présente en gendre idéal. Mais c'est *fake* tout ça, il faut que ça s'arrête.

– Et comment comptes-tu t'y prendre pour que ça s'arrête ?

– Rentrer à Marseille retrouver ma piscine.

– Et tu penses pouvoir décider cela tout seul ? T'es célèbre maintenant.

– La célébrité n'est pas mon truc, je n'ai pas confiance, j'ai besoin de plénitude. Je veux retrouver ma vraie vie, tranquille. Mais merci, c'est cool, nous avons passé une bonne soirée.

Mon nouvel ami m'a regardé, plus gravement.

– Je voulais te dire, Camille… T'es un mec bien.

J'en doutais un peu, à ce moment-là. Ses mots m'ont fait du bien.

– En seulement trois heures et trois fois plus de mojitos, je suis content que tu le penses. J'accepte ton compliment.

Mon nouvel ami continue de me dévisager. Ce « pro » pouvait se targuer d'une expérience bien supérieure à la mienne, en termes de nuit blanche. Il y passait 365 jours par an. Depuis le début, en vérité, il me jaugeait.

– Je te le dis parce que j'ai une amie qui t'a vu à la télé dans une interview, elle a reconnu mon bar et m'a appelé. Elle ne m'a jamais appelé pour ce genre de chose, c'est bien la première fois. Elle m'a dit : « J'ai vu un mec à la télé qui a donné une interview dans ton restaurant. Si tu vois qui c'est, j'aimerais vraiment le connaître parce que… Je crois que c'est l'homme de ma vie. » Ce mec, c'était toi.

– Ha bon… Ha oui…

Personnellement, des filles qui voulaient me connaître et plus si affinités, je commençais à en être saoulé.

– Aujourd'hui, je suis du bétail.

– Tss tss… il a fait.

Mais si, je suis du bétail. La preuve. Trois jolies filles m'attendaient sur le banc, toutes les trois m'avaient proposé de rentrer avec moi, comme j'avais répondu oui à chacune, je ne voyais pas comment m'en sortir sans oser leur proposer de partir groupés. Le restaurateur a insisté.

– Même si mon amie t'a vu à la télé, ce n'est pas ton côté star qui l'intéresse, c'est une fille bien, je peux te le garantir. Tu la connais, sans doute…

Mes yeux glissaient d'une fille à l'autre, dans la salle, avec ce regard à la fois ahuri et blasé de celui qui se demande s'il est le prédateur ou la proie. Je voulais m'arracher cette vision du monde comme un masque, retrouver mon regard d'avant, avant la nuit, Paris, le score, *Fuck you, Fuck me, I'm famous*. La fille dont me parlait mon hôte m'avait vu à la télévision, oui, comme le clou d'un téléachat.

– Je serais étonné de la connaître… Dis-moi qui c'est ?

– …Valérie Bègue.

– Mais non…

– Si.

– Arrête...

– Si je te le dis... Valérie Bègue, Miss France.

– Je peux commander un autre mojito, s'il vous plaît... Arrête, non, je ne te crois pas.

Là, ma vie a glissé. J'ai perçu un très léger souffle. Une autre perspective soudain, extrêmement douce. Un monde de confiance absolue en lequel je pouvais croire. La nuance de bleu la plus précieuse à cette date exacte de mon existence. Un élément magique qui me concernait au plus profond, cette part incontrôlée qui, malgré tous tes efforts, décide de ta défaite ou de ta victoire, de ta vie. C'est déjà l'amour sans qu'on le sache. Le premier instant de La Rencontre. J'ai continué de m'épancher, je ne pouvais pas faire autrement.

– Il faut que je te raconte... Tu sais, je suis de Font-Romeu, tu vois où est Font-Romeu ?

– Heu, non, pas bien...

– Dans les Pyrénées... Tu vois les Pyrénées ? Un samedi soir, j'étais avec mes parents, je me préparais à sortir retrouver la compagnie, eux suivaient l'élection de Miss France, assis dans leur canapé. C'était le défilé en maillot. Ce n'est pas désagréable à regarder, alors j'ai jeté un œil sur les miss et... Valérie Bègue a traversé l'écran.

Dans la pénombre du bar, ce souvenir ondule au rythme de la musique et de l'alcool dans les battements de mon sang. Le barman agite son shaker.

– J'ai dit à mes parents, en tournant les talons, ce n'est même pas la peine de regarder la fin. Elle, elle va gagner l'élection. Et j'ai ouvert la porte en ajoutant : et elle, c'est la femme de ma vie…

– Tu as dit ça ?

– Oui. Je ne sais pas pourquoi, c'est sorti tout seul. Mon père a répondu : « Tu as du goût mon fils. » Ce n'était qu'une rigolade, je n'étais personne. Ma mère a haussé les épaules, en concluant plus froidement : « Tu te la racontes, toi, tu es fada. »

Mon nouvel ami baisse la tête, la relève, un sourire éclaire son visage, d'une oreille à l'autre.

– Écoute la suite… Le lendemain, tard, vers midi, j'ai demandé qui a été élue Miss France. « Valérie Bègue. » « Ha, vous voyez, qu'est-ce que je vous avais dit ! »

– Tu as vraiment dit tout ça ?

– Oui… La femme de ma vie.

Sans hésiter, il sort son téléphone pour me montrer le texto de son amie Valérie où il est écrit, où Elle a écrit, aussi : « L'homme de ma vie. »

Je suis saoul. Ça ne compte pas. Les contes de fées n'existent pas. Je ne sais pas. Qui le sait ? Quelle heure est-il ? Qu'est-ce qui va se passer ? Je ne dis plus rien.

– Camille, jure-moi que jamais tu ne diras à Valérie que je t'ai montré son message, sinon elle me tuerait.

– D'accord, je te le jure, mais toi, tu ne lui dis pas non plus pour moi, OK ?

Je rentre avec deux gonzesses. J'ignore comment, je parviens encore à compter mon score, ma folle semaine au nirvana. Nous en sommes, donc, + 1, non, + 2... Donc, 11 + 2, j'arrive à 13 en huit jours. Chiffre porte-bonheur ou porte-malheur ?

Si parmi ces treize sirènes, certaines lisent ce livre, je les embrasse toutes. J'en garde un très bon souvenir aujourd'hui, chacune ignorait les douze autres (ou presque), mon erreur se trouvait là. Et puis un jacuzzi dans une chambre d'hôtel, c'est sympa, décontractant, mais tout seul, on se lasse des glouglous à la violette. À deux, c'est mieux. Et à trois… Enfin bref.

Je ne parviens pas à m'endormir. Au fond de ma tête passe et repasse le numéro qu'on m'a donné, une image télévisuelle, un corps, un visage qui m'émeut, inexplicablement. Le numéro est dans la poche intérieure de ma veste qui traîne près du jacuzzi. Ma dernière amante s'est endormie. Je me sens seul. Je suis seul. Je ne peux pas m'attacher à ces filles d'un soir. Au matin, nous nous quitterons et je sais que la chance sera maigre de se revoir. En amour, parfois, tu te permets tout et tu tolères peu. L'amour n'est pas juste. Dans mon lit, après avoir réfléchi longuement, très longuement, je décide d'envoyer un texto à Valérie Bègue, maintenant. Pas n'importe quoi, mais alors *quid* ? Pas un truc trop élaboré non plus… Un brin d'humour, du respect, une explication à mon message. Elle, je vais devoir la mériter, la conquérir. Un champion de natation photogénique ne doit pas l'impressionner des masses. Je lui écris que son ami restaurateur, en trois heures, a considéré que je suis quelqu'un d'assez bien pour elle…

Je voulais que mon texto en amène d'autres, qu'il suscite un café, un repas, une découverte. Pour moi, Miss France était la plus belle femme de France, les prétendants ne devaient pas lui manquer, des hommes irrésistibles l'approchaient, la désiraient, lui faisaient la cour. Fébrile de curiosité, j'ai fini par fermer les yeux pour l'imaginer, rieuse, sur le piédestal des femmes fatales.

Le lendemain, au réveil, j'ai eu sa réponse, drôle et encourageante.

« Notre ami m'a prévenu que tu avais mon numéro, il t'a dit aussi que j'étais une fille bien et lui me connaît depuis bien plus longtemps que trois heures… »

Notre relation texto-épistolaire a commencé, avec de nombreux messages, des échanges, de vraies conversations. On peut en dire beaucoup par texto, c'est fou, et insinuer bien plus encore. Sentir des nuances, des promesses… Ni elle ni moi ne nous sommes décidés à appeler l'autre. Juste les textos. J'avais une envie folle d'aller plus vite, plus loin, retenu que j'étais par la peur de briser ce lien entre nous, que j'aimais. Après tant de désinhibition, j'étais redevenu celui que je suis vraiment, tout en pudeur.

Je suis rentré à Marseille, j'ai repris l'entraînement avec cette excitation forte d'attendre, d'espérer quelqu'un sans savoir si ça va matcher.

Je l'avais trouvé.

L'année s'annonce plus difficile que ma saison précédente, mais j'ai envie, j'ai besoin de retrouver ma vie sportive. Je ne suis pas reposé de mes vacances mouvementées, mes habitudes demeurent sous l'étrange tension du vedettariat. Je dois user beaucoup d'énergie pour appréhender ce nouveau statut. Dans la rue, dès que je mets le nez dehors, je sais que je vais être reconnu, devoir accepter des photos. Je ne dis jamais non, au restaurant, dans le train, partout, de Paris à Marseille jusqu'à Font-Romeu. Nous commençons avec Jeff à travailler activement les premières propositions de contrats arrivent, d'autres obligations que la natation s'imposent. Je travaille également dans le bassin avec Romain qui, extrêmement intelligemment et après concertation, ne m'interdit pas des absences « pour affaires ».

– Tu montes à Paris une fois tous les quinze jours, OK.

Sinon, rien n'est changé, il ne veut pas me voir partir en vrille dans les extrêmes.

– Et pas de problème avec le groupe, non plus.

– Bien sûr que non.

Quinze jours plus tard, je remonte sur Paris. Je suis toujours en contact avec Valérie. Dès que je suis certain de la date de mon retour, je la préviens. Je sais que nous désirons nous voir. J'adopte le ton le plus clair, le plus simple.

« On déjeune ensemble ? »

« OK, où ? »

« Je t'invite, mais tu choisis le restaurant, je ne connais pas du tout Paris. »

Franz, qui connaît tout le monde, se trouve être aussi un ami de Valérie. Il suit ce qui s'annonce comme une idylle entre nous. Valérie a souffert d'un scandale suite à des photos de charme qui lui ont fait perdre sa couronne, Franz me confie qu'elle en reste blessée à vif. Elle a connu mieux que moi, en pire, cet enfer d'être attaqué par une presse à sensation. Après avoir renoncé à plusieurs restaurants, Valérie évoque un souci à Franz. Tous les deux savent, par leurs réseaux, que beaucoup de paparazzis me suivent, avides de me surprendre avec une fille, de prendre une photo « qui paye ». Cet univers m'est totalement étranger, je ne le conçois même pas. Je reçois un texto de Valérie.

« Viens chez moi avec Franz, il n'y aura pas de malaise, je ferai un rougail saucisse. »

Un plat typique de La Réunion que j'avais adoré lors du stage de l'équipe. Cette simplicité m'enchante.

Ce serait donc chez elle.

J'arrive à ce rendez-vous stressé. Depuis quinze jours, nous nous envoyons des textos, mais je n'ai jamais vu Valérie en vrai. Plusieurs paramètres m'inquiètent. Une appréhension diffuse. Elle vit dans un immeuble haussmannien du 16e arrondissement. L'ascenseur, minuscule, me paraît de mauvais augure. Avec des grincements affreux, il semble à peine pouvoir nous soulever vers les étages, Franz et moi. Nous arrivons devant sa porte. Je frappe. La porte s'ouvre sur un grand sourire et un tee-shirt vert. Elle porte un jean, un maquillage léger. Tous les deux avons opté pour le naturel, sans arrogance. Mais je suis sous le choc de sa beauté. Valérie est vraiment, vraiment, très, très belle.

Elle nous offre un petit verre de rhum Charrette. Je peux à peine parler. Ce qui vaut mieux d'ailleurs, car je m'entends déblatérer des banalités, bêtes à pleurer. « Et alors, ça boume ? » « Il est mignon, dis donc, ton appartement. » « Il fait bon, ici, dis donc. » J'ai envie de m'insulter, à me tortiller ainsi, en dessous de tout, devant mon amoureuse. Heureusement, Franz est là pour relever le niveau de ma conversation. Sourcillant, il me tranquillise de ses mimiques, ça va aller. Rien à faire, au bout de dix minutes, je ne parviens toujours pas à discuter avec Valérie. Notre échange est inexplicablement difficile. Et je m'en veux. Quoique de son côté, elle aligne également des platitudes. Moi, c'est parce que je suis intimidé. Mais elle ?

– Excusez-moi, je vais surveiller mon plat. Au pire, si c'est loupé, j'ai commandé des pizzas, au moins vous ne mourrez pas de faim. Et des copains vont passer, des rugbymen, vous verrez, ils sont très sympas.

Elle s'échappe vers son fourneau, je souffle, soulagé de cette visite sportive, en fait. Nous échapperons au tête-à-tête pesant, avec Franz. Ce déjeuner est une première rencontre, pas notre premier rendez-vous, ce qui est beaucoup mieux vu mon état. Valérie apparaît, disparaît, accaparée par sa cuisson. À chaque fois qu'elle file en cuisine, je siffle mon petit verre de rhum, vite fait, cul sec, avant de le remplir exactement au même niveau afin qu'elle ne s'aperçoive pas que j'ai picolé. Franz est mort de rire de me voir faire. Je suis pathétique. J'imagine que c'est drôle de l'extérieur de me voir ainsi, recroquevillé sur ce fauteuil, pas à l'aise du tout. Heureusement, après trois-quatre rhums, ça va mieux, j'arrive à me lâcher, à plaisanter, la taquiner. Pas sur sa cuisine. Son rougail saucisse est un régal, à la bonne franquette autour de la table basse. Valérie parle des Miss France et moi… de natation. Tous les trois sommes enfin à l'aise.

Les rugbymen surgissent, heureux d'avoir gagné le match, eux aussi peuvent trinquer à leur victoire. Le temps s'accélère dans l'appartement envahi par ces colosses, aussi contents de me rencontrer que moi de les saluer. En mode apéro-dînatoire, nous parlons en riant de tout et de rien, de piscine, de terrain de jeu, de Mme de Fontenay, qui ne s'appelle pas de Fontenay, mais Mullman, sans particule. Je connais de vue pas mal de ces joueurs du Stade Français. Entre sportifs s'instaure spontanément une empathie respectueuse. Je les suis dans leurs matchs, avec beaucoup d'estime. Eux connaissent mes victoires et m'en félicitent en me chambrant, comme à Marseille. J'ai du répondant. Valérie met de la musique. Je me sens bien. Un défi part entre elle et moi. Nous nous disputons, pas d'accord sur le titre d'une chanson.

– Très bien, si j'ai raison, demain, je passe te prendre, nous irons nager…

– Je ne sais pas nager ! De toute façon, j'ai raison, et puisque tu me charries sur les Miss France, puisque tu penses que défiler est si facile, pour gage, tu vas défiler pour moi.

Son idée fait se bidonner tout le groupe et il s'avère que Valérie a raison.

– D'accord. Revoyons-nous demain et je défilerai pour toi.

La bande ne l'entend évidemment pas de cette oreille et me casse mon coup. Les gars veulent me voir défiler maintenant !

– J'ai un super gage pour toi, clame Valérie. Tu vas comprendre ce que c'est d'être reine de beauté !

Elle m'entraîne dans sa chambre, en criant.

– Tu vas passer ma robe de Miss France !

Les rugbymen hurlent de joie. Dans la chambre, j'enlève mon jean, mon tee-shirt et aussi ma montre, pour ne pas arracher la dentelle. Je suis fin, je passe dans la taille de la robe mais sans parvenir à la fermer. J'avoue que c'est beaucoup moins confortable qu'un slip de bain. Quant aux talons, même si je peux à peine les enfiler, évidemment, ce sont deux engins de torture. Valérie et moi mourons de rire, je passe et repasse trois-quatre fois devant les gars qui m'acclament. Un gag potache. Un trouble aussi. Ma toute première intimité avec elle.

En me changeant dans sa chambre, je remarque ma montre sur la table de nuit et je l'y laisse, elle constituera un bon prétexte pour revenir.

Les rugbymen doivent s'en aller, Franz et moi aussi, je me lève pour le départ, je donne une bise à Valérie... Je pourrais pousser plus loin, mais je préfère ne rien tenter. Tout va bien et ma montre est dans sa chambre. À peine au pied de l'immeuble, je n'attends pas, je m'exclame l'avoir oublié et devoir remonter la chercher. Les rugbymen s'éloignent en se marrant, pas dupes. Je préviens Valérie par l'interphone.

– Monte, je t'attends.

– Je reste où je m'en vais ? me demande Franz, l'œil rieur, heureux pour moi, pour nous, ses tourtereaux.

– Non, non, reste. Je vais redescendre.

Je remonte par l'ascenseur. Sa porte est entrouverte, Valérie se tient dans l'entrebâillement, ma montre à la main. Là, normalement, je suis un homme, pas un bulot, je devrais l'embrasser et lui souhaiter bonne nuit, parce que j'en ai envie et elle aussi, parce que c'est le début du reste de ma vie, cet instant-là. Seulement voilà, je suis un homme amoureux, alors je prends ma montre et, dans un souffle, je la remercie, « c'était une très bonne soirée », je tourne les talons, je me jette dans l'ascenseur, le cœur battant, et je presse le bouton de ma paume. Je suis un imbécile, un gamin de douze ans, je me défile tant cette fille est superbe, drôle, tant elle me plaît. J'ai peur, une peur au-dessus d'un vide qui me chatouille le ventre, et l'ascenseur m'emmène.

Au rez-de-chaussée, je fracasse cette porte en quittant la cabine, hors de moi. Franz fronce les sourcils.

– Quoi ? T'as pris un râteau ?

– Non. Je suis un manche.

Mon téléphone bipe. Texto de Valérie.

« Bon, super soirée, mais je m'attendais à un bisou de bonne nuit. »

Les femmes sont plus courageuses que nous, les femmes ne laissent pas passer les trains, les femmes sont plus franches avec leurs élans du cœur, les femmes sont libres et cette femme-là est pour moi.

– Franz, attends… Attends-moi, je reviens !

Je fais volte-face.

L'ascenseur est reparti, je ne veux pas l'attendre, je remonte l'escalier, quatre à quatre, jusqu'à son étage, d'une traite, avec des ailes, je grimpe, vole, j'arrive, essoufflé, la langue pendante, comme le chien de Tex Avery, je tape du poing contre la porte, elle l'ouvre, tout de suite. Valérie ne s'était pas éloignée, elle attendait, elle espérait mon retour peut-être, le dos contre sa porte. Je lui souris, nous nous sourions, en une fraction de seconde, je l'embrasse. Je t'embrasse. Nous nous embrassons. Un baiser d'une minute.

Et je redescends, quatre à quatre, en emportant ses lèvres.

– XIII –

Le Revers de la médaille

J'ai passé la fin de la semaine à Paris pour participer à l'émission *C'est à vous*, sur la Cinq. J'étais invité à leur dîner-interview, où il ne faut pas parler la bouche pleine. La télé, c'est rarement simple. La veille de l'enregistrement, Valérie est passée à mon hôtel. Nous avons pris une table, en tête-à-tête, cachés dans un coin de la salle sous la protection du personnel. Notre première soirée intime. Plus besoin de vider des petits verres de rhum, les mots me sont venus facilement pour lui plaire et la faire rire. Ses paroles m'ont charmé aussi. J'étais si à l'aise que ma peur s'est changée en audace. Je l'ai invitée à venir dans ma chambre dormir avec moi. Pourquoi se quitter si nous étions bien ensemble ?

– Ne t'attends pas à autre chose que dormir, Camille.

Moi ? Jamais de la vie ! Évidemment que si, j'espérais l'*autre chose*. Mais je n'ai pu que dormir, ou plutôt ne pas dormir, à côté d'elle et sa beauté. Cela a duré ainsi plusieurs soirs. Juste dormir, souffrir un peu, trop heureux pour souffrir vraiment. Elle était là, avec moi. Chaste, Valérie ne voulait rien de plus. Sans me rebeller, je n'ai rien tenté. Nous avons joué, flirté, nous nous sommes amusés, mais Valérie choisirait notre moment. Pas moi.

Je suis redescendu à Marseille après avoir dormi avec elle, c'était déjà beaucoup. Je suis un homme, pas un animal.

Je lui ai proposé de venir me voir dans le Sud. Elle a accepté. Je n'ai pas précisé « juste pour dormir ». Valérie n'a rien dit non plus, sinon « oui ». Je me suis renseigné, j'ai cherché dans l'arrière-pays et toute la Provence le lieu le plus propice pour elle et nous. J'ai choisi un hôtel dans les vignes sur les hauteurs de Mougins, au milieu des collines, à la fois luxueux et sauvage.

– Quand tu réserves, prends la réservation à un autre nom que le tien.

Valérie redoutait une paparazade, je n'en avais pas envie non plus, mais pour dire la vérité, je n'y croyais pas, comment imaginer de telles chasses à l'homme ? Valérie a redoublé de précautions.

– Ne viens pas me chercher, je prendrai un taxi… Pour être heureux, crois-moi, restons cachés.

Je l'ai attendue à l'hôtel… Et j'ai vu arriver cette apparition avec toujours le même effet sur moi, le choc de sa beauté, doublé par la joie de notre complicité. Nous avons dîné dans la lumière du soir au chant des dernières cigales de notre été indien. Je n'ai pas eu à lui demander de venir dormir dans ma chambre, nous partagions la même. Devant la porte, j'ai ouvert avant de m'effacer pour la laisser entrer chez elle.

Nous n'avons pas dormi, enfin, pas beaucoup. Elle avait choisi.

Elle m'a fait patienter et je la respecte pour cela. De toute façon, Valérie ne se confondait déjà plus avec aucune autre. L'amour n'a rien à voir avec le score, vous vous en doutiez. Moi, j'ai dû l'apprendre. Je désirais Valérie bien au-delà de son corps, j'aimais sa présence, sa compagnie, être ensemble, des choses de rien, son sac posé sur la chaise, son doigt contre son assiette. Un souffle d'elle. Et son humour, aussi. Valérie a même de l'humour.

Au matin, je me suis levé, elle était réveillée, nous avons échangé quelques mots. Soudain, j'ai levé mes deux bras en l'air comme à la fin d'une course gagnée, en mode triomphant. Elle a sursauté, avec ses beaux gros yeux encore pleins de sommeil.

– Quoi, Camille… Qu'est-ce qu'il y a ?

J'ai bondi en l'air avant de me sauver dans la salle de bains en m'écriant :

– Quoi, quoi !? Quand même, j'ai niqué Miss France !

Je l'ai entendue s'esclaffer. Elle m'a jeté son oreiller.

– T'es vraiment un malade !

Elle riait même à mon humour de grand con. Val, comme l'appelaient ses proches, était sans doute la femme idéale.

Je pensais lui présenter mes copains, mais fin septembre, le temps s'avérait déjà trop frisquet pour profiter des piscines à ciel ouvert du Cercle. L'autre temps, celui des horloges, me manquait aussi. Je devais filer sur Paris pour rencontrer mon premier sponsor potentiel, un des plus renommés, premier groupe mondial de cosmétiques : L'Oréal.

L'Oréal, ce serait pour demain, aujourd'hui, c'est Valérie.

Nous sommes allés nous balader sur les collines, main dans la main.

Je peux être lent, je le reconnais, mais je suis aussi capable d'accélérations foudroyantes. Dans ma tête, la suite s'enchaînait déjà. J'étais si heureux. Attiré par elle, très, je voulais la regarder vivre, être en couple. Que nous nous donnions cette chance d'aller loin ensemble. Entre les pins parasols, je voyais pointer notre histoire. Je suis avec une jeune femme avec laquelle je peux et je veux vivre. Ce sentiment m'est aussi naturel qu'une sensation de chaleur ou de douceur, de force aussi. C'était trop bien, chouette, cool et très au-delà. Le bonheur allait continuer entre elle et moi, il allait durer. Je n'osais pas encore appeler mon sentiment l'Amour parce que je n'y connaissais pas grand-chose. Et c'était encore mieux, ce moment de la découverte où tout est bien, où tout est bleu. Le grand bain bleu. Avec Val, je l'ai su tout de suite, devant notre télé familiale, lorsqu'elle s'était mise à défiler pour le concours Miss France et bien plus tard, en vrai, quand elle m'a ouvert la porte en tee-shirt vert qui allait bien avec ses yeux mordorés. Je la veux vraiment, tout entière, comme elle est et pour toujours.

Nous sommes rentrés de cette promenade sans nous être encore dit « je t'aime ».

Le réceptionniste m'interpelle élégamment.

– Monsieur Lacourt, votre sœur vous a appelé.

– …Je n'ai pas de sœur.

Je le vois masquer, instantanément. Et je comprends, en même temps que lui… Les paparazzis nous ont repérés. Valérie, derrière moi, a saisi la situation encore plus vite que nous. Je m'entends ajouter, sur un ton glacial.

– À quel nom j'ai réservé ?

Le réceptionniste baisse les yeux, muet, en faute. J'insiste.

– Si on vous demande M. Lacourt, il n'y a pas de Lacourt dans cet hôtel.

Ce jeune, entre 20 et 25 ans, devait sortir de l'école hôtelière, il était blanc comme un linge. De toute façon, c'était trop tard.

Nous sommes montés dans la chambre, Valérie se taisait. Quand elle a relevé la tête, à voir son visage dévasté, j'ai réalisé que c'était encore plus grave que je le pensais. Tout le traumatisme de son parcours lui revenait : photos volées, scandale, rumeurs, destitution de son titre, une intimité à vendre. Toute cette laideur qui l'avait traînée dans la boue. Ses yeux étaient pleins de larmes. J'étais déstabilisé, mais moins qu'elle. Des inconnus étaient entrés de force dans notre bulle magique et secrète. Jamais je ne pourrais parler de viol, mais de vol, indiscutablement. L'impression de se faire piller. Que quelque chose de précieux vous est arraché. Sans parler du passage de notre intimité dans le domaine public, en kiosque, à la une, à la rue.

Sur le coup, dans la jolie chambre, mes pensées défilent trop vite, je ne m'attendais pas à ce malaise profond, ni à voir Valérie réagir si mal, hors d'elle, au bord de la crise de nerfs. Je la trouve à la fois touchante et excessive. Après ces heures parfaites, tout à coup, notre vie privée se trouve déchirée. C'est triste, mais pas si tragique. Elle appelle son attachée de presse pour savoir si des paparazzis sont « sur nous ». Je sens le retour de flamme d'un monde qui m'emmerde, que je cherche déjà à fuir, les people, *Voici*, Paris et ses fantômes. En fait, je suis déphasé. *Out*. Je me pose dans le canapé devant la télé éteinte dont je fixe l'écran noir tandis que Valérie s'agite, tourne en rond telle une lionne en cage, appelle d'autres contacts, retourne la salle de bains, en rage. Paralysé, j'en reste assis sans savoir quoi faire. Six semaines auparavant, je n'étais personne, j'éprouve cette agression tout en jugeant Valérie trop obsédée par cette spirale contre laquelle elle devrait se blinder – la notoriété rend comme cela, je l'ai compris par la suite. Un état paradoxal, complaisant, hystérique. À la limite, l'ambiance paranoïaque aidant, pendant un instant, je me demande si Valérie n'aurait pas pu elle-même tuyauter ces chasseurs de scoops pour s'offrir un coup de pub ? Sa carrière pouvait en avoir besoin. Qui la conseillait ? Nous ne nous connaissions pas très bien, au fond. La voir surréagir ainsi me la rend suspecte. Tant de défiance me soulève le cœur, moi aussi je me mets à divaguer, à voir le mal partout. Après le grand bleu, le trou noir. Démuni, impuissant, je fixe cette télé éteinte en me demandant : « Mais où je suis ? » « Que m'arrive-t-il ? » À aucun moment je n'ai prévu d'affronter ces mélodrames si tordus que je ne parviens pas à les considérer réels. Un coup de fil bidon, des photographes planqués derrière des buissons… Nous n'avons vu personne sur les sentiers. On shoote ainsi les stars, les princes et les princesses de Monaco, je ne suis pas une star, je connais mieux le Monaco bière-grenadine que la principauté, j'ai 400,90 euros sur mon livret d'épargne, je lave mes toilettes moi-même. Dans quelle panade t'es-tu encore fourré, mon Camille ? Qui est vraiment Valérie Bègue ? Mon cerveau se barre dans tous les sens devant mon *big love* qui continue à s'énerver, à bigophoner aux journalistes de sa connaissance pour tenter de savoir d'où viendrait le coup. Au bout de quinze minutes, elle se plante devant moi.

– Voilà, ils ont su que je descendais sur Cannes, ils ont fait tous les hôtels et ils nous ont trouvés, ils nous ont chopés !

Son œil de tigresse me foudroie.

– Et toi, tu restes planté là, c'est tout l'effet que ça te fait !

Elle me parle mal. Elle me mime, l'air avachi, comme un pépé renversé par un vélo. Elle m'en veut, à moi aussi. Personne n'est mort, quand même, enfin pas encore. J'oscille entre le dégoût et le ridicule. Dans ma mémoire, j'ai l'impression que ce chaos a duré des heures et non la vingtaine de minutes effectives. Valérie est excédée que je sois sans réaction, je constate que je la déçois. Elle doit trouver le champion mou du genou. Je me secoue enfin, je me dresse.

– Bon allez, on fait nos bagages, on se casse, on ne va pas rester là en sachant que des paparazzis rôdent…

– Et pour aller où ?

– Chez moi à Marseille, au moins nous serons tranquilles.

On boucle nos valises. La sensation que ma vie n'est qu'un mauvais film persiste. Angelina Jolie et Brad Pitt, têtes basses, quittent l'hôtel sous des capuches pour empêcher les photos. Encore un moment hors cadre.

Voiture. Direction Marseille, deux heures de route dans un silence de mort. Le malaise persiste entre nous. Je me dis : « Qu'est-ce que c'est que ce trip ? » Elle doit se dire : « Qu'est-ce que c'est que ce type ? » Pas facile pour dérouler une conversation agréable. Un mur. Je m'en veux. Elle a raison. Je suis un tromblon sans caractère, je subis une destinée qui me dépasse. Une heure et demie sans presque un mot. Le film continue, je guette sans arrêt d'hypothétiques poursuivants dans mon rétroviseur, je scanne chaque voiture qui nous double. À un stop, je fixe un gros motard casqué comme si j'allais le flinguer. C'est trop bizarre. Personne ne nous suit, enfin je crois, je suis Camille Lacourt, pas James Bond.

– Écoute, Valérie, excuse-moi de ma réaction, je n'ai pas l'habitude.

J'explique ce que je ressens, mon anonymat, mon déphasage.

– Pardon, mais je ne vois pas ce que j'irai faire dans un canard people, je n'arrive même pas à l'imaginer.

– Ha oui, t'as la mémoire courte, dis donc, je t'ai vu dans *Public*, bouffer un hamburger.

Oui, c'est vrai, j'avais oublié. Je continue à me justifier, la rassurer. Je ne veux pas la perdre pour deux charognards planqués avec leurs téléobjectifs. À son visage moins hostile, je comprends qu'elle me comprend. La tension diminue peu à peu. Arrivés en banlieue de Marseille, c'est tout juste si nous ne rigolons pas de nos émotions.

– Tu connais Marseille ?

– Je suis déjà passée, mais je ne connais pas.

– J'adore un endroit sur les hauts de Cassis, magnifique, nous pouvons aller nous poser là-bas un moment. Ensuite, je te propose d'aller prendre un petit repas à la maison… Puis je te ramènerai au train ou à l'avion, comme tu veux.

– Voui.

Val m'a dit « voui », tendrement, avec son œil de biche, pas de tigresse.

La fin de l'après-midi nous réconcilie après ces trois heures au script éprouvant, cette alarme qui a failli briser notre complicité. Nous arrivons sur Cassis, je roule jusqu'à mon coin préféré, le point de vue sur le bord de mer est splendide. Nous sommes bien, à l'abri, amoureux de nouveau.

Val n'est partie que le lendemain. J'ai failli lui dire « je t'aime ». Je me suis retenu. Je suis un champion, pas une fleur bleue. Si, je suis un romantique, en vrai.

Le jeudi, date de sortie de la presse people, je reçois un texto de Valérie en même temps que de Jeff. Nous faisons la couverture de *Voici* avec un titre à dormir debout : « Le nageur a trouvé sa sirène. »

Et des légendes photos du même tonneau : « Comme un poisson dans l'eau »... Gloup, gloup, gloup... Touché, coulé, en boîte, vendu.

Après l'entraînement, je vais acheter le magazine chez un buraliste, loin du Cercle, la tête dans les épaules. Ce ne sont pas des photos de Mougins, mais une série prise sur les calanques de Cassis, en fin de journée. Donc, ces crevards nous ont pistés plus de trois heures, sans se trahir. Ces mecs sont des génies du camouflage, faut reconnaître. Je regarde leur couverture, c'est elle, c'est moi, c'est nous, à un moment où j'ai failli lui dire « je t'aime » et j'ai vraiment la haine.

J'appelle Val.

– Arrête... Cela ne sert à rien de se prendre le chou là-dessus. Ils ont réussi à nous prendre à Cassis, alors que j'ai fait très attention, je suis écœuré, comme toi, mais c'est ingérable, nous sommes impuissants. Écoute-moi, Valérie, il faut s'en protéger mentalement...

J'en parle aussi à Jeff. J'ai un arrière-goût pénible. Une intuition horrible me revient que Valérie Bègue ait pu organiser cette paparazzade. Voilà ma grande peur, ma terreur. *Peopleland* peut rendre tout moche et n'importe qui fou. Je sens monter en moi bien plus qu'un béguin pour Valérie qui évolue dans ce monde toxique. Qu'une femme qui compte déjà énormément pour moi, qui m'attire au bord de l'Amour puisse me trahir, réduire mon cœur en cendres pour de l'argent ou de la notoriété, ça me panique. J'avoue à Jeff mon angoisse absurde.

– Moi aussi, j'y ai pensé, me répond Jeff, avec son sixième sens. Ce n'est pas elle qu'ils traquaient, c'est toi. Est-ce que tu as dit à Valérie où vous alliez après Mougins ?

– Je suis presque certain de ne pas lui avoir dit où nous allions, en tous cas pas exactement. C'était ma surprise pour changer d'air. Je n'ai pas prononcé le mot Cassis.

– Alors, si tu es sûr à 100 %…

– Non, Jeff, je n'en suis pas sûr à 100 %…

Peut-on imaginer un dilemme plus infernal ? Mon agent grogne dans le téléphone. Jeff, lorsqu'il réfléchit, a tendance à grogner. Lorsqu'on s'en prend à moi aussi. C'est un grand agent, un être d'une loyauté exceptionnelle.

– Je ne la connais pas… Mais j'espère sincèrement pour toi, mon Camille, que ce n'est pas elle.

Ce doute fut le pire des chocs. Aujourd'hui, je trouve toujours nauséabondes les photos volées, l'intimité blessée, ma colère est intacte. Mais à cette époque, je ne comprends absolument pas ce qui m'arrive, si vite. En tant que champion, j'ai besoin de la reconnaissance de mes pairs, du public, d'être aimé pour ma valeur. Dans le bassin, je défends mon métier, chacun peut vibrer avec moi et j'en suis heureux. Mais une fois sorti de l'eau, stop. Être reconnu dans la rue ne me procure pas vraiment de plaisir. Dès le début, dès les premières photos avec mes potes de l'équipe à notre retour de Budapest, moi dans un MacDo, moi à la sortie d'une boulangerie, je n'ai pas trouvé cette curiosité gratifiante. Beaucoup de gens ne prennent pas un cliché avec moi parce qu'ils sont fans d'un athlète, mais pour montrer à d'autres qu'ils m'ont croisé. Au fond de mon âme, durant les courses, il m'est arrivé de penser au public, de remercier les supporters de la natation, les amateurs de la performance, tous les amoureux du sport. Être un instant avec eux, dans le Bleu, c'est génial, mais le reste, bahhhh… Non.

Assez vite, j'ai été convaincu que Valérie n'avait rien à voir avec cette traque, cette parution, tant son dégoût était encore plus fort que le mien. J'ai honte d'avoir pu le penser. La parano m'aveuglait moi aussi. Le scandale après son élection de Miss France, toutes ses pratiques lui avaient causé une telle souffrance qu'elle ne s'en est jamais vraiment remise. Je le sais, nous nous sommes mariés et Valérie est la mère de ma fille.

J'ai rendez-vous chez L'Oréal, le premier de mes rendez-vous d'affaires en sport business. Importante journée parce que je le vaux bien et ma première opportunité de devenir une égérie.

Qu'est-ce qu'est exactement une égérie ? Je vais bientôt le découvrir.

À 13 h 30, en cette fin de semaine, parce que je ne voulais pas rater un jour d'entraînement, Jean-François Salessy, son associé et moi franchissons les portes du numéro un mondial de l'industrie cosmétique (Groupe L'Oréal, fondé en 1909 par Eugène Schueller, 25 milliards de chiffre d'affaires annuel, j'ai regardé sur Wikipédia) aussi pile à l'heure que trois Prussiens. Dans une salle de réunion où l'hôtesse nous a introduits, nous patientons un quart d'heure… Une demi-heure… Au bout d'une heure, enfin, nous voyons arriver Madame L'Oréal. Le stéréotype de la bourgeoise parisienne, vêtue d'un tailleur pantalon cintré, petits talons, le visage lissé, fardé, débarrassé au scalpel ou au Botox des rides du sourire. À bout de bras, elle traîne trois ou quatre sacs de shopping, cause probablement d'un retard dont elle s'excuse à peine. Mon antipathie est immédiate, n'importe qui l'aurait trouvé antipathique. Mais bon, un contretemps peut arriver à tout le monde, je suis bien placé pour le savoir. Je la salue. Elle remarque que je regarde ses sacs et, sans se démonter :

– Le samedi, c'est shopping !… Bonjour, ravie de vous rencontrer…

Je reste perplexe, mes parents m'ont élevé autrement et je la croyais forcément très bien élevée. Manifestement, cette femme à la mode n'accorde pas autant que moi un caractère un peu solennel à un premier rendez-vous. Déboussolé, j'attends la suite. Rapide tour de table, Jean-François Salessy et son associé, Madame L'Oréal, sa collaboratrice et moi, l'égérie potentielle… Elle nous donne ses titres, ses fonctions à rallonge avant d'entrer dans le vif du sujet de façon abrupte.

– De toute façon, on te veut pour la pub, le rapport à l'eau nous plaît… Ceci dit, je connais parfaitement le tarif d'un nageur.

Son ton n'augurait rien de bon, ni sur la forme ni sur le fond. Dès les premières minutes, j'ai la sensation d'être sur le marché, à vendre.

– Il y a le prix d'un nageur, intervient Jeff… Et celui de Camille qui est devenu une personnalité bien au-delà de son domaine sportif.

– J'ai vu ça !... Où ne le voit-on pas, d'ailleurs. À ce propos, nous sommes tout à fait opposés au fait que nos égéries se retrouvent dans les journaux people, accompagnées de filles olé-olé… qui se déshabillent facilement.

Sa remarque me blesse deux fois, pour moi et pour Valérie. Je sens le rouge me monter aux joues, un rouge de colère plus que de honte. Cette communicante si sûre d'elle n'a pas le moindre tact. Si je devais définir la vulgarité, elle en serait l'ambassadrice. Sous ses manières, son sourire, c'est une machine à juger, bourrée d'agressivité.

– Arrêtez… Cette paparazzade n'a rien à voir avec nous. Quant aux photos dont vous parlez, Valérie avait seize ans…

J'ai répondu avec irritation. Jeff fronce les sourcils. Mais j'enfonce le clou.

– Pour le reste, on peut parler d'argent, bien entendu, mais pour une toute première collaboration publicitaire, j'imaginais une rencontre humaine autant que commerciale, je ne voudrais pas me sentir un pantin,

Sans oser regarder Jeff, j'entends son stylo-bille tapoter nerveusement la table. J'y suis allé trop fort. Notre interlocutrice sourit d'ailleurs mécaniquement comme si elle ne m'avait pas compris. Cette femme me révulse. De nouveau, je comprends mal ce que je fabrique ici. Ou plutôt si, la marque me veut comme égérie et donc, pour ne pas payer le prix fort, elle me dévalorise au maximum. J'ai l'impression d'être une voiture dont on inspecte la carrosserie, le moteur, l'habitacle, d'un air dubitatif.

– Bon, bon, bon… Pour finir, soyons sérieux, tu n'es pas encore champion olympique… Bien que je te le souhaite.

Elle revient au vouvoiement, s'adressant à nous trois.

– Nous allons devoir travailler votre image, qui est un peu… bas de gamme. Par exemple, on vous a vu chez Hanouna, qui n'est pas notre cible… Quel intérêt d'aller se montrer dans les émissions de Cyril Hanouna ? Je comprends que vous vouliez courir partout, mais à partir de maintenant, avec nous, vous allez devoir épouser nos valeurs, avoir le souci d'être en adéquation avec le prestige de la marque qui vous accueille, n'est-ce pas…

Autrement dit, elle me faisait une faveur. Autour de la table, nous avons chacun devant nous une petite feuille, j'y trace quelques mots avant de la glisser sous le nez de Jeff, tandis que Madame L'Oréal monologue.

C'est donc ça vendre son âme au diable ?

Sans cesser de fixer aimablement la dame, Jeff me retourne la feuille, avec deux mots.

Du calme.

Je la déteste, je ne veux pas me lier à ce genre de personne avec qui, pour parler valeur, je ne dois pas en partager des masses. Lorsqu'elle s'est pointée avec une heure de retard, j'aurais dû la prier d'enchaîner six cents pompes sur sa moquette beige, elle aurait mieux compris le sport de compétition. Je me sens humilié, mais je tente encore le coup.

– Je vais aller aux Jeux olympiques… Et je souhaite une véritable aventure en me liant à une marque, une belle marque avec laquelle notre association serait évidente…

– Qu'elle coule de source, m'interrompt Jeff, pour détendre l'atmosphère d'un trait d'esprit. En vain.

– Ma carrière vient de débuter… J'aime que vous l'aimiez, mais je ne voudrais pas n'être qu'un panneau publicitaire…

Ce que je lui raconte ne l'intéresse pas, à la limite, ça lui pompe l'air, elle ne voudrait pas passer son samedi après-midi à me lorgner d'un air distrait et hautain. Le mauvais film continue, ces situations caricaturales où il faut que j'improvise un rôle déplaisant. Vu son attitude, ce que je viens défendre ne peut se résumer qu'à un montant, le nombre de zéro. Je suis un mannequin sportif dont l'image peut stimuler une gamme de produits, rien d'autre, Madame L'Oréal a eu vite fait de me le rappeler. Elle m'achète. Qu'est-ce que tu t'imaginais, Camille ? Après tout, puisqu'il en est ainsi, tant pis, tant mieux, remplissons mon compte en banque. Si je me souviens bien, nous évoquons 80 000 euros par an, somme qu'en effet nous ne voyons pas passer souvent dans la natation. Notre entretien s'achève sur ce chiffre, à quoi bon évoquer d'autres considérations que son pognon.

– Au revoir, Madame…

Elle nous quitte, suivie de son assistante dont je n'ai pas entendu le son de la voix. Nous restons Jeff, son associé et moi, pas plus emballés que si nous avions participé à une scène de Telenovela avec la méchante *executive woman* que j'expédie d'un mot :

– Quelle conne.

Jeff ne me contredit pas. Lui aussi a atteint cette limite au-delà de laquelle un deal n'est plus valable et notre âme, pas à vendre.

– Elle est affreuse, oui. Pourquoi faire si moche ? Mystère. Mais écoute, attends… Camille, le monde est vaste… Si tu intéresses L'Oréal, tu peux en intéresser d'autres, d'autres marques de cosmétiques.

– Si elles sont toutes comme ça !

Jeff renfile son perfecto :

– On te prend, on t'estime, on te paye, merci, au revoir.

– Tu as perçu de l'estime, toi ?

– Je voulais dire, on t'évalue…

En traversant le hall, le long d'une vitrine, soudain, un souvenir me revient. Le souvenir de ma mère et de la crème qu'elle s'achetait, un petit pot, précieux, hors de prix… Maman ne la mettait que dans les grandes occasions. Et je me souviens du nom de cette marque : Clarins.

– …Clarins, dis-moi Jeff, ça fait partie du groupe L'Oréal ?

– XIV –

Bonheur et Cancan…

Quand tu traverses une passe difficile, tu dois t'acharner, lorsque tu bénéficies d'une phase ascendante, tu dois cravacher pour atteindre le top, et si tu arrives au sommet, pour y rester, tu dois… redoubler d'efforts. Bref, tu souffles quand t'es mort. Ceci dit, la vie n'est pas chienne et on arrive parfois sur des plages d'immense bonheur.

Au Cercle, ma rentrée est bonne même si la première partie de saison, la plus physique, m'est particulièrement éprouvante. Reprise des circuits-training, cross-foot, exercices de cardio, autant de secondes de travail que de secondes de récup, des enchaînements jusqu'à trois heures d'affilée, très éreintants pour la musculature. On prend les mêmes et on recommence ! On peut être en nage sans mettre un pied dans l'eau. À chaque pompe, le tee-shirt trempé de sueur touche le sol avec un « ploc » ou un « splash » selon la cadence. Trois minutes d'arrêt entre chaque série. À Marseille, nous perfectionnons désormais l'athlétisme moins pour l'aspect physique que pour le cœur, qui bat à 180 pendant plus de deux heures. Un énorme chantier pendant quatre à cinq semaines. Deux circuits-training en salle, deux autres en plein air. La plage des Catalans, à deux pas du Cercle, devient notre camp d'entraînement à l'américaine. Cardio, jumping-jack, des « suicides » qui consistent à aller et revenir à fond de train sur la plage, d'un plot à l'autre. Le sable qui alourdit chaque foulée rend la course bien plus dure qu'en salle. Ramper, pomper, cavaler, un vrai *boot camp*. Une fois passées ces classes éprouvantes, l'organisme se fortifie pour la saison. En attendant la quille, du lundi au vendredi, mon corps n'est plus qu'une courbature géante, des mollets jusqu'à la nuque. Il m'est arrivé de vomir à de telles séances et je ne suis pas le seul. Après avoir dégueulé, tu cours te rincer la bouche à l'eau de mer avant de reprendre l'exercice. J'ai déjà dit combien ces parcours du combattant soudent l'équipe – cela ne fut jamais aussi vrai qu'à l'automne de cette année 2010, parce que nous savions tous le bénéfice que nous tirerions de ces efforts acharnés pour construire de solides fondations pour toute la saison. Les bagnards n'étaient plus au château d'If, mais sur la plage des Catalans ; les promeneurs s'arrêtaient sur le front de mer pour nous regarder nous démener, souffrir et nous entraider. Dix suicides plus cinquante pompes en faisaient flancher plus d'un et, là encore, le plus dispos doit soutenir le plus faiblard.

– Allez, je t'en prends cinq !

Définitivement, je ne connais pas de meilleure méthode pour souder un groupe et se préparer à être champion du monde. Tous les exercices hors de l'eau sont dirigés par Patrick Lhopitalier, qui porte mal son nom avec son approche militaire, tandis que Romain Barnier règne sur le bassin. Pourquoi changer une équipe qui gagne ? Banzaï !

Pour ouvrir la session, le tandem nous a préparé une initiation exceptionnelle ; une semaine de stage chez les Bérets verts, aux commandos de marines, à Lorient. Une fois passé l'effet de surprise, malgré une certaine appréhension, toute l'équipe est partante. Même si les Bérets verts prennent les Maillots bleus pour des fanfarons, même s'ils comptent nous faire voir trente-six chandelles, nous relevons le défi. Lorient, nous voilà !

À peine arrivés, nous constatons, dépités, que nous ne partageons pas le même programme que les soldats. Nous bouclons nos nuits comme des planqués, nous qui nous attendions à être jetés du lit avant l'aurore par des adjudants hurleurs. Même pas un clairon. Ils nous prennent pour des branques ? Du coup, nous allons trouver le commandant qui nous a accueillis.

– Alors ? On croyait que les Bérets verts, c'étaient des solides. On commence à 9 heures pour décrocher à 18 heures, vous nous prenez pour des fonctionnaires de la Poste ou quoi ?

Le commandant a apprécié notre motivation, avec un sourire narquois.

– Désolé, les gars… Je ne peux pas y aller plus fort, ce sont les consignes que l'on m'a données. Interdiction de prendre le moindre risque de vous blesser.

Notre simple présence relevait d'une faveur. Le Centre des Bérets verts est interdit au public, c'est sur intervention d'un de ses amis d'enfance que le commandant avait organisé notre séjour, à la condition expresse, pour des questions d'assurance aussi, de veiller à ce qu'aucun de nous ne subisse d'accident. Notre programme reste intense et nous inculque les vertus de la discipline et de la rigueur. Nous vivons le challenge à fond. Chaque matin, l'équipe est prête en trois minutes, ce qui est une gageure – essayez d'enfiler et de lacer une paire de Rangers en trois minutes, vous verrez… Donc, nous dormions avec, CQFD – nous, on en a dans le citron, chef !

L'équipe en a bien bavé quand même, particulièrement avec les canoës-kayaks à traîner dans la gadoue. Quel paradoxe, pour des nageurs professionnels, de se coltiner ces petits rafiots. Beaucoup de Bérets verts venaient nous jauger, muets. À chaque détour de la caserne, ils se sont mis à nous saluer d'un bon œil, bluffés que nous ne soyons pas parmi eux en touristes. Du coup, l'exercice de tir a été ajouté au stage. Devant notre sérieux, la chambrée au carré – maman, si tu me voyais ! –, nos tenues impeccables, le responsable nous a permis de tirer à l'arme automatique – une fleur. À l'arme automatique, au quatrième coup, n'importe quel bonhomme tire en l'air, le recul est trop fort, tu ne tiens pas sur tes pattes. En Corse, au mariage de Salessy, j'avais failli me démettre l'épaule avec un fusil à pompe qui servait à manifester… la joie. Depuis ce stage en Bretagne, lorsque je vois Arnold Schwarzenegger tirer en rafale d'une seule main, je sais que c'est bidon et la meilleure façon de se fracturer le poignet à cause de la puissance de l'arme. Les mitraillettes automatiques, armes de guerre utilisées par l'armée française en mission spéciale, sont les plus redoutables. Aucune recrue dans les commandos n'a le droit de s'en servir avant trois années d'entraînement.

Après huit jours de ces jeux d'hommes que sont les jeux de guerre, j'ai retrouvé Valérie Bègue en roulant légèrement des épaules et la voix un peu plus rauque, comme Stallone.

Notre histoire prenait un tour officiel, nous devenions un couple. Lorsque je monte à Paris, je ne descends plus à l'hôtel, je vais chez elle, ratatiné dans la minuscule cabine de son ascenseur.

Après notre « prépa » intensive de cinq semaines, un dernier vendredi soir vient conclure cet enfer. Fini la plage aux suicidés, enfin la relâche ! Du coup, j'ai un premier grand week-end de repos, le corps moins douloureux, assoupli, plus apte à l'amour. Et j'invite Valérie à venir à Marseille. Ravie de découvrir l'antre des lions, elle me prévient de son heure d'arrivée à la gare Saint-Charles. Aller pour la première fois chercher mon amoureuse pour lui présenter mon univers me rend fou de joie. Le bonheur est là. À ceci près que, ce vendredi-là, nos entraîneurs, très satisfaits de notre période préparatoire, proposent de nous offrir un verre. Voilà bien une libéralité rarissime. Nous nous retrouvons donc dans un bistrot du Vieux-Port autour d'un verre, qui en amène un autre, avant de nous entraîner dans un autre bar... Phénomène assez naturel que j'ai déjà évoqué. Au bout de trois bières, à jeun, claquée par ses cinq semaines, l'équipe se retrouve un tantinet éméchée ; nous faisons des sketches entre nous, hilares.

Un peu avant 20 h 12, heure d'arrivée du TGV nommé *Désir*, l'idée saugrenue me vient, au lieu d'emmener Valérie à la maison ou dîner dans un coin romantique, de la ramener pour lui présenter mes copains, enthousiasmés par cette nouvelle.

– Dis, ça devient vraiment du sérieux entre vous.

Je traîne encore, percevant confusément que l'état général se dégrade, mais étant moi-même pompette et donc aussi joyeux qu'insouciant, je file accueillir Valérie... Moins d'une heure plus tard, Miss France, très sobre, fait une entrée royale parmi l'équipe émerveillée. Même si elle ne connaît personne, Valérie est d'un caractère très sociable, une Miss France a l'habitude de dire bonjour à n'importe qui, quel que soit son état, elle en a vu, de foire en inauguration... Je la présente à la ronde.

– Val, voici Maxime Bussière, dit Max, un de mes

meilleurs amis, avec qui je partage la chambre au championnat de France.

Max entreprend Val. Maxime est aussi beau que classe, je lui fais confiance pour charmer la Parisienne et m'éloigne afin de les laisser lier connaissance. On ressent toujours un pincement quand son meilleur ami fait connaissance avec la femme de sa vie. Valérie est venue avec son petit chien, pas plus gros qu'un melon de Cavaillon, trognon, un yorkshire nommé Mojito. Ça ne s'invente pas. Elle tient donc Mojito sur son coude. Max adore aussi ce toutou. Je le regarde discuter, sa pinte de bière à la main, quand soudain je vois cet abruti, d'un geste machinal ou délirant, tremper le museau du chien dans sa bière pour le faire boire. Merde, ça ne va pas coller. Valérie, scandalisée, s'écarte d'un mètre, son yorkshire sous le bras avant de retourner de l'autre une gifle à Max. Le mieux, vis-à-vis de l'un comme de l'autre, est de faire comme si je n'avais rien vu. Valérie fonce sur moi.

– C'est qui ce con ?

– Je te l'ai dit, ma chérie, mon meilleur ami…

Max sent bien qu'il a cafouillé, la gifle l'a surpris sans l'énerver – Max aime les filles de caractère. Il s'approche, l'air navré. Valérie lève les yeux au ciel. Pas besoin d'être Nostradamus pour deviner ses pensées. Elle doit nous prendre pour une brochette de bourrins... La suite logique ne se fait guère attendre.

– Écoute… Je ne suis pas dans le mouv, ramène-moi s'il te plaît, après, tu reviendras finir la soirée avec tes potes.

Évidemment, je prends le parti de rester avec Valérie, mais à peine sommes-nous rentrés que, à ma stupéfaction, Valérie m'encourage.

– Vas-y, retournes-y, profite de ton moment, à ce que j'ai compris, c'est important pour vous.

Donc, c'est ce que j'ai fait, j'y suis retourné. Quand la femme que j'aime me demande quelque chose, j'obéis. Je réapparais dans le bar où le départ précipité de Valérie n'a pas fait retomber l'ambiance.

– Alors, elle est vénère ? me demande Max.

– Même pas… Mojito n'est pas décédé. Je crois que Valérie nous trouve très cons, mais qu'elle est très cool.

– Tant qu'elle sera aussi cool qu'on est con, ça ira pour toi.

– Je l'ai prévenue, tu sais. Ma vie idéale se trouve quelque part entre la femme de mes rêves et mes potes de toujours. J'ai préféré lui annoncer la couleur.

Max émet un sifflement admiratif. Lui aussi est engagé et très amoureux, mais sa compagne a la gâchette facile, à ce que je sais. De nous tous, Maxime était et demeure notre conscience lorsque nous déraillons trop fort. C'est simple, je serais une femme, je l'aurais épousé. La soirée s'achève sur un dernier arrêt dans une pizzeria du Vieux-Port pour avaler un morceau, à ne pas vouloir rentrer, sans savoir pourquoi, heureux, délassé, à profiter du souffle marin sur les quais déserts où résonnent nos rigolades. À parler de tout et de rien, s'avouer parfois de ces choses graves, belles ou tristes, qu'on ne confie que dans ces heures-là. Nous, les gars timides, il nous faut des nuits entières pour être parfaitement détendus.

Et je me rentre vers 5-6 heures.

En engageant ma clef dans la serrure, je me demande si Valérie est encore là. D'autres seraient parties… J'empeste l'alcool, hors de question de me glisser ainsi sous la couette. Je vais prendre une douche et lui signaler mon retour d'un bisou, sans l'arracher aux bras de Morphée. À peine allongé à ses côtés, je m'endors, en songeant : demain, à ton réveil, ne t'étonne pas si elle n'est plus là… Camille Lacool, lol, pouf, bzzzzzz.

Je fais une bonne nuit en matinée. Vers 11 heures-midi, j'ouvre un œil. Plus personne, le lit à moitié vide. Perdu, je me dis, l'apparition s'est volatilisée, va falloir rattraper cette boulette. J'entre dans le salon où je découvre un petit déjeuner qui m'attend sur la table basse. Val est allée chercher des pains au chocolat, des croissants et elle est là, resplendissante dans mon deux pièces.

– C'est bon, tu t'es régalé, hier ?

C'est cuit. Je suis amoureux de cette fille. Elle descend de Paris pour moi, m'incite à aller faire la teuf avec mes copains, Max manque de noyer son chien dans la Pelforth et elle va me chercher des pains au chocolat pour enfin, à midi, me dire bonjour avec le plus beau sourire de l'univers. Le zénith. C'est Elle. Je la serre fort entre mes bras.

– Je suis tellement content que tu sois là.

– Où voulais-tu que je sois ?

Je lui raconte à grands traits la soirée, sans entrer dans les détails superflus. Nous nous appelions chaque jour, mais Valérie ne connaissait rien de ma vie, de notre fraternité qui la fait sourire. Encore son sourire.

Je l'emmène dans les calanques. Nous ne nous sommes toujours pas dit je t'aime. Nous parlons de nous, de nos projets respectifs puisque nous n'en avons encore aucun en commun. Valérie a celui de partir bientôt faire le tour du monde, avec un ami. Ils y travaillent concrètement, réservent les billets, les étapes, choisissent dans quelle ville s'arrêter. Elle me raconte leur itinéraire sans se retourner ni s'apercevoir que je me crispe en regardant ses pieds en sandales sur le sable.

– Oui... Avec un ami ?

– On est juste copains.

– Ah bon... Un copain.

Je la connaissais depuis deux mois, chaque semaine me voyait tomber un peu plus amoureux. Tout hétéro digne de ce nom ne pourrait que tomber amoureux de Valérie en embarquant pour un tour du monde avec elle. Intérieurement, je grimace, mais qui suis-je pour lui interdire quoi que ce soit ?

– Cet ami est gay, Camille.

– Ah, il est gay !

Je suis soulagé sans être plus heureux.

– Vous allez vivre une aventure extraordinaire, si c'est ton désir, vas-y, régale-toi.

J'hésite un instant, avant d'être cash. Ça passe ou ça casse. Je lui précise ne pas pouvoir lui promettre d'être fidèle pendant six mois sans elle. Peut-être ferions-nous mieux de nous mettre en stand-by tous les deux, quitte à nous retrouver après son magnifique tour du monde.

– Tu dois me comprendre, non ? Six mois, c'est trop long, Val. Si je trouve l'amour, tant mieux pour moi, de ton côté, pareil aux antipodes. On ne peut pas se dire que l'on va s'attendre alors qu'on se connaît depuis si peu de temps.

Nous en reparlons une bonne partie du week-end. Un petit caillou vient d'enrayer la machine.

– C'est beau ce qui est en train de naître entre nous, mais un tour du monde c'est beau aussi…

Je n'ai pas osé lui dire que je rêvais également de parcourir le globe, un tour du monde se trouvait également dans mes projets, plus flou, parce que je désirais partir avec la fille que j'aimerais vraiment. Pas un pote. Avec une voyageuse comme Valérie, par exemple.

Nous avons été francs, chacun avait les cartes en main. Val est rentrée à Paris, je l'ai raccompagnée à la gare Saint-Charles. En l'embrassant, en levant la main depuis le quai, je n'ai pensé qu'à son maudit tour du monde.

Le mardi, nous échangeons quelques textos. Elle passe la soirée avec son ami gay pour avancer sur leur grand périple.

– Je t'appelle après.

23 heures, toujours pas d'appel. Ce genre d'appel qui vous manque et vous énerve, le signe perturbateur de l'amour fort. Je vais au lit – en semaine, l'entraînement nous impose de nous coucher tôt. Vers 3 heures du matin, j'entends sonner mon portable que je n'ai pas mis en mode silencieux, espérant qu'elle allait peut-être encore m'appeler.

– Je te réveille ?

– Non, penses-tu, je faisais des crêpes…

– Je suis désolée, Camille, mais… Il faut absolument que je te pose une question.

– La question de 3 heures du mat' ?

– Oui, maintenant. C'est quoi, notre histoire, pour toi ?

Je laisse un blanc, à la fois pas long et infini, trois, quatre, cinq secondes…

– Je t'aime.

Elle laisse un blanc, à la fois pas long et infini, trois, quatre, cinq secondes.

– Alors, est-ce que je dois partir ?

– Je ne sais pas. À toi de me le dire.

– Je me suis embrouillée avec mon ami parce que je ne voulais pas te laisser.

Je m'en fous de son ami, de son tour du monde, elle ne m'a pas entendu ou quoi ?

– Je t'aime, Valérie.

– Moi aussi, je t'aime.

– Si tu veux bien… Nous ferons le tour du monde un peu plus tard, ensemble.

Je l'entends se mettre à pleurer, doucement.

Valérie n'est pas partie au bout du monde. En guise de voyage, fin janvier, Valérie est venue s'installer à Marseille, avec moi.

Aux entraînements, mon désir ne faiblit pas. J'ai toujours envie de nager, mais je jongle entre Paris et Marseille, deux vies, deux carrières. Le fiasco chez L'Oréal ne nous a pas dissuadés de démarcher d'autres marques. Nous avons un rendez-vous à Neuilly, chez Clarins, grâce à l'associé de mon agent, Hubert Montcoudiol, trader de profession mais passionné de sport. On ne peut pas dire que j'y sois allé d'un bon pied, mais Jeff m'a réconforté. Dès l'entrée, l'ambiance s'annonce tout à fait différente de celle, froide et conventionnelle, du siège de L'Oréal. Des fleurs partout, des sourires de Bisounours. En sortant de l'ascenseur, nous patientons au sommet de l'immeuble devant un puits de lumière qui inonde de clarté des plantes vertes. Tous les collaborateurs que nous croisons nous accueillent avec le même sourire.

– Où est-on encore tombé, dans une secte ?

Jeff ne moufte pas, expectatif. Le directeur de la communication, cheveux gris, élégant et charismatique, vient à notre rencontre avant de nous inviter dans son bureau.

– Camille Lacourt, enchanté…

– Enchanté. Je vous en prie, asseyez-vous.

Dans la pièce, je remarque tout de suite une photographie de l'avion à énergie solaire qui a bouclé le tour du monde. Faire le tour du monde est un rêve universel. Mon interlocuteur me renseigne.

– Un de nos projets avec un ambassadeur Clarins qui voulait accomplir cet exploit grâce à un appareil à l'énergie solaire. Tous les ingénieurs avionneurs lui répondaient « non, impossible »… et nous l'avons fait. Je suis allé voir des marins, des as de la navigation, comme eux ne savaient pas que c'était impossible, ils l'ont fait.

Son immense bureau est meublé de Chesterfield comme celui du président du Cercle, mais l'ambiance est plus *british*, feutrée, raffinée. Tout de suite, ce monsieur m'interroge sur les championnats d'Europe, les prochaines compétitions, en amateur passionné. Au bout d'un moment, il me dit :

– Nous allons vivre avec vous.

Je prends confiance, je me sens bien. Je me permets de lui avouer que je trouve son bureau magnifique. En observant la terrasse, je lui lance :

– Je n'imagine pas celui du président !

L'homme a un léger sursaut.

– Toutes mes excuses, j'ai oublié de me présenter : Christian Courtin-Clarins, mon frère et moi dirigeons cette société fondée par notre père.

– Excusez-moi, je n'ai pas vu votre nom sur la porte, je m'attendais à rencontrer le directeur de la communication.

– Nous n'avons jamais pris une égérie, j'avais donc envie de te connaître.

Sans avoir l'envergure de L'Oréal, ce décideur pesait

un milliard. Son accueil me flattait, sa simplicité me séduisait.

Notre discussion s'est poursuivie sur le même ton, abordant les thèmes de l'eau, de l'environnement. Il m'a résumé l'histoire d'une boîte familiale, indépendante et à taille humaine, soucieuse de ses engagements, parmi les premières sociétés à avoir stoppé les tests sur les animaux, renoncé aux sacs en plastique, utilisé des produits bio, l'énergie renouvelable... J'ai évoqué notre rendez-vous désastreux chez le leader mondial. Christian Courtin-Clarins a éludé.

– À Paris, les gens sont parfois désagréables sans même que l'on sache pourquoi.

L'élégance.

Nous avons parlé sport et écologie, de l'eau. Ses propos me prouvaient sa haute conscience de l'environnement, si important pour moi. Nous sommes tombés d'accord sur la plupart des points, sans évoquer de chiffres, d'argent, en échangeant essentiellement notre ressenti sur différentes valeurs. Au bout d'une heure et demie de rendez-vous, il s'est dit ravi de m'avoir rencontré.

– Encore une fois, j'ai bien fait d'écouter ma femme.

Son épouse m'avait vu au championnat d'Europe, à la télévision, et lui avait tapé la cuisse. « Voilà ! C'est un garçon comme lui qu'il te faudrait comme égérie pour la marque. »

Pourtant, ce n'est pas Clarins qui était venu vers nous, mais l'inverse. Tout cela grâce à ce petit pot de crème luxueuse dont je me souvenais, chez nous, dans la salle de bains, sur l'étagère de ma mère.

À la fin de notre entretien, le P-DG s'est tourné vers mon agent.

– Qu'est-ce qu'un beau contrat pour un grand sportif ?

– Un contrat qui le pérennise et lui apporte la sérénité.

Christian Courtin-Clarins a pivoté vers moi.

– Jusqu'à quel âge comptes-tu nager ?

– Les Jeux de 2016, j'aurai trente et un ans.

– Et ensuite ?

– Ensuite, je n'en sais rien, c'est loin… D'ici là, j'ai le temps d'y réfléchir, d'évoluer, de trouver une reconversion qui me plaise.

– Ça se planifie, une reconversion, dans un contrat ?

Christian sous-entendait que je pourrais continuer, après ma carrière, dans son entreprise.

– J'ignore si cela s'est déjà pratiqué, a répondu Jeff, mais ce n'est pas ce qui va nous arrêter.

– Excellent ! Partons sur un contrat de six ans avec une clause prévoyant une reconversion.

Durant toute la rencontre, nous avions parlé contrat une dizaine de minutes à proprement parler. J'ai vingt-cinq ans, je viens de remporter une compétition internationale, un sponsor me signe pour six ans avec une reconversion à la clef m'offrant la sérénité absolue. Après avoir vécu le pire, j'entrais au paradis du sponsoring. Nous sommes sortis avec la banane jusqu'aux oreilles. Je me suis aperçu que nous n'avions même pas évoqué le montant.

– Je gère, a conclu Jeff. Je te tiens au courant.

Quelques mois plus tard, j'ai signé ce premier contrat, le plus beau de toute ma carrière et de tous les sportifs. Il a fait du bruit, la presse en a parlé. Même si nous étions loin du pactole à un million d'euros évoqué par certains, complètement fantaisiste, le contrat Clarins constituait un modèle de modernité, d'intelligence et de déontologie.

J'étais fier de ce contrat à la fois pour ma pomme et pour le sport. Malgré l'exclusivité due à Clarins, d'autres contrats ont suivi hors du secteur cosmétique. Ce partenariat m'a offert une image de marque très digne, qui m'honorait. J'ai même intéressé Chanel, pour une ligne de montre. Chaque fois qu'une proposition nous attirait, après l'avoir mûrement étudiée, Jeff et moi adressions un message à Christian Courtin-Clarins pour solliciter son autorisation, qu'il ne nous refusait pas. Un monde parfait. Une seule fois, il a fallu arbitrer entre notre partenariat et une proposition émanant à nouveau de l'omnipotent L'Oréal. Tout le monde connaît cette pub. *Acqua di Giò.* Ce nageur qui remonte à la surface aurait pu être moi, et pas pour des clopinettes. Une fois encore, Christian Courtin-Clarins fut « fair », grand prince. Le groupe Clarins possédant les parfums Azzaro, il était directement concurrent de cette campagne publicitaire. Le choix fut rapide. Je préférais là encore l'aventure humaine, et donc Clarins toujours.

Depuis le Vercors où il effectuait un séjour de jeûne, Jean-François, qui partage avec moi une admiration et une affection très fortes pour Christian Courtin et ses équipes, fut soulagé de ma décision !

Je suis devenu riche. Ce qui a tout changé et rien. Mon cadre bouge autour de moi, qui, au milieu, ne change pas.

Les entraînements se poursuivent assidûment avec la parenthèse du samedi soir, sas de décompression que le Cercle hisse presque au rang de passage obligé. Mais nos cœurs étant pris et la maturité aidant, nous nous montrons plus raisonnables, l'équipe apprécie de se poser parfois devant un verre, tranquille.

Ce samedi soir-là, il devait être 11 heures, dans un bar vers le cours Joseph, nous venions de prendre une bière, nous ne comptions pas aller en boîte, quand une cagole a foncé sur moi, super maquillée, très alcoolisée.

– Hannn, Camille… J'adore ce que tu fais !

Tant mieux, mais en cette fin de journée je n'ai pas le goût d'en discuter. Elle non plus, d'ailleurs, n'a pas le goût de discuter.

– Hannn, Camille, j'ai trop, trop envie de voir ton torse.

Nous y voilà. Mon torse. Sans me laisser le temps de dire ouf, elle m'arrache ma chemise, d'un coup, de haut en bas, elle en déchire toutes les boutonnières pour mater mon torse avant de se pendre à mon cou. Je me retrouve à moitié nu avec cette femme dans les bras, qui sent le vin et m'écrase les pieds. Une nouvelle fois, d'un coup, me vient la haine de ces manifestations tordues qui me détournaient aussi des boîtes de nuit. Sortir en public devenait de plus en plus compliqué pour moi, nous ne nous installions plus en terrasse, je vivais à moitié planqué pendant nos virées. Mes amis constataient ce phénomène de starisation persistant, éberlués et impuissants. Cette cagole était la fois de trop.

– J'en ai marre maintenant ! je lui ai fait, en lui mettant ma main devant la bouche. Dégage !

Je ne voulais plus la voir.

Elle est repartie, tête basse, traînant des talons en maugréant :

– T'es qu'un con, t'es qu'un con... Méchant type.

Elle m'a fait pitié, un peu, aussi.

– Venez, on s'en va, les gars. Moi, ma bière, je vais la boire chez moi.

Nous avons pris nos scooters pour rentrer nous coucher comme une bande de petits vieux. À peine à la maison, je me suis remis à gamberger. Cette nouvelle vie qui s'ouvre à moi va compromettre ma liberté, mes loisirs, ma vie privée, mes sorties, mes week-ends, mes nuits blanches, mes allers-retours en TGV, mes moindres faits et gestes. Cette perspective m'a saoulé au point que j'ai failli en chialer. Valérie ne vivait pas encore avec moi.

Dès le lundi, nous en avons reparlé au Cercle. Fabien et Max se trouvaient dans le bar. Ils ont raconté l'irruption de la cagole.

– Les gens sont dingues, celle-là était vraiment folle.

– Elle n'est pas la seule. Quel truc de ouf ! Camille se fait sans arrêt emmerder par des filles collantes.

– Et souvent moches, a soupiré Fabien Gilot.

– Vous savez quoi, samedi, on n'a qu'à sortir au Cancan…

Personnellement, je n'y aurais pas pensé, mais cette idée, pour être perchée, n'en était pourtant pas idiote. Au Cancan, des cagoles forcenées ne risquaient pas de nous enquiquiner.

Le Cancan, à Marseille, est une institution underground. Nous l'avions découvert grâce à un ancien nageur, barman dans l'établissement… C'est lui qui, le premier, nous a assuré que nous y serions tranquilles. Les clients s'éclatent en conservant un certain contrôle, un respect. Personne ne réduirait en chiffon ma chemise Kenzo. Le Cancan est une boîte gay bien connue, très amusante, où les filles sont autorisées.

Pourquoi pas ?

L'habitude nous a pris, après un apéro, un resto, après avoir refait le monde et le sport, commandé des pizzas devant un match, si le cœur nous en disait, d'aller au Cancan, chez les gays.

J'y ai vécu mes nuits les plus dingues et les plus… gaies.

L'équipe nous adorait, n'importe quel gars du Cercle des nageurs était VIP, tous les clients avaient entendu la déclaration de Fabien à mon sujet au micro de Nelson Montfort, les habitués nous suivaient sportivement ou médiatiquement. Nous prenions une table et une bouteille pour dix, en sachant que nous ne resterions pas longtemps assis sans nous faire brancher. Nous savions également que nous allions nous faire rincer. Au début, nous refusions net. Et puis… Mais sans abuser. L'honneur nous interdisait de jouer les michetonneuses qui ne déboursent pas un euro. Toutefois, je dois admettre – et les remercier – que les clients du Cancan ont quasiment entretenu nos fiestas du samedi soir qui influencèrent tant nos performances. Nos titres leur appartiennent donc un peu.

C'était toujours le même scénario.

– Salut, ça va ?

L'approche des homos est très tactile. Toujours une main sur l'épaule, un câlin, un contact physique, mais avec le sourire et un beau brin d'humour. Aucun n'a jamais déchiré ma chemise.

– Très bien, merci.

– Tu es sûr ?

– Oui.

– Vraiment sûr, tu ne veux pas connaître autre chose ?

– Sans façon.

– Tu ne sais pas ce que tu manques.

Ou encore :

– Tu as enfin trouvé le bon, pour toi, le bon, c'est moi, voilà, je suis là, enfin, mon chat.

– Merci, j'ai une petite amie.

– Dommage pour tes fesses, je te plains, tiens, je te paye un verre.

– J'en ai déjà un, merci.

– Mais c'est malhonnête de refuser un verre…

Un jeu marrant, sain, on buvait à l'œil et donc énormément. Toute la boîte se piquait de nous offrir un verre. Le fantasme gay par excellence est de retourner un hétéro. J'ignore s'ils y ont réussi, parfois. Mais leur challenge numéro un, ces samedis-là, était de nous faire virer de bord, ne serait-ce que pour un soir. Nous en rigolions. Dès que les nageurs apparaissaient, les habitués se remontaient les manches en se jurant, cette fois, mes cocos, mes lapins, c'est la bonne ! Et Marseille ne manquait pas de figures baroques.

La musique était bonne, l'ambiance était bonne, la vodka était bonne, on dansait, mal, mais comme des fous. On oubliait totalement que nous étions connus, nos soucis, nos angoisses, le chrono et les imperfections. Nous dansions comme n'importe qui veut s'éclater dans une boîte à joie et à oubli. La première qualité des gays est de ne juger personne au fil de longues nuits blanches brillantes comme une rivière. Drôle au point qu'il nous est arrivé d'y retourner le dimanche pour fêter un retour de compétition – le Cancan était l'un des rares night-clubs ouverts. Le dimanche, il y avait un défilé de trans. On se repassait les chapeaux brésiliens, les trans nous plantaient des plumes sur la tête, nous jetaient leurs paillettes et leurs confettis. Cette compagnie avait un dernier avantage : tous les gays qui venaient draguer l'équipe, finissant par renoncer à leurs desseins, nous présentaient leurs copines, souvent très mignonnes, très singulières, qui ne voulaient plus non plus sortir en boîtes conventionnelles où des blaireaux les excédaient. Elles préféraient passer des soirées cool au Cancan.

C'était encore très rigolo.

– Tiens, bébé, celui-là, il est pour toi, il n'aime pas les hommes, vas-y, sers-toi.

La glace était brisée, tout de suite.

– Tu es gay ?

– Non, je ne suis pas gay, je viens pour être tranquille, et toi, tu es lesbienne ?

– Non, je viens pour être tranquille.

– Bon, ben, on est tranquilles alors, tchin-tchin ! Voilà quelles furent mes plus belles nuits avant l'arrivée dans ma vie de Valérie Bègue. Au Cancan, pas de petites soirées, on n'y va pas pour se coucher à 2 heures, à tous les coups nous voyions se lever le soleil sur la Grande Bleue. Nous y déboulions pour marquer le coup d'une soirée rare. Chaque fois que nous repérions de très belles filles, on se demandait… ce sont des trans ou des femmes ? Heureusement, dans cette incertitude festive, le gentil barman nous rencardait.

Une nuit, nous avons aperçu une fille sublime, vraiment le top, la beauté pure. Direct, nous sommes allés nous renseigner au bar.

– Désolé, les gars, celle-là, c'est un homme.

Grosse déception dans les rangs.

– Ah non.

– Trop bête.

Elle continuait de siroter son *drink*, très vamp, adossée à un pilier. Une beauté à couper le souffle, une Noémie Lenoir.

Je ne dirai pas lequel d'entre nous – il était en couple et me casserait la tête – a nié l'information pour tenter le diable ou la diablesse.

– Non, ce n'est pas possible, elle est trop jolie, trop féminine. J'y vais.

Et le voilà parti à la conquête de la femme, là-bas, dans l'ombre. Nous l'avons vu lui offrir un verre, lui parler, la draguer, danser… La boîte se vidait doucement, tous les deux s'entendaient manifestement à merveille. Notre collègue l'a emmenée dans un coin. Nous continuions à lui jeter des regards. Jusqu'où va-t-il aller ?… Ils étaient sous le charme l'un de l'autre, à l'évidence, nous ne voulions pas leur casser leur coup et l'aventure devenait comique. La vérité allait bientôt éclater dans un final de rumba frénétique. Nous nous sommes mis à les surveiller, là-bas, dans le coin le plus obscur. Soudain, la fille divine a disparu de notre champ de vision, elle s'est accroupie, notre ami seul est resté dressé, debout, la mine ravie.

Notre ami passait un moment merveilleux, langoureux, quand soudain, rien ne va plus, nous le voyons secouer la tête, grimacer avant de revenir vers nous, effaré.

– Alors, gros, t'es pas content, qu'est-ce qu'il y a ?

La fille s'est relevée pour partir de son côté comme s'ils ne s'étaient jamais connus. Il est désespéré.

– Ho, les gars, c'était grandiose, la plus belle pipe de ma vie, oh oui…

– Mais quoi ?

– Mais elle… Enfin, ho, merde. Elle s'est arrêtée, a relevé les yeux et m'a fixé…

– Et alors ?

– Alors, elle m'a dit de sa grosse voix, très grave, pas du tout la même qu'avant, qu'elle en avait une bien plus grosse que moi. J'aurais bien aimé qu'elle continue, mais ça m'a coupé mes effets, je ne pouvais plus, j'ai remonté mon pantalon et je me suis sauvé.

– Ferme ta braguette.

Nous avons tous été pris d'un fou rire démentiel. Un souvenir du Cancan. Ce garçon à la fois si chanceux et malchanceux s'appelait… mon ami.

Nous sommes les nageurs du Cercle de Marseille, certains ont raconté des faussetés, des vacheries sur nous, que nous étions gays, arrogants, alcooliques, imbuvables… Que nous nous mettions la tête dans des saladiers de cocaïne, que nous prenions n'importe quelle drogue, que nous faisions n'importe quoi, hors cadres. Que nous voulions gagner du fric, que l'argent et la gloire nous rendaient infects. Sans être des anges, nous n'étions rien de tout cela. Je n'ai jamais vu circuler la moindre drogue, le moindre dopage chez nous. Amaury Leveaux nous a calomniés à longueur d'un livre entier, sans même avoir jamais partagé une de nos fêtes où nous l'aurions accueilli fraternellement. Nous étions juste des garçons dans le vent, dans la piscine olympique et dans l'amour de toute la vie.

– XV –

Mon rival, ma blessure, mon ennemie

La préparation des championnats du monde 2011 se poursuit dans cet équilibre complexe d'être à la fois un favori et une « personnalité », disons-le comme ça. Dans un supermarché où j'achetais de tout, je me souviens de deux femmes d'une soixantaine d'années à la caisse. Je les entendais parler dans mon dos. Au moment où j'ai sorti le papier toilette du Caddie, l'une d'elles a glissé à l'autre :

– T'as vu, il achète du papier toilette !

Je me suis retourné.

– Eh bien oui, madame, je fais caca.

Au Cercle, je traverse des moments creux dans mon entraînement. L'envie de rester parmi les numéros 1 mondiaux me taraude, évidemment, mais j'ai réalisé mon rêve. Le supplément d'âme nécessaire me manque. Je me sens peu… laborieux.

Toujours en pointe, Romain Barnier intègre un « préparateur mental » à notre team : Thomas Sammut. Une pratique courante aux USA, mais rare en France. Beaucoup de nageurs ne voient d'ailleurs pas son arrivée d'un bon œil : « Pourquoi un psy, nous ne sommes pas malades ?! » Défiance typique de la mentalité française. Romain vient me trouver, en catimini.

– Écoute, j'ai peur qu'il y ait des réticences à l'encontre du nouveau préparateur mental. Toi, je te sais curieux, tu voudrais bien lancer la machine en allant le consulter ?

Pour Romain, pour le groupe et par curiosité, j'ai accepté. Un préparateur mental ne pourrait m'apporter que du bon, au pire je n'en garderai rien. Thomas Sammut et moi nous rencontrons sur la terrasse du Cercle, devant deux cafés et la mer. Si un psychanalyste peut créer des blocages à creuser le passé, un préparateur mental ne s'engage pas dans les méandres des souvenirs et de l'inconscient, il propose ses méthodes.

– Lesquelles ?

– La visualisation, me répond Thomas Sammut.

Visualiser, c'est avoir en tête un catalogue d'images positives, se les rappeler, les intensifier, les rendre plus belles. À entendre Thomas, notre cerveau échappe à la temporalité, présent/passé/futur, une tristesse rétroactive peut l'influencer plus violemment que le moment présent. D'où l'intérêt de maîtriser ses humeurs par la visualisation, se fortifier dans les bassins comme dans la vie. Mon caractère est plutôt enjoué, je déteste être de mauvaise humeur. Si visualiser peut empêcher de broyer du noir, tant mieux. Deuxième atout d'un préparateur mental : la PNL, programmation neurolinguistique, de plus en plus en vogue. Un contrôle du corps par la pensée, susceptible d'amener une décontraction profonde, notamment par la maîtrise des pulsations cardiaques, les ralentir ou les accélérer à volonté. La PNL me semble une arme à utiliser dans l'avenir. Nous évoquons mon championnat d'Europe. Je lui explique ma métamorphose de Dr Lacourt en Mr Hyde, ce guerrier qui prend le contrôle de mon être, cette chaleur, cette rage jusqu'à ressentir des fourmis aux extrémités de mes doigts. Thomas Sammut hoche la tête en souriant.

– Avec ton guerrier, tu fais de la visualisation sans le savoir. Et les fourmis au bout des doigts, c'est de la PNL.

En trois séances, nous avons fait un premier tour de ces questions.

– Je ne t'apprendrai plus rien par mon approche. Tu me parais bien constitué psychologiquement. D'instinct, tu sais aborder la compétition.

Peut-être ne suis-je pas aussi solide que j'en ai l'air. L'an dernier, j'étais un TGV lancé sur des rails dont rien n'aurait pu le faire dévier. Aujourd'hui, je sens un grain de sable. J'étais le nageur le plus rapide du monde, il me faut retrouver un challenge, une carotte, construire un nouveau défi. Thomas va m'aider à redéfinir ma motivation et nous ne nous perdrons plus de vue. Quant au plan de Romain, il a fonctionné. Plusieurs coéquipiers qui cherchaient ce type de soutien sans oser le demander ont pris rendez-vous avec le préparateur mental.

Au championnat de France d'avril 2011, à Strasbourg, j'ai voulu nager très vite pour me prouver, malgré tous les changements intervenus dans mon existence, que je restais au sommet. Prouver à tous ceux qui parlaient, m'accusaient de signer des contrats mirifiques, trop occupé à courir les plateaux de télévision, que je demeurais compétitif. À Strasbourg, j'ai claqué deux performances mondiales aux 100 et aux 50 mètres dos. J'en suis revenu rassuré, content, mais éreinté. Une fatigue anormale quatre mois avant les mondiaux. J'ai repris mes activités multiples... Finale de Roland-Garros où j'emmène mon père et ses copains – comment se priver de cette joie ? –, défilés de haute couture, matchs de rugby, promos, soirées avec mes nouveaux amis parisiens. Nagui, très sympathique, m'a invité à passer quelques jours dans sa maison sur la côte, où une salle de jeu occupe un étage entier. Le tout en manquant peu d'entraînements, mais à un tel niveau, peu est déjà trop. Dame Fatigue me tombait dessus dans les vestiaires.

Côté vie privée, avec Valérie, nous sommes très heureux. Si je suis qualifié, je lui propose de venir aux Jeux de Shanghai. Après ces championnats, Clarins m'a programmé un shooting sous les tropiques, nous pourrions prolonger par un séjour à Bali. Cette île me faisait rêver. Valérie voyait bien que je songeais plus à nos premières vacances en amoureux qu'aux championnats.

– OK pour Bali, mon amour, je m'en occupe. Concentre-toi sur tes Jeux.

Romain a commencé lui aussi à me sentir flancher.

– Qu'est-ce qui se passe, Camille ?

– Je suis épuisé.

– Physiquement, tu as l'air d'aller, tu ne nages pas trop mal.

Un épuisement peut signifier la lassitude, la perte de cette envie d'endosser l'armure du conquérant, d'incarner ce guerrier qui n'est pas vraiment moi. Sans me jeter la pierre, Romain m'a balancé son diagnostic :

– Tu as voulu le beurre, l'argent du beurre, le crémier… et la crémière. Je t'ai laissé faire à ta guise et tu en as fait beaucoup, beaucoup trop…

J'assume. Romain m'avait effectivement prévenu, mais je devais en profiter. Mon coach prolonge ma période d'affûtage, nous réglons la formule 1, son moteur… Rien à faire, plus les semaines défilent, moins ma formule 1 me semble prête à rugir sur la ligne de départ. Un tank. L'inquiétude envahit Romain. De mon côté, hors de question de lâcher.

L'équipe de France décolle pour son stage à Singapour, ville-jardin d'une île superbe, avec une température de 35 degrés en juillet, un taux d'humidité très fort. L'impression d'entrer dans un hammam dès qu'on pose un pied dehors. Depuis les gradins, je regarde s'entraîner mon « meilleur ennemi », le vice-champion d'Europe Jérémy Stravius, de l'école d'Amiens, qui a fini derrière moi à Budapest. Sa séance m'impressionne, sa course soulève un V dans l'onde. Romain et moi le scrutons, discrètement.

– Il est plus fort que moi, hein ?

– Largement.

Romain semble résigné. Cette année serait-elle perdue d'avance ? Mon coach pense déjà aux Jeux d'après, au coup suivant. Sur 100 mètres, à l'évidence, Jérémy s'annonce plus fort que moi qui suis très en dessous de mes performances. La vérité vraie est que je ne suis plus le même nageur. Lors d'un entraînement, Jérémy atteint 54'8 secondes, son temps aux championnats d'Europe de Budapest, preuve qu'il a conservé toute sa pêche. Romain me propose d'en avoir le cœur net.

– Si tu veux, faisons un 100 mètres à 95 % de ta vitesse pour taper dedans. Le but est de faire le retour plus vite que l'aller.

Si j'avais accompli cet exercice l'année précédente, mon objectif aurait été moins de 55 secondes… Je passe les 50 mètres à 29'6" et je reviens 28'9"… soit un très mauvais total de 57'5", 5 mètres derrière mon temps de l'année précédente, carrément dans les choux. Certes, nous pressentions des dégâts, mais pas de cette ampleur. Je prends une claque au physique et au moral. À mon temps de passage, Romain sur le bord et moi sur le dos avons échangé un regard.

Je connais ses yeux, j'ai compris : j'étais à la cave. Malgré la déception, je n'ai pas réagi. J'ai remis mes lunettes pour aller récupérer dans le bassin.

Qu'est-ce que je fais ? Comment m'en sortir ? Aucun plan ne m'a préparé à une telle méforme à une semaine des championnats du monde et à un an et demi des jeux Olympiques. À l'entraînement, depuis 2008, nous usons quelquefois d'une phrase culte : « On n'a plus qu'à s'en remettre à la grâce de Dieu ! » Un sésame auquel je ne croyais guère. Quand j'aperçois un nageur faire son signe de croix dans une piscine, je ne peux pas m'empêcher de penser que prier ne sert à rien, avec toutes les horreurs qui couvrent le monde, pourquoi Dieu se pencherait-Il sur huit bonshommes dans un bassin olympique ? Cependant, moi le mécréant, « Je m'en remets à la grâce de Dieu ».

– Qu'il t'entende ! me dit Romain.

Florent Manaudou vient d'intégrer le groupe sur le 50 mètres papillon, en nageur compétitif qui pourrait égaler le brio de sa sœur Laure. Florent a vingt et un ans. Ce jour-là, il se trouvait sur la touche, spectateur de ma séance, attentif et timide. Il a bien compris que j'étais en situation délicate. Je le trouvais réservé, frais, curieux. Nous sommes restés un moment à discuter ; sans savoir pourquoi, je me suis laissé aller.

– J'ai du mal. Je suis à la ramasse.

Sans doute m'était-il plus facile d'évoquer ma difficulté avec un nouveau venu qu'avec les anciens.

Ces quelques minutes furent la première pierre de notre très forte amitié. En rentrant à l'hôtel, écrasé par la chaleur moite, j'ai soupiré, dos au mur : c'est trop tard. C'est fini. Je suis désarmé. J'ai tant travaillé la lame de mon épée pour la rendre tranchante qu'à force elle s'est fragilisée. Usé, voilà, c'est ça, je suis usé.

Valérie me rejoint à Shanghai, la veille de la compète. Soucieuse des règles sportives, elle refuse que nous passions du temps ensemble pour me laisser me concentrer sur mes enjeux. Elle sait que je suis en méforme, anxieux.

– Tu es un guerrier, Camille. Tu vas y arriver !

Arrive le jour très attendu du 100 mètres dos. L'année précédente, l'équipe de France me semblait invincible, aujourd'hui, je nous sens vulnérables parce que je suis fragile. Je vois toutes nos faiblesses comme un mal luné perçoit les défauts de la terre entière. Le verre à moitié plein est devenu à moitié vide. J'adopte quand même ma position « conquérant ». Je ne suis pas au meilleur, mais vous n'en savez rien, j'ai toujours trois as en main, je vais vous défoncer. Ma priorité est de passer les sélections. Je nage les séries sous pression, moins serein, moins confiant, pour obtenir un temps moyen, pas catastrophique. Je rentre en demi-finale à la cinquième place.

– Va falloir accélérer un peu, m'alerte Romain, sinon tu vas te mettre en danger.

– Je vais nager très propre, à fond, sans prendre aucun risque.

Aux demi-finales, je nage à fond les ballons. Mon corps se gorge d'acide lactique tant je suis en force, une course extrêmement douloureuse, pas loin de la tétanie. Je passe en 53'30". Jérémy Stravius, avec 52'70", sera finaliste favori au couloir 4. Pour ce résultat à peine correct, j'ai brûlé toutes mes cartouches. Vidé. Mort. Une dizaine de marches séparent le bassin de récupération de la zone mixte, mes jambes tremblent, je les descends comme un vieillard. Devant moi, Jérémy bondit tel un chat vers la presse. Je me redresse, nez au vent, l'air de flâner, pour dissimuler que je suis au bout de ma vie. En réalité, je me traîne jusqu'à Nelson Monfort. J'ai besoin de souffler, les deux coudes sur la barrière. Nelson est encore en train d'interviewer Jérémy Stravius.

– Je suis ravi de ce que je viens de faire !

– Et maintenant, demain ?

– La médaille d'argent est possible. Mais, à mon avis, Camille s'est réservé aujourd'hui pour la finale. Demain, il va nager très, très vite.

Le bras sur la barrière, je l'écoute. Jérémy ne sait pas qu'il est plus fort que moi. Au lieu de respirer par la bouche comme un mourant, je lève le front pour inspirer par le nez. Toutes mes attitudes doivent le conforter dans son erreur, le persuader que, oui, je demeure le maître du jeu. À peine Jérémy a-t-il terminé sur cette phrase que Nelson me tend le micro. Je la joue décontracté, sans trahir mon essoufflement.

– Aujourd'hui, le but était de franchir les demi-finales, c'est fait. Je suis venu gagner. Demain, j'espère que nous aurons une belle course, pour Jérémy aussi... Comme l'an dernier.

L'an dernier à Budapest, où j'ai écrasé mon compatriote d'Amiens. Un rappel volontaire de ma victoire.

En écoutant Jérémy en interview, moi qui n'avais plus une seule balle dans le chargeur, je me suis dit qu'il m'en restait une : celle qu'il m'offrait. Si « Jem » s'imagine que je me réserve pour la finale, tous mes adversaires doivent le croire. Nul n'a vu ma faille. Je rejoins le staff de presse écrite. J'ai toujours très mal aux jambes, je m'assieds, d'un mouvement badin. Romain approche et me passe la main sur l'épaule.

– Ce n'est pas grave, l'an prochain, ce sont les jeux Olympiques et nous les gagnerons.

Il n'espère même plus en la finale de demain. Vu mon état, pour lui, je suis fini.

– Non. Non.

Romain ne me comprend pas.

– Demain, je gagne la finale.

Je le choque, il a un mouvement de recul. Dans son regard passe même une appréhension, Romain me croit fada. Je m'explique, en prenant soin de parler bas.

– Primo, je ne suis pas si loin. Deuzio, ils ne savent pas que je suis moins fort qu'eux.

Le seul qui pourrait me trahir est Florent Manaudou, à qui j'ai parlé après mon entraînement, mais instinctivement je devine que Florent ne dira rien. Je visualise, j'anticipe ma course, j'en décris tous les détails à mon entraîneur.

– Je vais serrer les dents. Je pars avec eux, une coulée plus rapide, en sortie de coulée je lâche une bombe, mon accélération maximale pour qu'eux me voient partir. Je veux qu'ils se disent Camille est parti, c'est terminé. On ne pourra plus aller le chercher. Jérémy, en tout cas, doit le penser…

Romain reste perplexe. Mais moi, je m'en convaincs, je visualise.

Nous sommes lundi, 19 heures, je nagerai demain à 17 heures. Demain, je souffrirai comme jamais je n'ai souffert, je ne serai pas plus fort que les autres, mais j'irai plus loin. Je suivrai ma douleur jusqu'en enfer pour aller où personne n'est allé. Je me crèverai. Voilà mon obsession, à Shanghai.

J'appelle Val, à son hôtel. À la veille d'une finale, en principe, nous ne devons rencontrer personne, aucun proche.

– Je veux te voir.

– Tu ne peux pas… Tu es sûr ?

– Oui, j'en ai besoin.

Son hôtel se trouve voisin du mien.

– Je viens, Val.

Pendant une demi-heure, je reste dans ses bras, juste un câlin. En vingt-quatre heures, ce fut le seul moment où je me suis autorisé autre chose que l'enjeu de ma course. J'évoque ma tactique désespérée du lendemain. Elle me caresse les cheveux. Je la questionne, pour entendre le son de sa voix.

– Et toi, que vois-tu de Shanghai ?

Valérie me donne ses impressions sur les gratte-ciel et les buveurs de thé, la place du Peuple, le marché aux oiseaux de Xizang Lu… Je vois la ville par ses yeux dorés. La balade imaginaire me fait du bien. À peine sorti de sa chambre, je repasse en mode guerrier. Mon visage se ferme en même temps que je claque la porte. Je ne sais plus sourire. Demain, je vivrai un martyre, je me violenterai, alors je dois dormir. Les heures passent en me rapprochant de l'échéance. Je mets Fabien dans la confidence.

– Ça va être chaud, je vais les embrouiller et les empapaouter.

– T'es un joueur, Camille. Tu n'es pas obligé d'être le meilleur pour finir vainqueur.

Fabien me caresse dans le sens des écailles, comme il sait le faire.

En été, à Shanghai, la lumière du matin est nimbée d'argent, de minuscules poussières où des millions de pollens flottent dans l'air. Baignade d'un quart d'heure à la piscine de l'hôtel, sans un sourire. Et je déboule sur le site. D'ordinaire, je prends une trentaine de minutes pour entrer dans une course, ici, je réalise que je m'y prépare depuis vingt heures. L'échauffement, sans miracle, me confirme ce que je sais : mes beaux jours sont loin derrière moi. Je sors de l'eau. Romain s'approche.

– Ça va ?

– Ça va aller.

– Serre les dents, vas-y, épate-moi !

J'entre dans la chambre d'appel, sans la suprématie que j'arborais à Budapest, mais je ne reconnais aucun dominateur parmi mes adversaires. Jérémy Stravius ne me paraît pas dans l'état souverain qui fut le mien. Toutes les chambres d'appel de la planète sont les mêmes, un salon de clinique. Une à une, les nations sont appelées sur le site. Mon cœur bat la chamade. Le premier coup de sifflet nous autorise à aller à l'eau. Je plonge, c'est bon de retrouver le silence habité de mon élément. Je m'y berce, je me parle. Ton moment approche, Camille. D'un pied, je prends mon appel, au fond, je remonte en apnée rapide et trouant la surface, je hurle, pour la première, unique et dernière fois, je crie à en vider mes poumons avant un départ de course : Houaaaaaaaaaaaaaa... Un cri pour moi, sans penser à personne, mais que mes adversaires entendent et je sais qu'ils m'entendent. Jérémy est à la 4 et moi, ligne 3.

Si, ce jour-là, Jérémy Stravius avait cru en lui, il m'aurait battu.

Après la coulée, nous sortons à hauteur égale, je mets les gaz, beaucoup trop tôt vu mon état de forme, je vais en crever, mais c'est mon plan de course, ma seule issue. À 25 mètres, je sens mes concurrents décrocher, je suis en tête de 30 centimètres, une avance pas énorme, mais suffisante pour qu'ils ne me voient plus et se croient largués. À 15 mètres, mon corps explose de douleur, l'équivalent d'une dizaine de crampes sur lesquelles je force encore, un long supplice où le temps, la distance ne passent plus, l'œil du cyclone, jamais je n'ai vu si loin une ligne d'arrivée. Je serre les mâchoires. Jérémy arrive à fond, j'ai tant attendu cet instant, je serre les dents, Jérémy est sur moi. J'aperçois les fanions de la ligne des 5 mètres, en couronne de couleurs, mais ces drapeaux s'écartent, reculent, comme un mirage dans mon désert d'eau, je ne parviens pas à en approcher, battant des bras immobiles, changé en pierre par la douleur. Bras, bras, bras… Derniers coups de bras à 2 mètres, à 1 mètre. Une bonne arrivée se fait à belle vitesse, avec du style, je n'ai plus de vitesse ni aucun style, je suis cuit, brûlé, recuit depuis 15 mètres. En natation, on dit « arriver debout », c'est moche, je brûle debout, une torche vivante, je jette mon bras le plus loin possible et je me disloque avant de m'écraser contre le mur, m'y fracasser comme un paquet de chair sans le moindre brin d'énergie pour m'arrêter.

Je lève les yeux. Mon nom s'allume sur le tableau.

Lacourt............ 1.

Je suis Camille Lacourt.

Le vainqueur. *Number one*.

Gagner sans être le meilleur me donne du plaisir. Cette victoire qui m'a tant coûté, je la prends, je l'arrache à la masse liquide, le poing levé. À côté, ligne 4, Jérémy Stravius lève son poing, pareil, en victorieux. Je ne comprends pas. Tapant l'eau de mes paumes, d'un geste nerveux, je coule, quelques dixièmes de seconde, je me suis vu premier. Lacourt… 1. J'ai louché ? Stravius est à la 4, moi à la 3. Me suis-je trompé de ligne ? Je remonte, prêt au pire, pour fixer de nouveau le tableau. Bingo, je suis bien numéro 1. Jérémy Stravius... aussi ! Ex æquo. Pour la première fois dans l'histoire de la natation, deux nageurs de la même nation ont touché exactement ensemble la ligne.

52'76".

52'76".

Pour la première fois dans l'histoire de la natation, la France décrochait un titre – deux, même ! – de champion du monde chez les hommes.

J'étais mort.

Je suis vivant.

Et j'ai continué. Un jour à Marseille, un jour à Paris, le bonheur avec Valérie, le bonheur avec mes amis. Bientôt, chez moi, chez nous, nous serions trois. Val attendait notre enfant. Aux jeux Olympiques de Londres, en août 2012, où je rêvais du titre, j'ai déçu. Le bonheur et sa douceur ne favorisent pas la performance. Puisque je serais bientôt père, le guerrier s'effaçait. J'ai raté les jeux Olympiques de Londres parce que j'étais trop amoureux d'une femme qui allait devenir la mère de ma fille et Mme Lacourt. Fonder ma famille valait bien de patienter au pied du podium olympique, à la quatrième place.

À nous deux, dans quatre ans, monsieur de Coubertin, aux Olympiades de Rio de Janeiro.

Quand Chanel t'invite à son défilé, difficile de refuser, surtout si Karl Lagerfeld tient à ta présence et souhaite te photographier pour sa marque la plus célèbre du monde. Pendant plusieurs saisons, je me suis mêlé à cette cohue des *fashion weeks*, entre stars, créatures insensées, photographes et rédactrices. Encore un film, mais celui-là me plaisait, je suis devenu dingue de mode, quasi-*fashion victim*. Je ne savais pas où poser les yeux sans tomber sur les filles les plus *hype* : Lou Doillon, Cécile Cassel, Anna Mouglalis, Vanessa Paradis, Charlotte Le Bon… Et Bibi, classé par les magazines américains parmi le « Top ten des hotest frenchies ». Je me souviens d'un défilé au Grand Palais, au premier rang ! Ébahi, j'ai reconnu ma voisine, supermégastar, égérie du célébrissime *N° 5*, tous les journaux ne parlaient que de Keira Knightley. Nous nous sommes salués, elle avait du chien, la plus jolie bouche boudeuse du monde, une peau de pêche – mais je préférais ma muse à moi, Val et ses yeux d'or. Au moment où Karl est venu saluer, Keira Knightley s'est électrisée, tendant ses bras vers le maître, mais Lagerfeld l'a ignorée, je ne sais pas pourquoi, un vent monumental, pour adresser à son voisin – moi – un geste d'amitié comme s'il était particulièrement touché de ma présence. Et à Keira Knightley, rien. J'ai esquissé une petite grimace navrée à la superstar américaine qui s'est détournée, glacée.

Karl me voulait pour égérie de la *J12 Chromatic*, une montre titane et céramique, un objet des grandes profondeurs où je n'irais sans doute jamais nager moi-même, étanche à - 200 mètres. La maison Chanel m'en a offert deux et Karl Lagerfeld a shooté lui-même les photos de la campagne, au milieu de ses vingt assistants. Malgré ses manières à la fois parfaites et naturelles, le couturier m'intimidait. Mes émoluments pour ce « travail » incluaient un bon d'achat de 20 000 euros chez Chanel. Grand souvenir et grand plaisir d'entrer dans la célèbre boutique pour acheter n'importe quoi comme un gosse à qui on dit : prends tous les jouets que tu veux, c'est cadeau. Pas des cadeaux pour moi, mais pour ma mère et Valérie que j'ai emmenées rue Cambon.

– Vous choisirez ce que vous voudrez, moite-moite, 10 000 chacune.

Un vigile surveillait le trottoir et la porte. Quand il a vu ma mère, provinciale, loin de ressembler aux bourgeoises du VIIIe ou aux rentières de la jet-set, il a esquissé un refus avant de m'apercevoir et de s'écarter. Ma mère en a été gênée. Elle n'avait pas à être gênée.

– Ce n'est pas grave. Je connais Karl. Il m'aime bien. Sens-toi à l'aise, maman, et choisis ce que tu veux.

À plusieurs reprises, je l'ai vu rouler des yeux sur les étiquettes.

– Maman, non ! Je t'ai dit de ne pas regarder les prix.

Elle a fini par en rire, sans vouloir rien prendre. J'ai insisté.

– Au fond, je n'ai besoin de rien.

– Maman !

Valérie était plus habituée à la haute couture et aux adresses de luxe. Ma mère a choisi un petit sac, très Chanel, avec une chaîne dorée. Et un vêtement, un parfum, puisqu'il restait un avoir... J'étais heureux de les voir toutes les deux, Martine et Valérie, de plus en plus détendues, faire leurs emplettes comme une paire de copines en shopping. Nous nous sommes dirigés vers la sortie, ma mère portait ses sacs à bout de bras. Le vigile l'a reconnue et l'a fixée. Avant d'atteindre le seuil, ma mère lui a fait signe, un peu sèchement, de lui ouvrir la porte comme il convenait qu'il le fasse. Et elle est sortie de chez Chanel comme la reine qu'elle est.

À propos du luxe, j'ai constaté une chose. Au début, le luxe impressionne, mais on s'y habitue très vite et il convient à n'importe qui. Toutefois, s'y habituer au point de ne pas pouvoir s'en passer, c'est con.

Ma fille est venue au monde le 20 octobre 2012. Nous l'avons baptisé Jazz, et Jazz est devenue instantanément le centre de toute mon existence. Mon Soleil et ma Lune, la prunelle de mes yeux, ma nouvelle raison de vivre. Je ne suis plus un champion et, mieux qu'un homme, je suis papa ! Moins d'une année plus tard, le 8 août 2013, j'ai épousé Valérie. Un peu trop tard sans doute. Quelque chose entre nous commençait de se fissurer, sans doute nous sommes-nous mariés pour tenter de stopper cette fêlure. Le mariage ne nous a pas sauvés. Les poètes savent raconter le déclin d'un amour, pas moi.

C'était toujours ce foutu équilibre introuvable. Cette chaudière de la natation olympique me pompait tant d'énergie. Je crois que Valérie a fini par s'ennuyer à Marseille, passer trop de temps à m'attendre dans un grand et bel appartement qui, même s'il avait vue sur mer, ne l'empêchait pas de tourner en rond. Sa carrière de comédienne réclamait les lumières et les réseaux de la capitale. Après avoir été trop absent, en avril 2013, j'ai été trop présent. Une fois que chacun s'est habitué à se passer de l'autre, vivre ensemble vingt-quatre heures sur vingt-quatre est le meilleur moyen d'achever son couple.

Je suis tombé malade.

À force de s'acharner dans les bassins de Shanghai pour la médaille d'or ex æquo aux 100 mètres, à Barcelone pour deux médailles d'or en 2013, s'infliger tant de souffrance, dépasser tant de limites, des rébellions se manifestent dans les tréfonds de l'organisme. J'ai commencé à souffrir de la hanche. Une gêne d'abord, puis une crampe. Un froissement ? Une déchirure, un nerf pincé ? Non. Une douleur, jusqu'à m'interdire de nager et qui, bientôt, m'empêcherait de marcher. Les médecins du sport n'en trouvaient pas la cause. Souffrir, sans savoir de quoi, ajoute du mal au mal. Le repos ne suffisait pas. J'ai passé un scanner et attendu le diagnostic. Un spécialiste m'a reçu à l'hôpital de la Timone.

– C'est une tumeur.

À ce seul mot, ma vie, mon avenir se sont effondrés. Je me suis vu devoir annoncer cette nouvelle à Valérie, à mes parents, aux copains. Une tumeur. Quelques secondes m'ont suffi pour visualiser ma mort. Je ne suis plus un champion, je suis une tumeur. Limite, le professeur souriait – je ne comprenais pas pourquoi –, tout en continuant d'énoncer des considérations médicales.

– Enfin, ce n'est qu'une tumeur bénigne.

– Bénigne ! C'est-à-dire non cancéreuse ?

– Non cancéreuse.

Je l'ai insulté. Vraiment, je me suis levé et je l'ai injurié pour la frayeur de vingt secondes qu'il venait de m'infliger – pour un nageur pro, vingt secondes sont une éternité. Ce médecin a dû me prendre pour un caractériel, mais comment peut-on lâcher à un malade qu'il souffre d'une tumeur sans préciser qu'elle est *bénigne*. Même bénigne, ma tumeur était là, têtue, bien décidée à transformer ces prochains mois en calvaire. Je ne pouvais pas quitter trop longtemps les bassins ; plus je m'en éloignerais, plus mon come-back serait difficile, voire impossible. J'étais encore dos au mur et mal en point. Je morflais, réellement. Sur les photographies de cette époque, la souffrance se lit sur mon visage. Autant dire que je n'étais pas à prendre avec des pincettes, pas à prendre du tout. Val et moi nous sommes retrouvés face à face dans l'appartement, sous les nuages. Moi, imbuvable, elle, invivable. Chacun dans son coin, fâché avec soi-même, coincés. À peine nous frôlions-nous que des étincelles jaillissaient. Valérie est une fille au sang chaud. Et je peux être dur. J'étais malheureux. Elle était malheureuse. En allant voir notre bout de chou dormir dans son lit d'enfant, je priais pour que Jazz ne perçoive pas nos tensions.

J'avais mal sans arrêt. J'ai subi plusieurs opérations, des séances de rayons. Cette tumeur bénigne était sacrément vicelarde. Lorsque je forçais musculairement, elle se changeait en hématome qui bleuissait ma hanche. La rumeur s'est répandue, incontrôlable, que je souffrais d'un cancer secret. Je croisais des regards compatissants qui me faisaient frémir. Je n'ai pas tardé à retourner dans l'eau me débarrasser par l'effort de cette intruse. Je suis allé voir Thomas Sammut. J'ai visualisé ma guérison en passant du temps à fixer en imagination ce point noir dans ma chair afin de le faire fondre comme un glaçon sous le feu de ma volonté. Une longueur de bassin me crucifiait. Romain Barnier savait que je serrais les dents. Un matin, après une séance où j'étais vraiment à deux doigts de tout arrêter, changer de métier, de ville, d'existence, il est venu me retrouver sur le banc où je fixais mes pieds, les coudes sur les genoux, au bord des larmes. Une douleur vive et constante peut rendre maboul.

– Tu m'impressionnes, Camille. Tu souffres trop, je le sais, je le vois. Surtout, il faut que tu saches que nous sommes tous avec toi, accroche-toi, tu vas t'en sortir. J'en suis sûr et on t'attend.

Je m'en suis sorti, mais pas mon couple.

J'ai retrouvé goût à la compétition, le guerrier a repris la main en chambre d'appel. Aux mondiaux de Kazan, en 2015, j'ai décroché une triple médaille, l'or aux 50 mètres dos, l'argent aux 100 mètres et le bronze au relais 4×100 mètres quatre nages. Au fond de ma hanche, ma tumeur était toujours là. Réduite à la taille d'une noisette, elle n'a pas empêché ces victoires.

Et puis un soir, j'étais à Paris, le téléphone a sonné, c'était mon agent Jeff. Le ton de sa voix n'était pas habituel.

– Camille, écoute…

– Oui.

– Écoute-moi bien, il faut que je te parle, mais pas au téléphone, j'arrive demain. En attendant, ce soir, Z va te proposer de venir chez lui regarder le match OM-PSG.

– Oui, justement, nous dînons ensemble ce soir !

– Pendant le match, il va faire venir deux filles, il va aussi te proposer d'entrer dans sa société. Z aura même préparé les contrats. Surtout, ne fais rien, Camille, sauve-toi, rentre chez toi. C'est un piège. Je préfère ne pas t'en dire davantage par téléphone. J'ai un déjeuner important à Marseille, mais demain je saute dans le TGV et je t'expliquerai. Donnons-nous rendez-vous pour 18 heures pétantes à l'hôtel Amour, ma chambre habituelle, celle que tu connais. Nous devons absolument nous parler. Ne signe rien et rentre chez toi.

Il a raccroché, j'étais stupéfait. Jeff aime trop le cinéma. Quelques minutes plus tard, Z m'a appelé pour me confirmer le dîner ensemble avec une super soirée en perspective. Il s'est montré insistant. J'ai accepté.

Chez lui, au bout d'un moment, il m'a annoncé « un dessert surprise », spécial pour moi.

– Fais-moi confiance, il faut savoir s'offrir un peu de bon temps…

– À quoi tu penses ?

– Deux filles vont nous rejoindre, extra, tu vas voir les bombasses. Attention les yeux et décroche ta ceinture… Et puis, nous en profiterons pour parler un peu affaires… J'ai un deal à te proposer.

Je me suis levé et je suis parti.

Chez moi, j'ai attendu le lendemain en tournant en rond. Jeff ne m'a pas rappelé. Quelque chose se tramait dont je ne maîtrisais rien. Toujours ce mauvais film. J'avais peur de ce que mon agent voulait me dire. Je le pressentais et je le refusais. Plus l'heure approchait, plus je bloquais, comme paralysé. Je suis arrivé en retard à l'hôtel. Hôtel Amour, près de la rue des Martyrs, j'ai toujours pensé que Jeff aimait cet hôtel pour son nom. Lorsqu'il a ouvert la porte, le regard noir, furax de mon retard, j'ai compris qu'il ne fantasmait pas, qu'il ne plaisantait pas non plus. Plus tard, Jeff m'avouerait avoir redouté que je ne lui pardonne jamais ce qu'il allait m'annoncer, même s'il n'y était pour rien. « Le premier qui dit la vérité, il doit être exécuté », dit la chanson. Son vaste réseau l'avait renseigné sur Z qui avait confié à un ami commun l'organisation du guet-apens.

– Mon Jeff, ça s'est passé comme tu m'as dit.

Ma voix était blanche.

– Eh oui… Est-ce que j'ai l'habitude de délirer, Camille ?

– Quelquefois, pour le fun.

– Pas là, fini le fun… Écoute. Ce sont des pratiques sordides, mais assez courantes. On coince un type, on l'allume, on le compromet…

– Moi ? Me compromettre pourquoi ?

Jeff a pris un temps, un ange triste est passé.

– Réfléchis. Une signature est un engagement et…

– Je n'aurais rien signé et je n'aurais rien commis avec ces deux filles.

– En es-tu si sûr ?

Cette fois, c'est moi qui n'ai rien répondu, en détournant les yeux.

– Ton image, ta vie privée, ton couple… Te faire chanter, un adultère, un divorce, une pension, que sais-je encore… Ça s'appelle tenir quelqu'un. Tu comprends ?

Oui, je comprends. Je suis un homme, pas une brêle. Je suis un sportif, je suis un champion, mais là, dans cette chambre d'hôtel, je me suis demandé qui j'étais, qui étais-je devenu. À qui s'adressait ce piège ? Comment Z pouvait-il croire qu'un match de foot, deux filles, deux verres, disons même trois-quatre, auraient pu lui permettre, lui suffire à prendre le contrôle sur moi et ma vie ? Pour qui me prenait-il ?

Jeff est parti dans la salle de bains. Il ne m'avait pas tout dit, je le devinais. J'attendais et, moi qui ne suis pas craintif, j'avais peur. Si j'avais accepté la partie fine, le « dessert surprise », comment s'y serait pris Z ? Des photos à mon insu, le témoignage menaçant des filles ou un huissier qui serait sorti du placard ? L'idée que Val, ma femme, puisse être de mèche avec Z, avoir trempé dans ce traquenard m'a traversé l'esprit, mais j'ai chassé de toutes mes forces cette pensée immonde. J'ai crié vers la salle de bains :

– C'est trop dégueulasse, Jeff ! Je ne peux pas croire que…

Il n'a pas entendu, ou pas voulu répondre.

Fin de partie. D'une paparazzade à un traquenard, des calanques de Cassis aux sales coups parisiens.

Jeff est revenu en s'essuyant la tête avec une serviette, comme pour la garder froide.

– Écoute, Camille, voilà, aussi… Je voulais, je dois te dire, je me suis renseigné… J'ai hésité, mais il vaut mieux que je t'en parle… Valérie a quelqu'un. C'est sérieux. Elle est avec un Émirati extrêmement puissant. Ils sont ensemble depuis un moment. Je le sais alors je te le dis, ne m'en veux pas. La tournure des événements mérite que tu fasses le point…

Quelque chose a cassé dans mon cerveau, comme un élastique ou un morceau de verre.

– Nous rencontrons des difficultés, Val et moi, mais…

Mais rien. Je ne trouvais pas de mots. J'ai pensé à notre fille et le chagrin m'a envahi. La honte d'abîmer l'enfance de ma fille.

– Camille, je me suis renseigné et…

– Arrête maintenant, Jeff, arrête tout de suite.

– D'accord.

Nous sommes restés silencieux une minute qui m'a paru en durer dix. Le temps est long quand tu as mal, dans les piscines comme dans les hôtels.

– Si c'est la vérité, je ne lui pardonnerai jamais… Jamais.

– Tss, tss, tss… Camille, tu n'es pas blanc bleu non plus.

– Quoi ?

– À Kazan, aux championnats du monde, avec la nageuse, tu ne jouais pas au Scrabble.

– Rien à voir, ce n'est pas pareil… Et puis Valérie n'en a rien su.

Jeff a ri, de son rire méridional et implacable. Sa main est venue me tapoter l'épaule.

– Réfléchis. Mon rôle à moi ne va pas plus loin. Mon amitié non plus. C'est à toi de décider de ce que tu dois faire, la suite est entre tes mains.

Quel homme ne commet pas de faute ? Je suis un sportif, un nageur. Nous passons une bonne partie de l'année à poil, l'équipe de France est mixte, nous sommes bourrés d'adrénaline, d'endorphine, d'acide lactique… Excités par l'effort, les enjeux, la performance, sous pression. Nous entretenons un rapport sain et exigeant avec nos corps, sans frustration, alors parfois la tentation… Les voyages, les stages, la solitude, l'éloignement favorisent, quelquefois, pour certains, les rencontres d'un soir. Des bêtises, un coup de canif dans le contrat, un coup de folie, pour ne pas dire de rein. L'érotisme, quand ce n'est pas l'amour, apaise nos angoisses et fait passer la nuit. C'est tout. C'est beaucoup. C'est grave ? J'ai été fidèle à mon couple, mon amour, sauf une fois, à Kazan. J'ai fermé les yeux et j'ai plongé, j'ai embrassé une autre femme que la mienne. Lorsque j'entends régulièrement des scandales sexuels liés aux grands sportifs, chez les footballeurs notamment, si adulés, si sollicités, bien davantage encore que moi, quand l'opinion s'indigne et les condamne, moi, je comprends. Je me dis, voilà, tu t'es fait choper, toi, et tu dois vivre un sale quart d'heure, je sais ce que c'est, les nanas qui te prennent pour cible, celles qui t'arrachent ta chemise. Toutes ces sirènes et leurs chansons. Le désir, lorsqu'il t'attrape brusquement, loin de ton foyer, tu n'es pas toujours de taille à lutter. Pourtant, toutes ces raisons, ces excuses ne m'empêchaient pas de trouver insupportable, inadmissible que pendant mes voyages, mes entraînements ma femme me trompe avec un autre. Si je me trouvais des circonstances atténuantes, je n'en trouvais pas à Valérie. Et je m'en voulais de cette intolérance à sens unique. J'étais coincé. Au fond, le piège de Z a quasiment fonctionné dans ma mauvaise vie secrète.

Je n'ai pas appelé Val, j'ai attendu de la revoir face à face. Elle a toujours nié une quelconque participation à ce guet-apens et je la crois. Peut-être n'était-elle même pas au courant de l'initiative de son ami crapuleux, comme elle me l'a toujours assuré. De toute façon, ce n'est pas cette réponse qu'il m'importait d'entendre d'elle. Malgré nos difficultés, je l'aimais. Je l'aimais intensément, sans pouvoir l'imaginer remplaçable. L'amour ne se remplace pas, il meurt. Valérie était encore la femme de ma vie et serait toujours la mère de notre fille. J'ai braqué mes yeux dans les siens, ses yeux dorés, en lui posant la seule question qui valait la peine d'être posée pour savoir ce qui pouvait être sauvé de nous.

– Est-ce que tu m'aimes ?

Valérie n'a d'abord rien dit. Elle s'est détournée. J'ai entendu :

– Non, je ne t'aime plus.

Alors, c'est bon, c'est fini, y a plus rien à sauver. *Bye, bye*. Pas la peine de discuter, sinon des formalités du divorce et du montant de la pension. Je n'ai plus pensé qu'à Jazz. Mais sans rien dire, au fond de mon être, dans un bleu devenu tout noir, *black swimming*, j'ai eu l'impression de perdre d'un coup l'équivalent de dix, vingt courses de championnats.

Aux Jeux de Londres de 2012, je n'avais pas été champion olympique parce que j'étais trop heureux avec une femme. Aux jeux Olympiques de Rio, en 2016, je ne monterai pas non plus sur le podium parce que cette femme ne m'aimait plus et que je l'aimais encore.

Je n'ai jamais décroché de trophée olympique.

Valérie et moi nous sommes séparés et j'ai touché le fond de la piscine, pendant un bon moment. *Black swimming*.

– XVI –

De Budapest à Budapest

Rompre avec ma femme m'a rendu malheureux pour la première fois de ma vie. J'avais connu la souffrance, pas le malheur d'une rupture amoureuse, de voir le cœur de sa vie détruit. J'ai fait ce que l'on fait dans ces cas-là. Je suis resté chez moi avec moi-même, j'ai tourné en rond, vidé la bouteille. J'ai eu du mal. Pardonner est encore une bataille et j'avais aussi des fautes à me pardonner. Je ne suis pas resté tout à fait seul. Je suis retourné voir le préparateur mental du Cercle, et Florent Manaudou est devenu comme un frère. Florent progressait vers le sommet de la natation internationale. Ses facultés m'impressionnaient. Plutôt qu'un rival, j'ai très vite vu en lui, de quatre ans mon cadet, un successeur qui allait reprendre le flambeau de notre Cercle. L'équipe de France avait accueilli et bizuté ce grand gars timide et silencieux. On peut se demander de quelle planète viennent les Manaudou, frère et sœur champions, de quel bois sont-ils faits. Florent pourrait devenir pilote de chasse ou danseur de claquettes. Un matin, s'il se disait : « Je vais apprendre à piloter un zinc ou à danser », je crois qu'il deviendrait rapidement parmi les meilleurs.

Un soir, je l'ai vu gratter une guitare.

– J'ai envie de savoir jouer.

Trois mois plus tard, Florent jouait comme Django Reinhardt – enfin, pour moi qui n'y connais pas grand-chose. Solitaire, concentré, inspiré, mystérieux, il s'est taillé un chemin de musicien comme il a su se tracer un magnifique couloir de nage. Aujourd'hui, le handball l'éclate. Sa maîtrise, sa détermination ne l'empêchent pas de porter une part d'ombre qui m'intrigue, moi qui suis d'une nature plus sociable, plus enjouée. En 2016, la pire année de ma vie, Florent m'a dit : « Viens vivre à la maison. » Et j'y suis allé. Sa compagnie m'a guéri mieux que n'importe quel traitement. L'amitié est une guérison. Florent est un frère qui s'est naturellement ajouté au cercle de ma famille. Les Lacourt m'ont beaucoup aidé à traverser cette passe. Avec Thomas, le dernier des quatre Lacourt, mon petit frère empêché, qui lui aussi aurait aimé devenir nageur, notre relation s'est adoucie, je l'avais un peu oublié dans ma course. J'ai pu m'appuyer sur tout mon petit clan, au complet.

Les jeux Olympiques de Rio en 2016 ont vu le Cercle de Marseille et l'équipe nationale mettre genou à terre. Je n'étais pas dans ma piscine, comme on dit ne pas être dans son assiette. Que je sois retenu aux sélections tenait déjà du miracle. Toute l'équipe tricolore a perdu ses couleurs. Même Florent, en qui la France plaçait tant d'espoir, a déçu. J'avais prévenu mon coach.

– Je ne suis bien qu'un jour sur trois.

– Une chance sur trois de gagner !

Et deux de perdre. Je me suis fait sortir. L'amour me lâchait, mon corps souffrait et Miss Baraka me tirait la tronche. Le divorce avec Valérie a été prononcé juste après Rio. L'équipe est rentrée profil bas, mais pas résignée. Moi non plus, je n'en avais pas fini avec mon sport. Quand Christian Courtin-Clarins m'avait demandé où s'arrêterait ma carrière, je lui avais répondu : 2016-2017. Cet horizon n'avait pas varié : à vingt-sept ans, je voyais approcher la fin de ma course.

À Marseille, j'ai dealé avec mes coaches. Je savais m'écouter, me jauger, je connaissais bien la machine. Je me suis entraîné dans mon coin, en dehors de la routine des entraînements. Je voulais être bien sans contrainte tout en bénéficiant de leurs conseils. Fidèles à leur ouverture d'esprit, les entraîneurs marseillais m'ont laissé faire.

N'était-ce pas la saison de trop ? J'en avais parlé à Jeff, après mon fiasco de Rio.

– Réfléchis. Tu pourrais accomplir encore une saison, pour finir. Et pour transmettre.

« Transmettre. » Un mot auquel je n'avais jamais songé. Jeff pensait à la nouvelle génération de petits nageurs que nous voyions s'ébattre dans les bassins de la Pointe du Portugal, ceux qui me guettaient encore pour m'arracher un autographe, qu'ils emportaient comme leur petit trésor. Jeff me préconisait de nager pour eux dans le but de les faire rêver une fois encore et de boucler ainsi ma boucle. Quand j'étais triste, cette dernière saison ressemblait à ma mort. Mort dans l'âme. Alors, en secret, j'ai commencé à penser que ce championnat des adieux, j'allais le gagner, bordel. Mon baroud d'honneur ne serait pas un simple tour de piste.

Le très haut niveau exige des changements afin de ne pas s'encroûter, désormais je m'entraînais avec Julien Jacquet et Mathieu Burban. Mais j'ai voulu aller à l'eau le plus tard possible dans la saison. Tant que j'éprouverais de la lassitude, je ne voulais pas risquer dans les bassins une déception avec l'eau. Je voulais continuer de nous aimer, elle et moi. Ne pas associer le bleu à la grisaille de ma réalité difficile. Et j'avais à m'occuper de trouver un nouvel appartement à Paris, à Marseille. Très régulièrement, je remontais voir ma fille Jazz qui vivait chez sa mère. Chaque fois que Valérie m'ouvrait sa porte, je me coupais en deux. Je l'aimais encore et je la détestais.

Courant décembre, j'ai été invité au meeting Camille-Muffat, magnifique nageuse qui venait de périr dans un accident d'hélicoptère. Même si mes entraînements ne faisaient que commencer, pour la mémoire, pour la transmission, j'ai participé à cet événement au profit de son association. Une photographie est parue dans la presse. La posture ou l'angle de vue ne flattaient peut-être pas mon allure, courbée, de biais… Je me suis trouvé dégueulasse. Impitoyablement, j'ai jugé mon début de ventre, ma silhouette ingrate, plus aucun pec. Je ne devais pas être le seul, d'un coup d'œil, à me considérer quasi fini. Refuser de me voir ainsi a provoqué un sursaut.

Mes copains formaient un cordon sanitaire autour de moi, même si nous étions trop pudiques pour l'évoquer, leur affection valait un soutien. Plutôt que les mondains, les noceurs, les night-clubbers, à Paris, j'ai retrouvé quelques amis de longue date, perdus de vue, comme Platoon, que j'avais connu dans ma jeunesse à Font-Romeu. Son surnom donne une idée de son gabarit et de ses talents. D'ailleurs, Platoon est devenu garde du corps ! Je préférais sa compagnie à celle de ses employeurs. En attendant de trouver un pied-à-terre, j'ai partagé avec lui son petit appartement du XVe arrondissement. Après avoir fréquenté un tas de gens sur la capitale, au final, je n'y connaissais personne. Par hasard, dans un café, je suis tombé sur Franz, le mentor de mes débuts, l'agent avec lequel j'étais allé pour la première fois dîner d'un rougail saucisse chez Valérie Bègue, la Miss

France. Il m'a sauté dans les bras avant de m'entraîner le soir même dans les tribunes d'un match au Parc des Princes. Avec l'ami Franz, j'ai retrouvé le goût de quelques soirées festives où l'on s'amuse, où l'on oublie, sans excès – J'étais en deuil de ma femme, pas du monde entier.

En janvier, grâce à Christian Courtin-Clarins, j'ai pu nager à Paris, piscine Molitor. Mon célibat s'organisait entre la capitale et la Bonne Mère. On m'a moins vu au Cercle. J'y ai eu un accrochage avec un nageur, Mehdy Metella. Quand les mecs en bavent à l'entraînement, il est naturel que certains ronchonnent contre une figure qui s'y montre en dilettante. À plusieurs reprises, Mehdy a fait allusion à mon engagement en pointillé.

– Pourquoi t'es pas dans l'eau ?

– Je suis trop vieux !

– Pourquoi tu viens au Cercle, alors ?

Je l'ai mal pris.

– Quand tu auras mon palmarès, tu pourras l'ouvrir.

Mehdy n'avait pas tort, au fond. Avec Julien Jacquet et Mathieu Burban, nous avons augmenté la fréquence d'entraînements intensifs. J'évitais un peu Jean-François Salessy, comme un oiseau de mauvais augure, un témoin de ma pire défaite. D'une certaine façon, mon inconscient lui reprochait d'avoir brisé ma vie.

Un soir, je ne sais plus qui ni où, quelqu'un m'a dit : « Tu sais, à ton niveau, à un très haut niveau, il ne faut pas avoir d'enfant. S'occuper d'un enfant est contradictoire avec la performance. »

J'ai souri. Je commençais à prendre Jazz le week-end. Et je ne voyais pas comment ma fille pouvait limiter mes aspirations ; au contraire de perdre de l'énergie, avec Jazz, j'en gagnais.

Je me concentrais sur le 50 mètres, uniquement le 50 mètres, ma catégorie de prédilection, l'envol, la foudre d'un aller-retour. J'ai préparé ces championnats de Budapest un peu comme un candidat libre son baccalauréat, inscrivant sur une simple feuille de papier mon programme, mes objectifs, mon calendrier de nage. J'étais comme le fantôme des piscines, à Molitor, à Marseille, entrant et sortant par la petite porte. J'aimais la discrétion de ma solitude. Ma motivation revenait, je sentais cet éveil. L'eau m'appelait et je m'immergeais dans son plaisir. Nous nous retrouvions, intacts, épargnés. Sans être sûrs de rien. Comme une première fois qui recommence, avec l'angoisse du jeune homme face à la découverte. Ma fin a ressemblé à mon début. Si je désirais décrocher une médaille à Budapest, j'étais encore loin d'envisager un tel exploit raisonnablement possible. La musculation devait être privilégiée pour reprendre « de la viande ». Quatre séances d'une heure, très dures, suivies par quinze minutes de nage.

Révision de la mécanique, comme un pilote.

Révision de l'harmonie, comme un violoniste.

Les feux ne sont pas rouges.

Les feux ne sont pas verts.

En même temps, Jeff me mailait des propositions de contrats, d'interventions, ici ou là, je discourais sur la natation, le sport, l'esprit d'équipe, comment atteindre le V de la victoire… Je songeais à ce mot qu'il m'avait lâché, « transmission ». En y pensant, je menais davantage l'existence d'un cadre dynamique, fervent pratiquant de sport, que d'un champion à l'entraînement. Toutefois, sous mon costume de ville ou en maillot, l'étincelle commençait de me réchauffer tout entier.

Récupérer Jazz chez Valérie m'est resté longtemps un supplice – comment en étions-nous arrivés là ? – mais je supportais cette peine comme je gère l'acide lactique d'une course forcenée dont je veux coûte que coûte sortir vainqueur.

À Strasbourg, je me suis qualifié pour les championnats du monde 2017 devant « mon meilleur ennemi », Jérémy Stravius. Le guerrier en moi exigeait qu'il reste second, mon second. Jeff m'avait balancé une réflexion sur Stravius qui m'avait frappé : « À la fin d'une course, lui, il ne serre les mains que lorsqu'il gagne, sinon il s'en va. »

J'avais la rage, mais pas de haine.

Nous sommes partis pour Budapest. L'association de deux villes en fait, Buda et Pest, de chaque côté du fleuve. La belle cité de mon premier titre, champion d'Europe. Un peuple de l'Est, un lieu et un souvenir que j'affectionnais. Mon nouvel été hongrois. Le destin m'aidait à boucler ma boucle. Dans l'avion, si d'habitude je discute ou ne pense à rien, passant le temps à jouer sur mon iPhone, durant ce voyage, chaque fois que je regardais les nuages à travers le hublot, je voyais resplendir un podium. Dans l'azur où nous volions, j'entendais un hymne derrière le ronronnement des moteurs… Ma *Marseillaise*, ma dernière danse.

J'avais annoncé – la presse s'en était largement fait l'écho – que ce serait ma course de fin. L'institution m'avait même rendu une forme d'hommage via l'open EDF de Chartres où j'avais éprouvé le plaisir de gagner face à pas mal de mes adversaires, dont un champion du monde. La fédé, bien intentionnée, en a profité pour m'organiser un jubilé autour d'un grand poster de bibi, sous cadre. Quelques discours, un toast… Je suis resté de marbre, pas plus ému qu'un balai, l'œil tout à fait sec. Je n'étais pas fini, pas encore sous verre. Il manquait un titre à mon curriculum : celui de 2017. Je n'ai pas insisté, l'assistance m'aurait pris pour un fanfaron, un Marseillais, une grande sardine qui se prend encore pour un squale. J'ai levé haut ma coupe pour trinquer à la santé d'un mort que je n'étais pas encore, bordel. Vous allez voir ce que vous allez voir, le mourant va se lever de son cercueil et aller arracher sa dernière palme.

Personne ne m'attendait à Budapest, sauf Mr Lacourt, réveillé au fond de mon cortex. Mr Lacourt n'aime pas le champagne, il n'aime rien d'autre que l'eau parfumée de chlore, la rumeur folle des jours de guerre, le battement du sang, plein tube, dans mes artères.

À ma grande surprise, qui a touché mon cœur, tout le monde s'est déplacé le jour J à Budapest. Les amis, les anciens, les potes, de grands nageurs. William Meynard lui-même. Jeff séjournait en Italie, il a loupé son avion. Le vol suivant coûtait une blinde, un prix exorbitant. Jeff a fait chauffer sa carte bleue pour être là. Fabien Gilot et Fred Bousquet se trouvaient déjà sur place, consultants pour la télé française. Mes parents, avec Jazz, seraient aussi quelque part dans les gradins. Les yeux de ma fille suivraient son papa. En me dirigeant vers la chambre d'appel, j'avoue pourtant ne plus avoir pensé à personne. C'est comme ça. Gagner n'est pas un chant d'amour. C'est autre chose.

Ma préparation n'était pas en adéquation avec un tel challenge. Je me trouvais au bout du bout. Si j'avais préféré rester caché pendant mes entraînements, c'était également afin de ne prêter le flanc à aucune rumeur. Je croyais en ma médaille, même si les autres accomplissaient en une séance l'équivalent de ce que j'abattais en une semaine.

À Budapest, je nagerais le dernier, à la fin des championnats. Les fameux 50 mètres, l'épreuve reine.

J'ai encore transgressé, seul, dans un bar fréquenté par des Français, en centre-ville, quarante-huit heures avant ma course… J'ai gueulé au barman :

– *A beer, please !*

Lentement, j'ai bu ma bière interdite. Le démon et l'ange, chacun sur une de mes épaules, n'ont pas moufté. Je contrôlais la situation. Je me souviens de ce groupe de compatriotes, derrière moi. L'un d'entre eux a dit :

– Ce n'est pas Camille Lacourt ?

– Mais non ! a répondu un autre. Impossible, il nage dans quarante-huit heures.

Durant la compétition, tous les deux jours, j'allais retrouver des collègues qui avaient concouru pour respirer et plaisanter avec eux, profiter de leur liberté. Ma petite folie. Dans ma chambre, à la télé, j'étudiais soigneusement mes rivaux, surtout un Chinois, une nouvelle tête, qui partait comme une fusée. En demi-finale, Mao Tsé-toung avait scoré un temps extraordinaire sans reproduire son exploit en sélection terminale. Cet ennemi s'avérait donc inégal, faillible. Tu dois croire aux failles de tes adversaires, te persuader qu'elles vont les engloutir. Les considérer, non par leur force, mais par le bas, leurs points faibles. Si je devais « casser » un nageur en chambre d'appel, ce ne serait pas Jérémy Stravius, ce sera ce Chinois.

Aux sélections finales, dans le feu de l'action, j'ai pris deux tendinites en quelques secondes, aux coudes. À vingt-sept ans, en championnat, tu n'as plus vingt ans depuis longtemps. Mes bras ont été arrachés dans la course. Au plot d'arrivée, j'étais deux fois manchot. Un homme-tronc flottant tel un bouchon. Ce bouchon de ligne, que je fixais, tout gosse, quand je pêchais près de mon père, sur les lacs des Pyrénées. Malgré la douleur, il me tardait de nager avec le diable.

Je n'ai pas peur.

Je n'ai pas mal.

Tout est bien.

Tout est beau.

Tout va finir.

Je me méfie du Chinois, de Jérémy et des Américains. Je me méfie de mon ombre. Les Yankees sont les dieux de la natation, à mon avis bien supérieurs aux Russes.

Le staff prodigue des soins, une crème glacée, je m'en fous partout, jusque sur les couilles. Mon corps dégage une odeur de chanvre, pas loin du pète que j'avais fumé au sommet du Cambre d'Aze, ce jour ancien où je voulais décider de ma vie.

En chambre d'appel, je n'ai plus envie d'aucune démonstration de force, tendu dans ma bulle. Mais, c'est plus fort que moi, lorsque mon rival arrive, Mr Lacourt s'avance et lui fait, comme si je n'avais jamais ni vu ni entendu parler de lui, d'un ton avenant :

– Salut, qui t'es, toi ?

En trois mots, j'ai pris l'ascendant.

Une bouteille d'eau en plastique, vide, oubliée par un prédécesseur, traîne au sol. Le temps est long, les annonces et les formalités n'en finissent plus. Le site enfle de la rumeur impatiente du public. La même vague qu'en 2010, année de ma révélation. Je ramasse la bouteille et m'amuse, nonchalamment, à la lancer en espérant la faire retomber droite. Je rate. Plusieurs nageurs me succèdent à ce jeu sans y parvenir. Le tour revient à moi, je la lance, doucement, elle retombe sur son cul de bouteille, devant les autres, médusés. Ça ne tient à rien, un jeu de gosse, mais Miss Baraka vient de m'embrasser.

Les dieux sont avec moi.

Plus aucun échange.

Je m'échauffe bien les bras parce que la course va me les arracher une nouvelle fois. La dernière fois.

Je suis calme. J'entre sur le bassin à l'appel de ma nation. J'ai laissé un bon souvenir à Budapest, les spectateurs m'attendaient. À leurs encouragements, je comprends être leur champion. Le « Froggy Frenchy » devenu prince de la natation, ici, avec eux, en 2010.

Et je nage.

Je nage.

Boucle ta boucle.

Je laisse le Chinois, Stravius, tous les Américains et une partie de moi-même aussi, derrière moi, loin. Je ne me bats pas, je ne mène pas la guerre. Je nage parce que je vis. J'ai peut-être mal, ce n'est pas de la souffrance. Et ce n'est pas tout. Ils se lèvent et ils crient, les gens, la piscine, mes parents, ma petite fille, les copains, les pas copains, mes amis se dressent et hurlent, déchaînés, hilares. Il le refait, il le refait ! Refais-le, refais-le ! J'entends mon nom, Camille !,

Camille !, qui sonne et qui résonne. Je vais le refaire. Je le refais. NAGE. Jeff, Romain, Mathieu, Will, Fabien, dans le box de presse, ils se lèvent, et Marseille, ma ville, se relève, tous nos souvenirs, nos belles promesses, notre passé et la terre entière, avec l'eau, et je me trompais : gagner est une forme d'amour. Enfin, je crois.

Camille Lacourt.......1.

Champion du monde sur le 50 mètres dos. Quatrième médaille d'or. Quintuple champion du monde et d'Europe.

Au bout de ma dernière danse, j'ai trouvé enfin l'absolue joie du vainqueur.

Épilogue

Je ne nage plus

Je ne nage plus. Plus du tout. À peine si je retourne dans une piscine pour voir ma fille prendre un cours ou y soutenir un petit club de Vanves. La compétition ne me manque pas, j'ai tiré le rideau bleu. Finis les endorphines, l'acide lactique, plus de cardio, plus de chambre d'appel. Ma vie après Budapest n'a plus été celle d'un champion. En même temps que je suis monté sur le podium, j'ai jeté mon maillot national. Sans nostalgie. Peut-être se manifestera-t-elle avec le temps. Mon agenda actuel soulève moins de fièvre, moins d'enjeux, mais les journées y sont plus tranquilles.

Que peut faire un grand sportif qui vide définitivement son vestiaire ? Ce que j'ai fait : de l'événementiel, des conférences, des parrainages… Je continue à jouir du vedettariat avec moins de galères et beaucoup de privilèges. La liste des cadeaux que m'ont offerts des marques, des prêts dont elles m'ont gratifié me ferait rougir. On m'a invité à Disneyland où j'ai posé en corsaire, un bandeau sur l'œil, devant la nouvelle attraction Pirates des Caraïbes. J'y ai emmené Jazz plusieurs fois. On m'a prêté des autos, des motos, on m'en prête encore, j'ai voyagé gratis, je profite de rabais sur tout, des avoirs, des passe-droits. En échange, selon un code intérieur, je m'interdis de refuser un selfie, même si j'ai une folle envie d'aller aux toilettes, la gueule de travers, un train à prendre ou simplement pas envie – et à condition qu'il soit sollicité poliment. J'ai acquis de l'expérience, tout s'apprend. Je flaire l'embrouille ou l'enquiquineur à 10 mètres. Je sais passer mon chemin sans froisser les demandeurs ou les demandeuses pénibles. Je satisferai toujours les autres, les gentils, les timides, les joyeux ou les extravertis. Nous avons en commun le goût du sport. Les chasseurs de people se sont clairsemés, aimantés par d'autres figures dans l'actu.

Bien sûr, au bout d'un moment, j'ai voulu reprendre l'initiative, investir, paré pour de nouvelles traversées. Dans ce cas, que fait une personnalité jeune, qui aime encore la fête, les soirées conviviales, la séduction ? Elle ouvre un lieu branché, bar ou restaurant. C'est ce que j'ai fait, avec des associés. En ce qui me concerne, cette activité légitime ressuscitait mon vieux désir de *food truck*, de bonne bouffe diététique. Comme mon statut, mes partenaires, la confiance de la banque nous permettaient des ambitions, nous avons choisi Paris, une belle adresse, la rue du Sabot, à Saint-Germain-des-Prés. Pour dîner, danser, autour d'une scène prévue pour des musiciens, des bœufs. Un resto-bar-à-cocktails-club, voilà le concept. En cuisine, nous avons décidé de nous spécialiser dans le poisson, et le homard aussi. C'est bon, chic, diététique, le homard, un must pour la santé, pas courant et de plus en plus accessible, financièrement parlant. Le Fidèle allait marcher du feu de dieu. Mon image attirerait du monde. En avant Guingamp. Un décor classe, de style baroque, feutré, dans les tons vieux rouges, tamisé, avec le bar capitonné en souvenir de cet ancien théâtre des Années folles. Le soir de l'inauguration, tout Paris s'y pressait. Les premiers papiers ont évoqué « le nouveau spot branché de la rive gauche ». L'avoir baptisé « Fidèle » ne manquait pas de toupet. Valérie est venue, ce nom était aussi mon coup de grâce à notre couple. À une journaliste qui me demandait pourquoi cette enseigne, j'ai répondu : « C'est un lieu dédié aux soirées entre amis et pour moi la fidélité est une valeur essentielle en amitié. » Je n'ai pas parlé d'amour. Le menu proposait un « poisson du jour Camille Lacourt », notre fabuleux barman, un « cocktail Laure Manaudou », vodka et limoncello avec une pointe de basilic et des framboises fraîches.

Ce fut un naufrage. Nous nous étions fait balader sur le bail, la salle n'offrait pas plus d'insonorisation qu'une entreprise de pompes funèbres. Le concept d'un restaurant lounge qui se prolongeait en club s'est heurté dès les premiers soirs à l'hostilité farouche des voisins envers tout type de musique d'ambiance ou dansante. Les Parisiens ne sont pas gais-gais. Certains sont à l'affût du moindre bruit pour te le reprocher. Aucun riverain ne s'est montré partant pour transformer sa chambre à coucher en dancing.

Une emmerde ne vient jamais seule, souvent. J'ai eu à embaucher, puis à gérer du personnel, dont un excellent cuistot, très créatif sur les produits de la mer, et exigeant. Hors de question de fourguer une nourriture médiocre. Ce chef idéal m'a convaincu de le payer au black – il « préférait ». Très bien, mec, si tu « préfères ». La veille de l'ouverture, il a menacé de rendre son tablier si je ne l'augmentais pas substantiellement et sur-le-champ. C'était un pro, pas moi. Bien, restons pragmatiques, remets ton tablier et combien tu veux ? Peu après, le même m'a menacé des prud'hommes si je ne lui allongeais pas une indemnité de départ digne de Carlos Ghosn. Il m'a précisé que je n'avais guère le choix puisque je le payais au noir. Mais c'est toi qui me l'as demandé ! Lui ne se souvenait pas de ça. C'était un pro. Pas moi. J'ai refusé. Il m'a traîné aux prud'hommes et j'ai perdu. Quelques articles ont fini par paraître où le nageur Camille Lacourt passait pour un exploiteur antisocial.

Le restaurant a très vite pris l'eau, ce qui n'est pas trop gênant pour des poissons et des homards. Nos convives dînaient, se régalaient, se chauffaient en attendant de perdre en dansant les quelques calories de nos super assiettes. Passé 22 h 30, le seul volume sonore musical qui leur chatouillait les oreilles n'était pas plus entraînant que celui du hall d'une maison de retraite. Au début, ils ont continué de dîner avant d'aller danser ailleurs, puis leurs visites se sont espacées jusqu'à ce qu'ils ne viennent plus du tout. Paris est une fête, pas un aquarium. J'offrais parfois plus de verres que le bar n'en encaissait. Quand on passe pour riche et célèbre, ça craint de mégoter, non ? Les journalistes qui nous soutenaient mordicus étaient ceux que nous rincions plusieurs soirs par semaine, cette amicale médiatisation finissait par nous coûter presque aussi cher qu'une campagne de pub. *Business is hardness.* Lorsque je me pointais au restaurant, sur les coups de midi, je fixais les minuscules billes noires des yeux des crustacés en me disant que c'étaient des créatures de l'enfer. J'avais de plus en plus de mal à supporter leur façon idiote de baver continuellement des bulles, signe formel, selon le cuistot démissionnaire, que notre marchandise était fraîche.

Avais-je trahi la mer en proposant de manger sa faune ? L'eau, mon élément, se vengeait-elle d'avoir été abandonnée ?

La facture des travaux d'isolation se montait à plus d'un million d'euros. Nous perdions de l'argent, ça allait comme ça, nous avons jeté l'éponge, téméraires mais pas suicidaires. J'avais eu suffisamment de mal à me gérer personnellement pour gérer qui que ce soit d'autre. Autant le reconnaître, je n'ai pas l'âme d'un taulier. Depuis ma fermeture, je ne crache plus sur les patrons qui n'ont pas un métier facile. Et je ne mange plus de homards, juste des gambas.

Je me suis tourné vers le sponsoring et la reconversion en imaginant un annuaire qui réunirait tous les sportifs disponibles sur le marché afin de favoriser les offres et les demandes. Cette initiative, en cours de réalisation, a soulevé l'intérêt général. Je n'ai pas que des idées foireuses.

Sans doute parce qu'elle me trouve beau gosse et bon client, la télévision continue de m'inviter régulièrement. Je suis allé me faire hypnotiser sur TF1 par Messmer. Je participe à des soirées plutôt divertissantes que sportives. Je n'ai pas cherché un job de consultant sur les chaînes, Florent Manaudou ou Fabien Gilot le font mieux que moi. En revanche, à l'automne 2017, j'ai fait « Danse avec les stars », toujours sur TF1. A priori, voilà un job dans mes cordes. Et une partie de plaisir. Je me trompais encore. Depuis, je ne regarde plus un danseur avec la même désinvolture. J'ai cravaché comme un fou entre les bras d'une créature de rêve qui alliait le charme, le sens du rythme à la pédagogie. Hajiba Fahmy travaillait avec Beyoncé. Je ne dansais pas d'ordinaire, même en boîte. Le ridicule aurait pu me faire hésiter, mais pas Hajiba… Le problème était mes bras que j'agitais comme un poulpe. Ma partenaire ne me trouvait que des qualités sauf les bras, jugés « flagadas ». À part ça, « un mental d'acier, très travailleur, compétiteur ». De mon côté, avec son type latino, je trouvais Hajiba Fahmy renversante. Quand on part avec des faiblesses, faut sortir ses atouts. Nous avons fini une danse contemporaine sur un adagio de Mozart par un long baiser sensualissime qui a emballé le public, les spectateurs, un peu moins le jury, très partagé sur mon cas. À moi aussi, ce baiser a beaucoup plu. J'ai tombé la chemise pour la rumba. Malgré une compatibilité physique évidente qui frisait l'attirance entre ma partenaire et moi, rien à faire, dès que j'écartais les bras de mon corps, j'avais l'air d'un débile qui fait l'avion. Malgré ce handicap, nous avons tenu jusqu'en septième semaine. Une prouesse et un délai qui donnent le temps de se connaître et de se plaire. L'élimination ne nous a pas séparés, Hajiba et moi. Notre flirt a duré plus d'un an, au grand intérêt de la presse people.

J'ai un conseiller financier, un comptable fiscaliste, un avocat et toujours le même agent, Jeff Salessy, qui me reproche d'être en retard quand généralement il l'est deux fois plus que moi. J'ai toujours un grain de fantaisie, de laisser vivre et de laisser-aller, mais faut pas me chercher. J'aime toujours autant les femmes, sans avoir trouvé la mienne. Je me sape comme une gravure de mode, j'ai des plans. Mon téléphone ne prend pas de message, mais on peut me joindre par mail ou texto. Je préfère ne pas me faire remarquer tout en cédant, de temps en temps, à la folie d'un moment.

Au fond, mon existence n'a pas beaucoup plus d'intérêt que celle de n'importe qui et ça me plaît. La vraie vie, c'est la bonne. J'ai deux-trois projets dont je préfère ne rien dévoiler par superstition et parce que j'aime encore ne pas trop savoir de quoi demain sera fait. J'attendrai la quarantaine pour les assurances, les certitudes. C'est pour bientôt, j'ai trente-quatre ans. Je goûte encore le vent, l'air du temps, le mistral et le crachin. Je me demande parfois où est passé Mr Lacourt, le guerrier sans pitié des chambres d'appel. S'il ressortira un matin de sa boîte comme le génie de la lampe.

Pour finir sur un soleil qui n'est pas à Marseille, une semaine sur deux, au rythme des familles recomposées, vous me trouverez toujours au même endroit, devant les portes d'une école primaire parisienne, à 8 h 30 le matin et à 4 h 30 l'après-midi. J'y suis toujours bien à l'heure. Deux rendez-vous quotidiens, bihebdomadaires, prioritaires sur tous les autres dans mon planning. J'amène et je viens rechercher Jazz à l'école. C'est mon plus grand luxe. Elle a sept ans.

Parfois, je croise encore un gamin qui vient vers moi, le souffle court, le regard vif, avec son carnet et un stylo, un petit nageur qui me regarde comme un géant. Il n'y a pas longtemps, l'un d'eux m'a dit sur le parking du Cercle de Marseille où, à l'été 2009, j'avais garé ma Punto rouge : « T'es une légende, toi ! »

Il y croyait dur comme fer, alors moi aussi. Il faut croire les gosses qui rêvent. J'ai signé son carnet, je lui ai rendu son stylo, plus ému que je ne le laissais paraître, et je l'ai regardé qui s'éloignait en bondissant de joie.

Quoi qu'il m'arrive à l'avenir, ce gosse-là, je ne le décevrai pas.

Je vais peut-être arrêter de fumer, tiens, ce sera une bonne chose de faite.

Palmarès

Championnats du monde :

2011 (Shanghai) : **or au 100 mètres dos** ; argent au 50 mètres dos

2013 (Barcelone) : **or au 50 mètres dos ; or au 4x100 mètres quatre nages**

2015 (Kazan) : **or au 50 mètres dos** ; argent au 100 mètres dos ; bronze au 4x100 mètres quatre nages

2017 (Budapest) : **or au 50 mètres dos**

Championnats d'Europe :

2010 (Budapest) : **or au 50 mètres dos ; or au 100 mètres dos ; or au 4x100 mètres quatre nages**

2016 (Londres) : **or au 50 mètres dos ; or au 100 mètres dos**

Championnats de France :

2005 (Nancy) : bronze au 50 mètres dos ; bronze au 100 mètres dos

2006 (Tours) : argent au 50 mètres dos

2007 (Saint-Raphaël) : **or au 50 mètres dos ; or au 100 mètres dos** ; argent au 200 mètres dos

2009 (Montpellier) : **or au 50 mètres dos ; or au 4x100 mètres nage libre ; or au 4x100 mètres quatre nages**

2010 (Saint-Raphaël) : **or au 50 mètres dos ; or au 100 mètres dos ; or au 4x200 mètres nage libre** ; bronze au 200 mètres dos

2011 (Schiltigheim) : **or au 50 mètres dos ; or au 100 mètres dos ; or au 4x100 mètres quatre nages** ; argent au 200 mètres dos

2012 (Dunkerque) : **or au 50 mètres dos ; or au 100 mètres dos**

2013 (Rennes) : argent au 50 mètres dos ; argent au 100 mètres dos

2014 (Chartres) : **or au 50 mètres dos ; or au 100 mètres dos**

2015 (Limoges) : **or au 50 mètres dos** ; argent au 100 mètres dos

Remerciements

Je tiens à remercier toutes les personnes qui m'ont permis de mener à bien ma carrière sportive, mais également ceux qui m'ont permis d'écrire ce livre.

Mon coauteur, Jean-François Kervéan.

Mon éditeur, Michel Lafon, et sa tenace fille Elsa Lafon sans qui ce livre ne serait pas ce qu'il est.

Mes entraîneurs successifs, aux Angles, Denis et François, à Font-Romeu, Richard Martinez, à Canet-Roussillon, Philippe Lucas, et au Cercle des nageurs de Marseille, toute l'équipe emmenée par Romain Barnier, notamment Mathieu Burban et Julien Jaquier ; les préparateurs physiques : Patrick Lhopitalier et Antoine Markigere ; le staff médical : Constance Roland, Alexandra Le Goff, Mathieu Schmidt, Micka et mon préparateur mental Thomas Sammut. Je veux également associer les employés et les membres du Cercle des nageurs qui m'ont toujours soutenu, sous la houlette de l'emblématique président Paul Leccia.

Je remercie l'agence Pimiento Agency, fondée par mon agent Jean-François Salessy et son ami Hubert Montcoudiol ; les dévouées Jessie Martin, Marion Lehman et Yasmine Benzaida. Je remercie Frantz Leconte, mon représentant auprès des médias à Paris et Christian Hubert de l'UFF Sport.

J'ai réussi à pratiquer sereinement la natation grâce aux sponsors et partenaires qui m'ont accompagné. Petits ou grands, ils ont fait selon leurs moyens et avec leur envie :

Chanel, Speedo, TYR, Inkospor, Terraillon, Edison (Italie), Lexus, Peugeot scooter, BMW Marseille, Carnet de Vol, Vemedia, le groupe Carrefour, Summer Challenge, Harmonie Mutuelle, VO2MAX, Concept Alu, Opticien Krys, Oakley et d'autres...

Je tiens à remercier particulièrement le Groupe Andros pour son soutien important, porté par l'énergie de son président Frédéric Gervoson.

Enfin, je ne remercierai jamais assez Olivier et Christian Courtin-Clarins qui m'ont permis de connaître des conditions de vie rares pour un sportif de sport olympique. Je salue l'ensemble des employés du groupe Clarins et j'ai une pensée pour Isabelle Fromager qui m'a fait vivre des expériences uniques.

Bien entendu, je veux finir par les nageurs et les encadrants de tous mes clubs et des équipes de France dont, pour certains, les noms jalonnent ce livre.

Les acariens ont leur part de responsabilité, mais c'est avant tout grâce à ma famille, mes parents et mon frère que j'ai attrapé le virus du chlore.

Valérie m'a donné Jazz.

Jazz est ma raison de continuer à ne jamais oublier que le plaisir se trouve devant soi, à la surface de l'eau.

Je leur dédie ce livre.

Crédits photographiques

Dans le respect des éventuels droits patrimoniaux et du droit moral des auteurs inconnus des documents photographiques reproduits dans cet ouvrage, l'éditeur indique qu'il a réservé des droits et qu'il mentionnera le nom des auteurs qui se feront connaître et justifieront de leur qualité pour toute nouvelle édition de l'ouvrage.

Cahier-photos :

Page 1 : © collection privée de l'auteur.

Page 2 : © collection privée de l'auteur.

Page 3 : en haut : © collection privée de l'auteur ; en bas : © Emmanuel Bournot pour Pimiento Agency.

Page 4 : en haut : © collection privée de l'auteur ; en bas : © Jacques Fabre.

Page 5 : © Joe Klamar/AFP.

Page 6 : en haut : © collection privée de l'auteur ; en bas : © Alexander Vilf/Sputnik/Ria-Novosti/AFP.

Page 7 : en haut : © collection Andros ; en bas © Sylvie Finocchi.

Page 8 : en haut à gauche : © Emmanuel Bournot ; en haut à droite : © collection Clarins ; en bas : © collection privée de l'auteur.

Table des matières

Composition

PRESS·PROD

CET OUVRAGE
A ÉTÉ ACHEVÉ D'IMPRIMER
SUR ROTO-PAGE
PAR L'IMPRIMERIE FLOCH
À MAYENNE EN FÉVRIER 2019

Imprimé en France
Dépôt légal : février 2019
N° d'impression : 93982
ISBN : 978-2-7499-3853-0
LAF 2676